당신의 두뇌를 업그레이드 하라

창의적 발상의 원리와 기법

Principle and techniques of creative ideas

주상윤 지음

UUP

창의적 발상의 원리와 기법

2019년 03월 26일 초판 5쇄 발행
2012년 03월 07일 초판 4쇄 발행
2010년 01월 28일 초판 3쇄 발행
2008년 11월 18일 초판 2쇄 발행
2007년 11월 29일 초판 발행

지은이 | 주상윤
발행인 | 오연천
발행처 | UUP(울산대학교출판부)

출판등록 | 제 370-1996-000001호(1996.3.13)
주소 | 680-749 울산광역시 남구 대학로 102(무거동) 울산대학교
전화 | (052) 259-2488
팩스 | (052) 277-3011

값 12,000원

ISBN 978-89-7868-079-0

이 도서의 국립중앙도서관 출판시도서목록(CIP)은 e-CIP 홈페이지(http://www.nl.go.kr/ecip)에서 이용하실 수 있습니다.(CIP제어번호: CIP2007003574)

머리글

창의력은 주어진 문제점을 새로운 관점에서 바라보고 핵심을 정확하게 파악하여 효과적인 해결방안을 제시하는 능력이다. 다시 말하여 창의력은 문제의 해결과정에서 차별성과 유용성을 보여주는 능력이다. 우리 각자는 세상에서 단 하나뿐인 고유한 존재다. 이는 나만의 개성과 차별화된 생각으로 드러난다. 우리는 이 고유한 특성을 잘 다듬고 발전시켜야 한다. 그리고 당면한 문제의 해결을 위하여 적절한 시기에 효과적으로 발휘해야 한다. 그것이 바로 나만의 창의력이다.

창의력은 IQ와는 전혀 다르다. IQ가 논리를 따라 문제를 해결하는 능력이라면, 창의력은 논리를 벗어나 문제를 해결하는 능력이다. 논리는 정해진 길을 따라 우리를 인도한다. 여기에 논리의 한계가 있다. 창의력은 논리를 따르지 않는다. 다양한 길로 우리를 이끌어간다. 남다른 발상과 독특한 아이디어는 여기서 생겨난다. 학교 성적이 아무리 뛰어나도 창의력이 없으면 꽉 막혔다는 말을 듣게 마련이다. 창의력은 논리로 무장된 획일화된 사고가 아니라 다양성을 지향하는 유연한 사고에서 나온다.

본 책자의 내용은 창의력의 원리, 창의력의 훈련, 아이디어의 발상법, 특허와 발명의 네 분야로 나뉘어진다. 첫 번째로 창의력의 원리는 1장부터 3장까지 다루고 있다. 1장에서는 창의력의 정의와 구성요소들에 대하여 설명한다. 창의력은 무에서 유를 만들어내는 능력이 아니다. 기존의 정보를 적절히 수집하고 독특한 방법으로 조합하여 유용한 결과를 얻어내는 능력이다. 이러한 창의력이 효과적으로 발휘되려면 우뇌의 상상력과 좌뇌의 판단력이 유기적으로 협력해야 한다.

창의력을 제대로 이해하려면 뇌의 기능에 관한 지식이 필요하다. 2장과 3장에서는 뇌에 관한 내용들을 소개하고 있다. 2장에서는 뇌를 구성하는 여러 기관들에 대한 일반적인 지식과 더불어 좌뇌와 우뇌의 대조되는 기능을 설명하고 있다. 3장에서는 허만의 대뇌우성모형에 입각하여 4분면으로 구분되는 사람들의 다양한 특성들을 서로 비교하고 있다. 또한 다양한 구성원들로 이루어진 팀 활동을 통하여 균형 잡힌 창의적 활동에 관하여 다루었다.

두 번째 분야인 창의력의 훈련은 4장에서 취급하게 된다. 창의적인 사람들에게 나타나는 특징이 있다. 자신감, 인내력, 관찰력 등이 그것이다. 창의적인 사람들의 특징적인 행태를 따르는 것은 창의력을 증진시키는 데 어느 정도 도움이 된다. 창의력은 지식에서 나오는 것이 아니라 생활 습관에 기인하기 때문이다. 기본적으로 창의력은 남과 다르게 생각하는 생활태도에서 나온다. 남과 다른 관점에서 문제를 접근하다 보면 다수의 사람들이 빠지기 쉬운 고정관념에서 벗어나 의외의 좋은 아이디어를 얻어낼 수 있다.

세 번째 분야인 아이디어 발상법은 5장과 6장에서 취급하고 있다. 5장에서는 개선을 위한 아이디어를 얻는 구체적인 여러 기법들을 소개한다. 창의적 아이디어를 얻으려면 무엇보다도 주어진 상황에서 문제점을 제대로 찾아내는 능력이 필요하다. 그리고 발견한 그 문제를 다양한 방법으로 해결할 수 있도록 사고를 이끌어야 한다. 아이디어 발상법에서 소개되는 여러 기법들은 문제를 쉽게 도출해 낼뿐만 아니라 다양한 해결방법을 찾을 수 있도록 사고를 유연하게 하는데 도움을 준다.

6장에서는 러시아의 발명가 알트슐러가 창안한 TRIZ를 소개하고 있다. 알트슐러는 발명을 모순의 해결로 인식하였다. 알트슐러는 수많은 특허들을 분석하여 모순의 문제를 해결하는 일반적인 해법들을 제시하였다. 따라서 실제 모순의 문제에 부딪혔을 때 해결방안을 직접 찾는 것보다는 일반적인 해법으로부터 문제의 해결방안을 유추하는 것이 훨씬 효과적이다. 여기서는 문제를 해결하기 위한 구체적인 내용으로 TRIZ 모순표와 분리의 원리에 대하여 설명하고 있다.

마지막으로 7장에서는 특허와 발명에 관한 내용을 담고 있다. 여기서는 얻어낸 아이디어를 발명으로 연결하기 위하여 반드시 필요한 특허의 절차를 안내하고 있다. 아울러 발명의 아이디어를 얻는 데 도움을 주는 여러 다양한 기법들을 소개하고 있다.

본 책자는 필자가 수년간 대학에서 학생들에게 창의력에 관하여 강의하면서 수집한 자료를 정리한 것이다. 대학에서 강의용으로 집필된 것이지만 전문적인 내용은 가능한 제외하고 상식적인 수준에서 누구나 쉽게 이해할 수 있도록 하였다. 따라서 대학생들은 물론 일반 사회인이나 중고등학생들도 내용을 이해하는 데 큰 어려움이 없을 것으로 생각한다. 인내심을 가지고 본 책자의 내용을 이해하면서 생활 중에 적용해 보라. 당신 안에 숨겨졌던 창의력이 활성화되어 생활 전반에 드러나게 될 것이다.

2007년 주상윤 교수

목차

제1장 창의력의 원리

1. 창의력의 요구

1.1 창의력이 필요한 업종

창의력은 어떤 업종에서 요구될까? 머릿속에 그냥 떠오르는 대로 열거해 보자. 발명가, 디자이너, 카피라이터, 소설가, 작곡가, 예술가, 개그맨 등등. 맞다. 이러한 업종들에 종사하는 사람들에게 있어 창의력은 절대적이다. 창의력이 없는 사람은 감히 이들 업종에 종사할 엄두조차 내지 못했을 것이다. 하지만 오늘날에는 단지 이런 업종에서만 창의력을 필요로 하는 것은 아니다. 업종에 상관없이 창의력을 요구하는 시대가 되었다. 경쟁이 날로 치열해졌기 때문이다. 다른 사람, 다른 업소, 다른 회사보다 더 앞서가지 않으면 그 무엇이든 뒤처지게 마련이다. 이렇듯 치열한 경쟁으로 말미암아 창의력이 없는 개인이나 업소, 회사는 외면 받는 시대가 되었다. 따라서 최근 기업들마다 신입사원을 뽑을 때 창의력을 매우 중요한 선발조건으로 꼽고 있다.

우리나라는 1997년 IMF금융환란으로 인하여 국가적 난국에 직면하였다. 상당수의 회사들이 파산했거나 구조조정 대상이 되었고 그로 인하여 수많은 실업자가 발생하였다. 이들 대부분은 퇴직금과 차입한 돈을 투자하여 식당이나 상점과 같은 개인사업을 시작하였다. 손쉽게 할 수 있는 일이었기 때문이다. 하지만 너무 많은 사람들이 한꺼번에 시작했기 때문일까? 아니면 경험이 부족했기 때문일까? 당시 개인적으로 사업을 시작했던 사람들 대다수가 실패했다고 한다. 과다경쟁과 경험부족이 그들 실패의 중요한 원인이 되었다고 입을 모은다. 하지만 그 이유만으로 그들의 실패를 다 설명할 수는 없다. 왜냐하면 똑같이 어려운 여건 속에서도 화려하게 성공한 사람들이 있기 때문이다.

당신은 정장에 나비넥타이를 매고 호떡을 만들어 파는 김민영 사장에 대하여 들어본 적이 있는가? 그는 주식투자하다가 가진 재산을 모두 잃었다. 그리고 고향을 떠나 서울에 올라와 2001년 7월 호떡장사를 시작하였다. 그가 문을 연 호떡집은 우리 주위에서 흔하게 볼 수 있는 그런 가게가 아니었다. 그는 매일 양복을 깔끔하게 차려입고 나비넥타이를 맨 옷차림으로 호떡을 만들어 팔았다. 가끔 중절모를 쓰고 나타나기도 한다. 이렇듯 의상에서만 창의력을 발휘한 것이 아니었다. 그는 맛 좋은 최고급의 호떡을 만들기 위해 늘 연구하며 호떡 만드는 실험을 반복하였다. 수없이 시행착오를 겪은 끝에 결국 11가지의 재료가 들어간 김민영 왕호떡을 만들어냈다.

그의 호떡을 먹어본 사람들은 누구나 칭찬을 아끼지 않는다. 타의추종을 불허하는 최고의 맛이기 때문이다. 그는 호떡의 내용물이 흘러내리는 문제점을 해결하기 위하여 덜 흘러내리는 내용물로 속을 채웠고, 그것으로도 부족하여 아예 호떡을 종이컵에 담아주었다. 호떡을 가정으로 배달해 주며 신용카드로도 결재할 수 있게 하였다. 혹시라도 손님이 호떡을 먹고 탈이 날까 우려하여 보험에 가입하였다. 이처럼 새로운 방법으로 기존의 호떡과 차별화시킨 결과 그의 호떡은 입소문을 타게 되었고, 지금은 전국적으로 알려진 유명업소로 우뚝 올라섰다. 5백원짜리 호떡으로 한 평 남짓한 노점에서 시작하여 개업 3년 만에 전국에서 100여 개의 점포를 거느린 성공신화를 이루어낸 것이다.

김민영 호떡의 성공사례는 우리에게 무엇을 가르치는가? 아무리 경쟁이 치열하고 여건이 힘들어도 차별화된 아이디어가 있으면 성공할 수 있다는 것이다. 창의력이 성공의 문을 열어주는 열쇠가 되는 것이다. 그러므로 창의력으로 무장된 개인이나 회사는 치열한 경쟁을 두려워하지 않는다. 경쟁이 극심할수록 창의력은 더욱 더 빛을 발하기 때문이다. 그렇다. 무슨 일을 하든지 남들보다 앞서서 성공의 정점에 도달하려면 반드시 창의력이 필요하다.

2500년 전에 고대 그리스의 철학자 헤라클레이토스는 말했다. "이 세상에 변하지 않는 것은 단 하나뿐이다. 그것은 모든 것이 변한다는 사실이다."

우리가 살고 있는 이 세상은 항상 유동적이며 변화한다. 더욱이 그 변화의 속도는 시간이 지남에 따라 더욱 가속화되고 있다. 그렇기 때문에 아무리 뛰어난 발상이라도 한 순간의 반짝하는 아이디어만으로는 올바른 성공을 보장받을 수 없다. 빠르게 변화하는 환경 속에서 하나의 아이디어로 말미암은 효과는 그렇게 오래 지속되지 않기 때문이다. 누군가 그 아이디어를 모방하거나 아니면 그보다 더 나은 아이디어를 가지고 도전해 오면 먼저 생각했던 아이디어가 뒷전으로 밀려나는 것은 단지 시간문제일 뿐이다. 창의적인 아이디어로 사람들의 관심을 끌며 성대하게 출발했던 업소들이 얼마 지나지 않아 초라하게 문을 닫는 경우를 우리는 주위에서 얼마든지 발견할 수 있다.

그렇다면 성공의 정상에 계속 머물러 있기 위하여 우리에게 더 요구되는 것은 무엇일까? 지속적인 성공을 보장하는 것, 그것은 단발성의 아이디어가 아니라 꼬리를 물고 계속해서 이어지는 아이디어다. 연속된 창의적 아이디어로 새롭게 변신해 나갈 때 우리는 변화무쌍한 환경과 치열한 경쟁 속에서도 꿋꿋하게 살아남을 수 있다. <그림 1-1>을 살펴보라. 창의력은 우리의 생활 습관이며 삶의 한 부분이 되어야 한다. 이렇듯 창의적인 생활습관이 몸에 배어있는 사람을 오늘날 우리 사회는 필요로 한다.

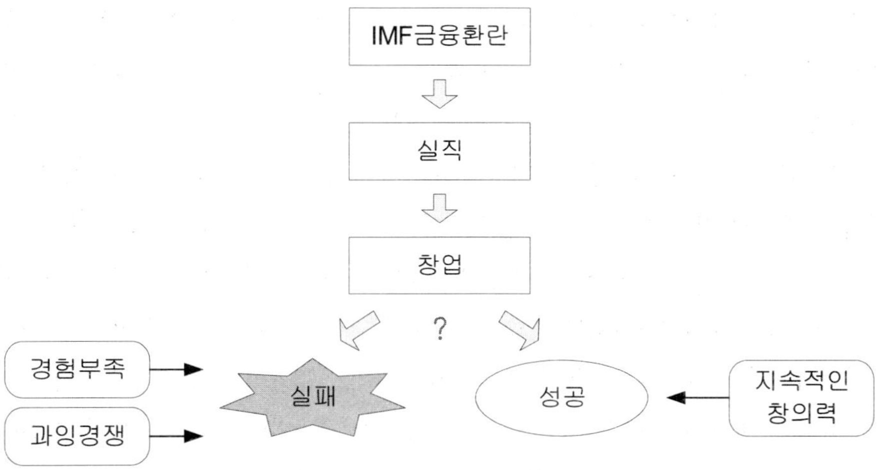

<그림 1-1> 창업의 성공과 실패 요인

1.2 사회의 변화

오늘날 기업들 간에 벌어지고 있는 치열한 다툼을 단지 '경쟁'이라는 용어만으로는 충분히 표현할 수 없다. 그래서 혹자는 이를 가리켜 기업들 간의 '전쟁'이라고 부르기도 한다. 경쟁과 전쟁은 어떤 차이가 있는가? 경쟁이든 전쟁이든 간에 다투는 승부의 세계에서 이기는 것이 중요하다. 하지만 경쟁세계에서는 1등만이 아니라 2등과 3등도 함께 살아남을 수 있다. 경쟁의 환경에서는 앞선 자에게 더 많은 지분을 안겨주겠지만 조금 뒤처졌다고 해서 완전히 망하는 것은 아니다. 하지만 전쟁의 상황이라면 이야기는 달라진다. 그 세계에서는 오직 1등만이 살아남는다. 2등이나 3등은 아무 것도 기대할 수 없다. 제일 앞선 자만이 모든 것을 독식하는 것이 전쟁이다.

오늘날 세계의 각 나라들은 FTA(Free Trade Agreement, 자유무역협정)를 체결하여 무역 장벽을 완화하거나 철폐해 가고 있다. 이제까지는 보호관세로 인하여 경쟁력이 취약한 상품이나 기업도 그런대로 살아남을 수 있었다. 하지만 이제는 FTA로 말미암아 국가 차원에서 경제적으로 보호해주는 울타리는 사라져 버렸다. 지금은 세계화라는 링 안에서 모두가 함께 뒤엉켜 싸울 수밖에 없게 되었다. 그 속에서 약자가 살아남는 방도는 없다. 최고의 승자만이 모든 것을 취하게 된 시대가 온 것이다. 잡아먹느냐 잡혀먹느냐 하는 치열한 생존경쟁이 벌어진 것이다.

우리가 살아가는 사회는 계속해서 변화되고 있다. 미래학자 다니엘 벨은 사회의 변화를 산업화 이전 사회, 산업화 사회, 그리고 탈산업화 사회로 구분하였다. 그의 이러한 구분은 제3의 물결로 유명한 앨빈 토플러가 주장했던 농경사회, 산업사회, 지식정보사회와 맥을 같이 한다. 오늘날 우리가 속해 있는 사회는 탈산업사회이자 지식정보사회다. 이런 사회에서는 컴퓨터와 인터넷을 이용하여 정보를 생산하고 교환함으로 부를 창출한다. 산업화 이전 사회나 산업화 사회에서는 강인한 체력을 지닌 사람들, 많은 지식을 소유한 사람들, 성실근면한 사람들이 각광을 받았다. 하지만 지금의 탈산업화사회에서는 크게 달라졌다. 치열한 경쟁 가운데 다양한 개성이 강조되고 있는 오늘의 시대에는 무엇보다도 창의력이 뛰어난 사람들이 요구되고 있다. 변화되어가는 사회와 그에 따른 특징들을 비교하면 <표 1-1>과 같다.

<표 1-1> 사회의 변화와 특징

다니엘 벨	산업화 이전 사회	산업화 사회	탈산업화 사회
엘빈 토플러	농경사회(제1물결)	산업사회(제2물결)	지식정보사회(제3물결)
생산수단 및 대상	토지와 노동력을 이용 농산물 생산 및 교환	에너지와 기계공장을 이용 상품의 생산 및 교환	인터넷과 컴퓨터를 이용 정보의 생산 및 교환
생산방식	소품종소량	소품종대량	다품종 소량
요구특성	체력	성실	창의성

1.3 기업과 창의력

지금부터 50여년 전만 해도 우리나라에 존재했던 직업의 종류는 1,000여개에 불과했다. 그러던 것이 1995년의 기록에 의하면 직업의 종류가 10배 이상 늘어난 11,537개라고 한다(이종철, 2003). 특히 최근에는 피부관리사, 운동관리사, 애완동물 미용사, 심지어 애완동물 장의사 등 중산층 이상의 고소득자를 겨냥한 새로운 업종이 쏟아져 나오고 있다. 이러한 업종들은 소비자들의 기호에 맞추고 살아남기 위하여 끝없이 경쟁을 하면서 도태와 성장을 계속한다. 앞으로도 계속해서 더 많은 새로운 직종들이 나타나고 도태와 성장을 반복하게 될 것이다.

이처럼 직종이 다양해지고 경쟁이 심화됨에 따라 각 회사들마다 차별화된 품질과 서비스로 경쟁력을 높이려 하고 있다. 이는 창의성에 대한 요구로 이어져 최근에는 창의력이 뛰어난 사원들을 선호하는 현상이 회사들마다 두드러지게 나타나고 있다. 회사에서 창의력이 뛰어난 사람들을 찾는 또 다른 이유로는 자동화와 정보화 기술의 발전에서 찾을 수 있다. 자동화와 정보화 기술이 발전하면서 전에는 사람들이 담당했던 단순한 업무들의 대부분을 이제는 기계와 컴퓨터가 대신하게 되었다. 따라서 회사 내에서 종업원들은 지시내용을 반복적으로 수행하는 단순 업무가 아니라, 새로운 아이디어를 창출해내는 창의적 업무에 더 많이 관여하게 되었다.

<그림 1-2>에서는 최근 국내의 유명 회사들이 신입사원들을 모집할 때 희망하는 자질들의 우선순위를 보여주고 있다. 이를 살펴보면 계획성, 논리성, 인내

력 등의 여러 다른 자질들보다 창의력이 더 우선적으로 요구되고 있음을 알 수 있다. 이제는 열심히 일하는 사람보다는 창의력을 가지고 효율적으로 일하는 사람을 원하는 시대가 온 것이다.

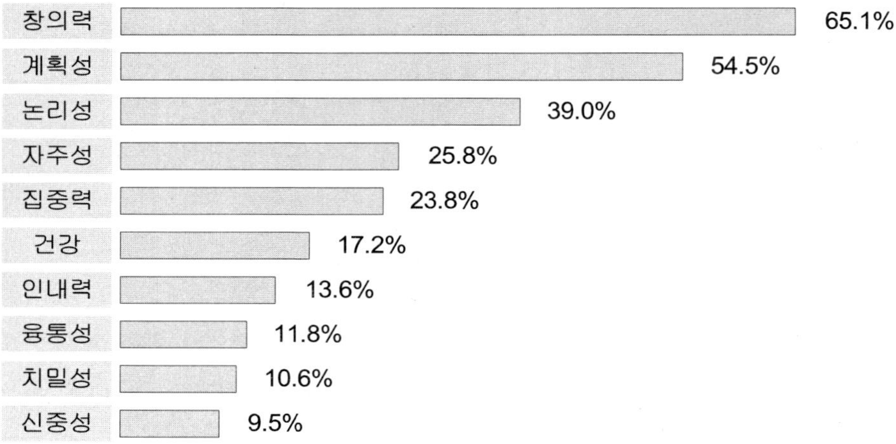

<그림 1-2> 현대 기업이 요구하는 사원의 자질(이종철, 2003)

국내의 모 식품회사에서는 신입사원 채용면접에서 4명이 한 팀을 이루어 제한된 시간 동안 주어진 재료를 사용하여 요리를 만들게 한다. 그런 다음 팀별로 만들어낸 요리의 내용과 특징을 설명하도록 한다. 이 때 중요한 점은 얼마나 맛있는 요리를 만드느냐 하는 것이 아니라 얼마나 창의적으로 요리를 만드느냐 하는 것이다. 그와 더불어 그들이 만든 요리에 관하여 논리정연하게 잘 설명하는 것도 동시에 평가된다.

2003년도에 전국경제인연합회는 대기업들이 바라는 인재상에 관하여 다음과 같은 10가지 특징을 발표하였다(중앙일보 2003. 7/3).

- 전문지식과 폭넓은 교양으로 무장하라.
- 국제 감각과 외국어 구사능력을 지녀라.
- 진취적인 사람이 되어라.
- 도전과 성취의식을 갖추어라.
- 유연한 사고와 창의력을 가져라.
- 올바른 가치관을 지닌 사람이 되어라.

- 인간미 있는 사람이 되라.
- 책임감 있는 사람이 되라.
- 협력하는 사람이 되라.
- 예의바른 사람이 되라.

결국 기업이 원하는 인재상은 다음의 4가지 내용으로 요약될 수 있다. 첫째, 자기 분야에 대한 전문지식이 있는 사람. 둘째, 진취적이고 열정이 있는 사람. 셋째, 창의력을 가지고 변화에 유연하게 적응할 수 있는 사람. 마지막으로, 대인 관계가 원만한 사람이다.

한 때 우리나라의 국가대표팀 감독을 맡아 2002년도 월드컵 4강의 신화를 이루어낸 히딩크 감독은 한국축구팀의 고질적인 문제점으로 창의력 부재를 지적한 바 있다. 그는 다음과 같이 말했다. "한국선수들은 골 결정력이 약하다. 그 이유는 골문 앞에서 창의적인 플레이를 하지 못하기 때문이다."

공격선수는 상대편 수비선수들이 예측할 수 없는 위치와 시점에서 슈팅을 해야 골로 연결시킬 수 있다. 예측 가능한 지점과 타이밍에서 슛을 날린다면 상대편이 실수하지 않는 한 그 공을 막아낼 수 있는 것은 뻔한 일이다. 그럼에도 그 당시 창의력이 부족했던 우리 선수들은 늘 정해진 방식대로 슈팅을 하려고 했다. 그러니 골로 연결시키는 마무리 문전처리가 안 되는 것은 당연한 일이었다. 왜 이렇게 되었을까? 우리는 과거 중고등학교 운동부에서 그 원인을 찾아볼 수 있다. 엄격한 규율과 단체기합으로 선수들을 훈련시키던 곳이 그곳 운동부였다. 선수 개개인의 개성과 다양성은 무시되었고 매일 틀에 박힌 주입식 훈련만 반복되었다. 그런 조직 내에서 선수들의 창의적인 플레이가 어떻게 개발될 수 있었겠는가?

2. 창의력의 본질

2.1 창의력의 정의

창의력은 여러 다른 관점에서 정의될 수 있다. 많은 학자들이 창의력에 대하여 나름대로 정의한 내용들 가운데 대표적인 몇 가지를 소개한다.

창의력의 선구자인 토렌스(E. Torrence)는 창의력을 '당면한 문제를 해결하기 위하여 새롭고 독특한 관점으로 문제를 보는 것'으로 정의하였다. 브레인스토밍을 제안했던 미국의 오스본(A. Osborn)은 창의력에 대하여 '일상생활에서 발생하는 문제점을 새롭고 독특한 방법으로 해결해나가는 능력'이라고 정의하였다. 그는 말하기를 정도의 차이는 있지만 모든 사람에게 창의력은 내재되어 있다고 하였다. 그 외에 심리학자인 스텐버그(R. Stenberg)는 창의력을 가리켜 '문제 상황에 대하여 적절한 해결책을 제공할 수 있는 능력'이라고 정의하였다. 이들을 종합해 볼 때 창의력이란 '당면한 문제를 독특한 방법으로 해결하는 능력'이라고 정의할 수 있다.

단지 남들과 다르게 생각한다는 것만으로 창의력이 있다고 말할 수는 없다. 다르게 생각하는 것으로 이야기한다면 철부지 꼬마 아이들을 따를 수 있겠는가? 꼬마 아이들은 나름대로 상상력을 발휘하여 어른들이 생각하지 못하는 엉뚱한 이야기를 자주 던지곤 한다. 한 꼬마 아이와 엄마가 대화하는 내용 한 토막을 인용해 보자.

[아이] (걱정스런 표정으로) "나 배가 커져서 아프면 어떡해."
[엄마] "왜?"
[아이] "수박 먹다가 씨를 그냥 먹었거든."
[엄마] ???

아이들의 엉뚱한 생각은 대부분 지식의 부족에서 말미암는다. 그들은 세상 원리에 대한 지식이 빈약하여 사고의 제약을 거의 받지 않는다. 마음껏 상상의 날개를 펼칠 수 있는 것이다. 그런 아이들의 엉뚱한 이야기를 창의적 아이디어라고 받아들이는 사람은 거의 없다. 왜 그럴까? 아이들의 이야기는 논리적으로 타당하지 않으며 비현실적이기 때문이다. 우리는 바로 이 점에 주목할 필요가 있다. 아무리 남들이 생각하지 못한 새로운 발상이라고 해도 현실적으로 활용될 수 없다면 그것은 무용지물이다. 창의적 아이디어는 현실적인 타당성을 가지고 주어진 문제 해결에 도움을 줄 수 있어야 한다. 독특한 발상은 그 유용성이 입증될 때 사람들에게 창의적인 아이디어로 인정받을 수 있다.

<그림 1-3>에서 보는 바와 같이 창의력에는 두 가지 조건이 필요하다. 하나는 남들이 생각하지 못한 독특한 방법으로 문제에 접근하는 차별성이고, 다른 하나는 문제 해결에 직간접적으로 도움을 주는 유용성이다. 이 두 가지 조건 중 어느 하나라도 만족되지 않는다면 창의적 아이디어가 될 수 없다. 만약 제안된 아이디어가 문제 해결에는 도움을 주지만 차별성이 결여되어 있다면 모방의 수준에 머무르고 만다. 이와 정반대로 제안된 아이디어가 새롭고 독특하지만 문제 해결에 전혀 도움을 주지 못한다면 문제를 복잡하게 만들어 해결을 어렵게 할 뿐이다.

여기서 한 가지 유의할 점은 창의적 아이디어는 상당 수준의 전문지식을 필요로 한다는 사실이다. 어린 아이들로부터 창의력을 기대하기 어려운 가장 큰 이유가 지식의 부재에 있다고 이미 언급했었다. 당면한 문제에 대한 충분한 지식이 없는 사람은 엉뚱한 이야기를 하기 마련이고 그로부터 유용한 결과를 기대하는 것은 거의 불가능하다. 창의적 아이디어는 우연히 운 좋게 얻어지는 것이 아니라 전문적인 지식을 기반으로 하여 생성되는 것이다.

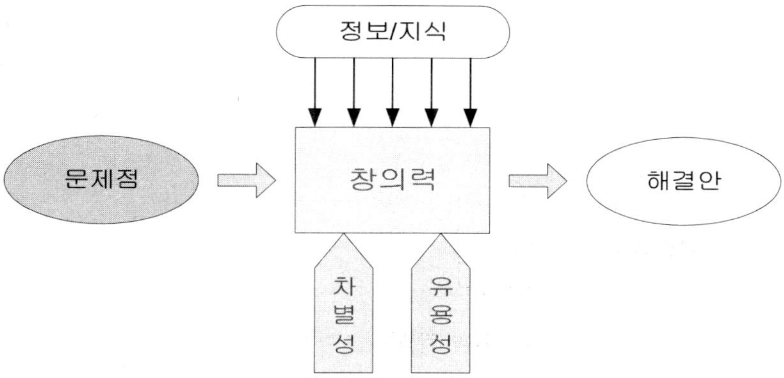

<그림 1-3> 창의력의 조건

2.2 통찰적 아이디어

창의력은 아무 것도 없는 무의 상태에서 무언가를 만들어내는 능력이 아니다. 그러한 능력은 창의력이 아니라 창조력이며 하나님만이 할 수 있다. 사람은 아무 것도 주어지지 않았다면 어떠한 일도 행할 수 없다. 우리가 세상에 살면서

할 수 있는 창의적 활동은 이미 존재하는 것들을 새로운 방식으로 조합하여 독특한 결과물을 생성해내는 일이다.

예를 들어보자. 화가 고흐의 미술작품들은 팔레트 위에 짜놓은 물감들로부터 시작된다. 여러 종류의 물감들을 적절히 사용하여 캔버스 위에 조화롭게 잘 옮겨놓았을 때 비로소 위대한 예술작품은 탄생한다.

<그림 1-4>에 보는 바와 같이 탁월한 창의력의 소유자는 두 가지 요건이 필요하다. 첫째로 많은 정보를 보유하는 것이다. 창의력을 높이려면 관련된 정보를 많이 수집하고 보다 깊이 있는 지식을 쌓아야 한다. 그 지식이 기반이 될 때 유용한 결과를 얻을 수 있는 가능성은 높아진다. 둘째로 얻은 정보나 지식을 독특한 방법으로 조합하는 능력이 있어야 한다. 지식을 독특한 방법으로 조합하는 것은 다양한 방법으로 조합을 시도하는 과정에서 생겨나기 쉽다. 창의력이 기존의 지식이나 사물을 독특하게 조합하여 유용한 결과를 얻는 능력이라면 다양한 지식과 폭 넓은 경험을 보유한 사람들 그리고 남들보다 좀 더 다양한 조합을 시도하는 사람들로부터 뛰어난 창의력을 기대할 수 있는 것은 지극히 당연한 일이다.

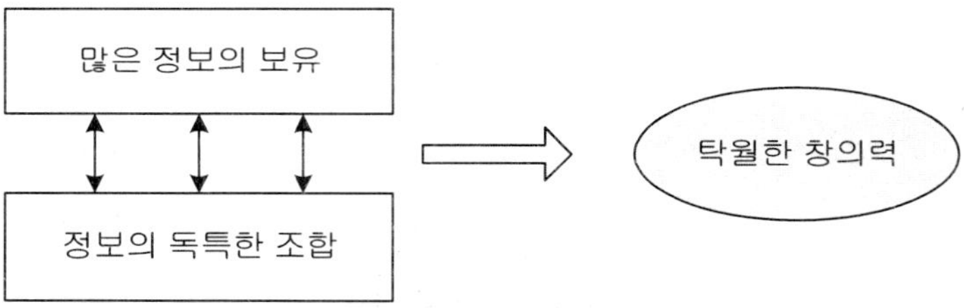

<그림 1-4> 탁월한 창의력의 요건

두뇌 속에 저장되어 있는 정보들을 활용하여 창의적 아이디어를 생성하려면 필요할 때마다 적시에 인출될 수 있어야 한다. 아무리 많은 지식을 알고 있어도 필요한 시점에 생각이 떠오르지 않는다면 지식이 없는 것과 마찬가지며 문제해결에 아무런 도움이 되지 않는다. 이점이 창의력에 있어서 우리가 자주 부딪히게 되는 어려움이다. 우리가 알고는 있지만 적시에 떠오르지 않는 지식은 쉽게 인출할 수 있는 의식 영역에서 벗어나 무의식 영역에 존재할 수도 있다. 여기서 무의식이란 프로이트가 언급했던 유아기 때의 경험같이 전혀 회상해낼 수

없는 그런 기억이 아니라 알고 있으나 쉽게 인출되지 않는 기억을 뜻한다. 따라서 우리는 적절한 방법을 사용하여 무의식 영역에 있는 기억들을 인출해 낼 필요가 있다.

무의식 영역에 있는 기억을 끄집어내는 방법으로는 현재의 문제를 집중하여 생각하는 것으로부터 일단 벗어나 몸과 마음을 이완시키는 것이 효과적이다. 예를 들어 편안한 기분으로 조용한 길을 혼자서 산책을 하거나, 아무 생각 없이 멍하니 창밖을 내다보고 있으면 잊었던 지난 기억들이 불현듯 떠오르게 된다. 무의식의 영역에 묻혀있던 기억들이 의식의 영역으로 부상하는 것이다. 이렇게 인출된 여러 정보들이 서로 어우러져 독특한 연관성을 갖게 될 때 순간적으로 창의적 아이디어는 얻어진다. 바로 이 때 우리는 '아하!' 하는 통찰을 경험하기도 하고, 새로운 깨달음으로 흥분에 사로잡히기도 한다.

하지만 불행하게도 통찰적 아이디어는 쉽게 얻어지지 않는다. 통찰을 방해하는 가장 큰 원인은 고정관념이다. 우리는 일단 고정관념에 사로잡히게 되면 불가능하다고 생각하여 더이상 거들떠보지도 않는다. 가능성이 아예 존재하지 않는다고 미리 결론을 내려버리는 것이다. 이런 선입견은 체계적으로 학문을 깊이 배운 지식인들에게서 의외로 많이 나타난다. 자신이 배워 알고 있는 지식을 100% 정확한 것으로 확신하고 있기 때문이다. 그러나 그 어떤 지식도 절대 확실한 것은 없다. 상황에 따른 예외와 불확실성은 항상 존재한다.

자동차의 전기시동기를 발명했던 미국의 발명가 케터링(C. Kettering)은 어떤 일을 시작할 때 실패의 가능성을 완전히 무시하는 것이 성공에 이르는 지름길이라고 말했다. 물론 세상에는 불가능한 일도 있다. 하지만 불가능한 많은 일들은 실제로 불가능하기 때문이 아니라 불가능하다고 생각하기 때문에 불가능한 것이다. 불가능하다고 생각한 우리의 고정관념이 현실 세계에서 많은 불가능한 일들을 만들어낸다는 말이다. 실제로 세상을 깜짝 놀라게 했던 위대한 일들은 그러한 고정관념을 무시하고 도전했던 사람들에 의하여 이루어졌다.

카르타고의 명장 한니발은 당시 모두가 불가능하다고 생각했던 알프스산맥을 넘어가 막강한 로마 군대를 무너뜨렸다. 고 정주영 회장은 조선소도 없고 조선소를 지을 돈도 없는 상태에서 그리스로부터 무려 26톤의 선박 두 척을 수주받았다. STX조선은 도크 없이 육상에서 선박을 건조하는 혁신적인 SLS공법을 개발하여 원가절감과 매출증대에 크게 기여하였다. 이 모든 일들은 다들 불가능하다고 생각했던 고정관념을 무시했기 때문에 얻을 수 있었던 성공사례들이다.

아르키메데스의 유레카

고대 시실리에서 가장 번성한 도시 시라쿠사의 왕 히에론 2세는 금세공 기술자에게 명령하여 자신의 금관을 만들게 하였다. 얼마 후 잘 만들어진 왕관이 히에론 2세의 손에 넘겨졌다. 그런데 왕의 귀에 이상한 소문이 들려왔다. 금세공 기술자가 금의 일부를 가로채고 은을 섞어 왕관을 만들었다는 것이었다. 왕의 마음에는 의심이 일어났지만 진실을 알아낼 방도가 없었다.

히에론 2세는 당시 최고의 석학인 아르키메데스를 불러 그 소문의 진상을 조사하도록 하였다. 단, 왕관에는 조금도 손상을 입히지 않아야 했다. 아르키메데스는 이 문제를 해결하려고 노력을 기울였지만 도저히 방안을 찾을 수 없었다. 고민하던 아르키메데스가 우연히 공중목욕탕에 가게 되었다. 탕에 들어가 물속에 몸을 담그자 물이 탕 밖으로 흘러넘쳤다. 그 순간 아르키메데스에게 통찰의 깨달음이 떠올랐다. 탕에서 흘러넘친 물의 양은 물속에 잠겨있는 몸의 부피와 꼭 같을 것이다. 그릇에 물을 가득 채우고 그 물 속에 왕관을 집어넣으면 왕관의 부피와 똑같은 양의 물이 그릇 밖으로 흘러넘칠 것이다.

아르키메데스는 그대로 목욕탕 속에 앉아 있을 수 없었다. 새로운 깨달음에 흥분하여 벌거벗은 몸으로 뛰쳐나와 "유레카! 유레카!"를 외쳤다. 유레카는 그리스 말로 '발견했다'라는 뜻이다.

히에론 2세가 아르키메데스에게 왕관의 문제를 해결하라고 명령했던 이유는 그의 많은 지식을 높이 인정했기 때문이다. 그러나 아르키메데스는 명령받은 문제를 쉽게 해결할 수 없었다. 새로운 아이디어가 필요했다. 아르키메데스는 문제해결을 위한 아이디어를 어떻게 얻을 수 있었는가? 탕 밖으로 물이 넘쳐흐르는 평범한 현상을 왕관의 진위여부를 확인하는 문제에 연관시켰기 때문이다. 이처럼 아무런 관련이 없어 보이는 서로 다른 정보들이 적절히 연관될 때 문제 해결을 위한 창의적 깨달음이 얻어진다. 이것이 아르키메데스가 "유레카!"를 외칠 수 밖에 없었던 이유다.

2.3 수직적사고와 수평적사고

1967년 드 보노(E. De Bono)는 '수평적 사고의 활용'(The use of lateral thinking)이라는 그의 저서에서 수직적사고와 수평적사고의 차이를 설명하였다. 수직적사고는 논리적인 방식으로 사고를 펼쳐나간다. 일단 하나의 정보가 얻어지면 그 정보와 연관된 다음 정보로 계속해서 내용을 전개시켜 나간다. 이는 땅에 묻힌 보물을 찾기 위하여 하나의 구덩이를 계속해서 크고 깊게 파는 것과 같다. 만약 잘못된 곳에서 구덩이를 파고 있다면 보물을 찾아낼 가능성은 전혀 없게 된다. 이처럼 논리적 연관관계에 근거하여 생각을 발전시켜 나가는 수직적사고에서 논리적 비약은 불가능하다.

이와 대조적으로 수평적사고에서는 논리적 단계나 절차를 무시한다. 여기서 수평적이라는 말은 여러 다른 관점에서 생각하는 것을 의미한다. 이는 땅에 묻힌 보물을 찾기 위하여 여기저기 장소를 옮겨다니며 구덩이를 파는 것과 같다. 수평적사고로 생각한다는 것은 전혀 관련 없는 다른 관점으로 사고를 전환하는 것이다. 수직적사고가 논리적 연관성에 근거한 추론적사고라면 수평적사고는 아무런 연관없이 전혀 다른 관점에서 아이디어의 발상을 추구하는 상상적사고다.

자동차 조립공장에서 포드회사가 시도한 혁신은 수평적 사고의 좋은 사례다. 전통적으로 자동차의 생산방식은 차를 정지시켜 놓고 사람들이 이동하면서 작업하는 것이었다. 포드는 다른 관점에서 방법을 추구하였다. 만일 사람이 정지하고 차를 움직이게 한다면 어떻게 될 것인가? 이러한 역발상은 단순한 것이었지만 혁명적인 아이디어였다. 포드사는 조립공장에 컨베이어라인을 최초로 도입하였고 자동차 조립시간과 생산원가를 크게 낮출 수 있었다. 이처럼 다른 관점에서 문제에 접근하는 수평적사고는 획기적인 해결방안을 이끌어내는데 큰 도움을 주기도 한다.

문제를 해결할 때 수직적사고와 수평적사고를 함께 사용하는 것이 효과적이다. 즉 문제에 부딪히면 먼저 논리적인 절차를 따라 수직적사고를 시도하여 해결책을 찾는다. 상당한 시간과 노력을 기울여도 뚜렷한 성과가 나타나지 않는 경우 수평적사고로 사고의 방향을 전환하는 것이 바람직하다. 이 때 수평적사고는 수직적사고의 한계를 벗어나 문제 해결을 위한 아이디어를 이끌어 내는데 도움을 준다. <표 1-2>에서는 수직적사고와 수평적사고의 차이를 서로 비교하고 있다.

<표 1-2> 수직적사고와 수평적사고의 비교

수직적사고	수평적사고
• 단계적이고 논리적으로 해결책을 찾는다. • 사실적이며 추론에 의존한다. • 한 가지 접근방법으로 최적 해결책을 찾는다. • 기존의 틀을 항상 유지한다.	• 우발적이고 충동적으로 해결책을 찾는다. • 직관적이고 추측에 의존한다. • 여러 접근방법으로 다양한 해결책을 추구한다. • 기존의 틀을 적극적으로 파괴한다.

3. 창의력의 생성과 활용

3.1 창의적 아이디어의 생성단계

창의적 아이디어는 <그림 1-5>에서 보는 바와 같이 문제의 정의, 정보의 수집, 아이디어의 생성, 아이디어의 검증, 아이디어의 수용이라는 다섯 단계의 과정으로 얻어진다. 각 단계를 중심으로 하나씩 설명해 보자.

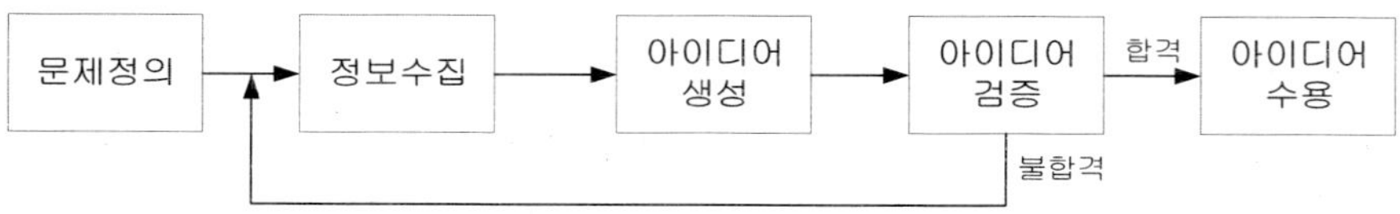

<그림 1-5> 창의적 아이디어의 생성단계

1) 문제의 정의

창의적 아이디어를 얻는 첫 번째 단계는 문제를 정의하는 것으로부터 시작된다. 문제를 발견하고 질문을 던지는 것은 호기심에서부터 시작된다. 연못에 먹이를 던지면 물고기들이 몰려들듯이 부딪히는 일들에 대하여 질문을 던지면 관련된 정보들이 머릿속에 떠오르게 된다. 어린아이들을 살펴보라. 그들은 세상에 대한 호기심이 넘쳐난다. 끊임없이 질문을 던진다. 새로운 지식을 얻고자 하는 왕성한 의욕 때문이다.

당연한 이야기지만 문제를 보지 못하는 사람은 그 문제에 대한 아이디어를 얻을 수 없다. 아이디어는 문제를 보는 눈, 즉 문제의식이 있어야 생겨나기 때문이다. 일전에 공무원으로 일하는 어느 직원이 필자에게 문의하였다. 연수를 다녀오면 다른 동료들은 아이디어를 얻어 업무에 곧잘 적용하곤 하는데 자신은 그런 아이디어를 도무지 얻을 수 없다는 것이었다. 그 이야기를 듣고 필자는 그에게 조언하였다. “평소에 업무를 처리하면서 문제의식을 가지려고 노력하십시오. 그러면 연수뿐만 아니라 주변에 지나치는 사소한 일에서도 아이디어를 얻게 될 것입니다.”

문제를 보고 마음에 품게 되면 관심이 생겨난다. 일단 관심이 촉발되면 그 다음부터는 의식적 무의식적으로 그 문제에 대한 해결책을 찾게 된다. 그래서 관심이 없을 때는 보이지 않던 것들이 관심을 가졌을 때는 크게 드러나 보이는 것이다. 대학 졸업을 앞둔 어느 학생이 말했다. “졸업이 가까워지니 취업에 관한 내용만 눈에 보입니다.”

그렇다. 사람은 관심있는 것에 모든 감각을 집중하게 되고 결국 관심있는 것만 보게 마련이다. 문제를 정의하는 것은 우리의 관심을 끌어 모으는 일이다. 이는 아이디어를 얻는 출발점이자 문제해결을 위한 중요한 열쇄가 된다.

획기적인 창의력은 당연하게 여기는 현상에 의문을 품고 질문을 던질 때 얻어지기도 한다. 물체가 위에서 아래로 떨어지는 것을 사람들은 늘 보아왔다. 모두들 당연하게 생각했다. 하지만 그 낙하 현상에 대하여 영국의 과학자 뉴턴은 의문을 품었고 “왜?”라는 질문을 던졌다. 그 결과는 만유인력을 발견하는 대 업적으로 나타났다.

2) 정보의 수집

창의적 사고의 두 번째 단계는 정보를 수집하는 일이다. 정보수집이란 문제해결을 위한 아이디어를 얻기 위하여 관련된 모든 정보를 수집하여 활용 가능한 상태로 만드는 것이다. 문제 해결을 위한 정보는 사람들과의 대화, 관련 도서의 참조, 혹은 주위 상황이나 환경으로부터 얻을 수 있다. 이 경우 문제 해결과 직접적인 관련이 있는 정보는 물론이거니와 때로 관련이 없는 것으로 생각된 정보들까지도 아이디어를 얻는데 있어 중요한 단서가 될 수 있음을 기억해야 한다. 목욕탕의 물이 넘치는 현상으로부터 금관의 문제를 해결했던 아르키메데스의 경우는 관련없는 사건이나 정보에 의하여 아이디어가 얻어진 대표적인 예에 해당한다. 정보수집은 외부에서 관련된 정보를 탐색하여 얻는 것은 물론 머릿속에 저장되어 있던 정보를 적시에 인출해내어 문제해결에 활용하는 것까지 포함한다. <그림 1-6>은 정보수집의 여러 방법들을 보여주고 있다.

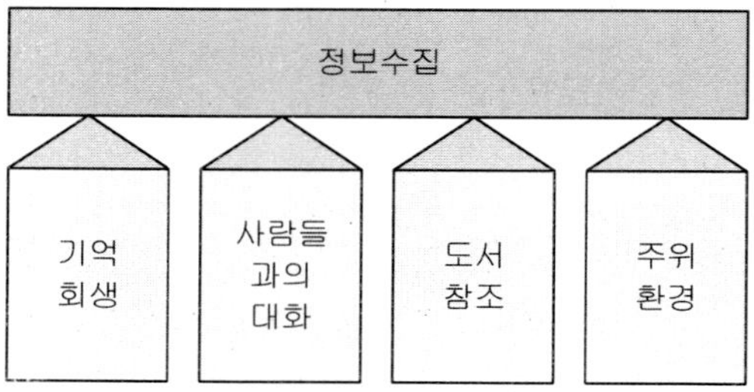

<그림 1-6> 정보수집의 방법

3) 아이디어의 생성

세 번째 단계는 수집한 정보들을 이용하여 문제해결을 위한 아이디어를 얻어내는 일이다. 창의적 아이디어는 보유한 정보들로부터 새로운 연관관계를 이끌어내는 무의식적 활동에 의하여 얻어진다. 아무런 관련이 없다고 생각했던 정보들로부터 문제해결과 관련된 연결고리를 발견해 내는 순간 우리는 '아하!' 하는 통찰의 깨달음과 더불어 아이디어를 얻게 된다. 이러한 통찰은 문제해결에 대한 강렬한 열망을 마음에 품고 있을 때 무의식적 사고활동을 통하여 나타난다. 의식적으로 문제를 해결하려고 갈망했던 모든 노력이 무의식 상태에서 아이디어를 생성하도록 만드는 원동력이 된 것이다.

수집한 정보들을 조합하면서 통찰의 아이디어를 얻을 때까지는 여러 날, 여러 달 혹은 그 이상의 시간이 소요될 수 있다. 이 기간 동안에 때로 의식적인 사고활동이 중단되어도 무의식적인 사고활동은 여전히 지속된다. 그래서 이를 어미닭이 알을 품고 있는 것에 비유하여 '부화과정'이라고 부르기도 한다. 어미닭이 병아리를 부화시키려면 알을 계속해서 품고 있어야 하듯이, 아이디어를 얻고자 원한다면 인내심을 가지고 문제를 끈질기게 붙잡고 있어야 한다. 문제해결의 열망을 포기하지 않고 그대로 지속하다 보면 어느 순간 아이디어는 병아리가 알을 깨치고 나오듯이 반짝 떠오르게 된다. <그림 1-7>에서는 문제점에서 해결 아이디어를 얻기까지 필요한 부화과정과 통찰을 보여주고 있다.

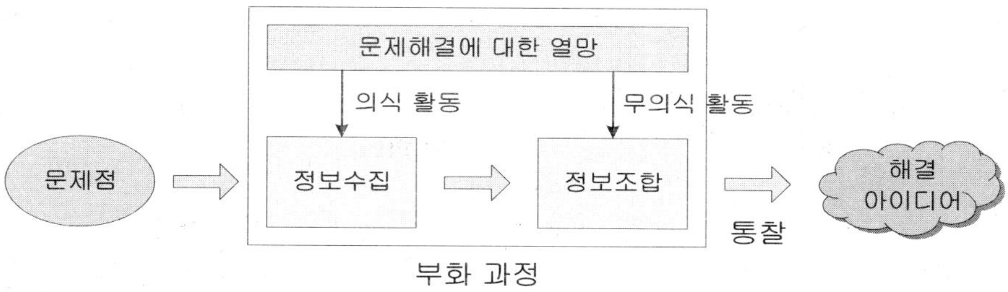

<그림 1-7> 부화과정과 통찰

갑자기 머릿속에 진기한 아이디어가 떠올랐을 때 주의할 점이 있다. 이렇듯 반짝 떠오른 아이디어는 머릿속에 오래 남아있지 못하고 금방 사라져버린다는 사실이다. 일단 아이디어를 잊어버리게 되면 그 기억을 다시 떠올리는 것은 매우 어려운 일이다. 아무리 머리를 쥐어짜도 사라진 기억은 좀처럼 다시 돌아오지 않는다. 이런 안타까운 일을 방지하고 싶다면 펜, 메모지, 수첩 같은 필기도구를 늘 가까이 두고 생활하는 습관이 필요하다.

오스트리아의 작곡가 요한 스트라우스(J. Strauss)는 야외에서 혼자 조용히 산책하던 도중 갑자기 머릿속에 악상이 떠올랐다. 마침 기록할 종이를 갖고 있지 못했던 그는 급히 상의를 벗어 그 안쪽에 악곡을 적어놓았다. 그의 불후의 작품인 '아름답고 푸른 도나우'는 그렇게 탄생되었다.

4) 아이디어의 검증과 수용

창의적 사고를 위한 네 번째 단계는 얻어진 아이디어를 검증하는 일이다. 초기 아이디어는 구체적으로 정리되고 또한 논리적인 체계를 갖추어야 한다. 이 과정에서 아이디어를 평가하고 확인하는 검증과정은 이루어진다. 검증을 실시하여 적합하다고 판단될 때 아이디어는 수용된다. 반대로 부적합하다고 판단된 아이디어는 폐기되고 새로운 아이디어를 얻기 위하여 초기 단계로 되돌아간다.

아이디어가 수용되는 것은 창의적 사고과정의 마지막 단계에 해당된다. 이는 아이디어를 제안한 당사자는 물론 관련된 다른 사람들로부터 인정받는 것이며 문제의 해결을 위하여 실제로 적용되는 과정이다. 이 단계에서 제안자는 확신과 열정을 가지고 자신의 아이디어를 다른 사람들에게 이해시켜 공감하도록 이끌어야 한다.

관심을 가지면 보인다

하버드대학의 심리학 교수인 댄 시몬스는 다음과 같은 실험을 하였다. 실험의 내용은 농구 시합을 하고 있는 30초 분량의 동영상을 보여주면서 선수들이 같은 편에게 공을 패스하는 횟수를 세는 것이었다. 동영상이 상영되자 연구원들은 열심히 패스한 횟수를 세기 시작했다. 그런데 동영상 내용의 중간에 갑자기 고릴라로 변장한 사람이 경기장 안으로 나타났다. 시합 중인 경기장을 여기저기 배회하던 고릴라는 카메라 앞에서 가슴을 두드리기도 하고 소리도 질러댔다.

동영상을 마친 후 고릴라를 보았느냐고 질문했을 때 대부분의 연구원들은 보지 못했다고 응답하였다. 실험 도중 연구원들은 농구공이 패스되는 것에만 몰두했기 때문에 농구장에 나타난 고릴라를 보지 못했던 것이다. 400명을 대상으로 동일한 실험을 실시했을 때 그들 중 10명만이 고릴라를 보았다고 한다. 상식적으로 믿기 어려운 결과가 실제로 일어난 것이다. 이처럼 어떤 대상을 보았으면서도 실제로는 인식하지 못하여 자신의 눈을 의심하는 결과가 간혹 발생한다. 이 같은 현상은 지나친 집착, 스트레스, 고정관념 등이 원인이 되어 생겨날 수 있다.

사람의 뇌는 원하는 것을 찾는데 매우 익숙하다. 배가 고플 때 우리 뇌는 먹는 것을 찾는 데에 집중하게 되고, 목이 마르게 되면 마실 것만을 찾게 된다. 우리의 뇌는 관심이 있는 것만을 보려고 하기 때문에 관심이 없는 것은 쉽게 놓치고 만다. 그래서 '알고 있는 것만큼 보인다'라는 말이 있는 것이다. 출근길에 의식적으로 빨간색을 찾아보라. 지금까지 미처 발견하지 못했던 빨간 대상물들이 새롭게 모습을 드러낼 것이다. 이처럼 어떤 문제에 관심을 가지면 그 이후부터는 주위의 모든 것들이 그 문제를 중심으로 다시 보이게 된다. 구직자들에게는 취업에 관련된 내용들만 눈에 들어오게 되고, 혼기를 놓친 처녀총각들에게는 주위 사람들의 사소한 말 한마디가 결혼과 연관되어 신경 쓰이게 되는 것도 동일한 이유다.

3.2 창의적 사고와 실용화

다른 사람의 도움 없이 순수한 창의적 활동의 결과로 나온 아이디어라 하더라도 실제로 완전히 새로운 것을 찾아보기는 쉽지 않다. 주위의 사람들이나 혹은 예전 사람들도 이미 우리와 비슷한 생각을 이미 했었기 때문이다. 당신은 이런 사실들을 알고 있는가?

- 고대 이스라엘 솔로몬 왕의 궁전에는 피뢰침이 있었다.
- 로마 네로황제는 동전을 이용한 슬롯머신을 고안했었다.
- 로마황제의 궁전에는 3대의 엘리베이터가 있었다.
- 힌두교도들은 제너보다 수백년 전에 종두바이러스를 이용했다.
- BC 1,000년 전에 중국인들은 인간이 감지할 수 없는 지진을 기록했다.
- 레오나르도 다빈치는 헬리콥터와 잠수함의 설계도를 그렸다.

오래 전에 이미 존재했던 이 아이디어들은 왜 오늘날까지 인정받지 못하고 역사 속에 묻히고 말았을까? 이는 새로운 아이디어를 창출하는 것보다 그 아이디어를 적용하여 실용화할 수 있는 여건이 더 중요하다는 사실을 말하는 것이다. 예를 들어 레오나르도 다빈치가 설계했던 헬리콥터는 당시의 기술 수준과 비교해 볼 때 너무 앞질러 나간 것이었으므로 수용될 수 없었다. 이처럼 과거에 고안되었으나 사장되어 있었던 아이디어들이 사회가 변하고 기술문명의 진보가 이루어질 때마다 하나씩 새롭게 조명되어 실용화되었다는 점을 주목할 필요가 있다.

지금부터 약 3,000년 전 솔로몬은 "해 아래 새 것은 없다"고 구약성경 전도서에 기록하였다. 그렇다. 오늘날 내가 독창적으로 생각했다고 주장하는 새로운 아이디어는 어쩌면 예전에 다른 누군가에 의해서 이미 생각했었던 내용일지도 모른다. 창의적 아이디어에서 정말로 중요한 것은 누가 그 아이디어를 적절한 시기에 제안하였으며, 누가 더 빨리 그 생각을 현실 세계에 실용화시켰느냐 하는 것이다.

3.3 창의적 아이디어의 공학적 활용

창의적 아이디어는 어떤 대상이나 분야에 상관없이 모든 곳에서 요구된다. 아이디어를 생성하고 실제로 적용하기까지의 과정을 설명하기 위해 그 적용 대상을 공학제품의 설계나 제작의 분야에 한정시켜 보자. 이 때 가장 먼저 해야 할 일은 기존 제품에 대한 소비자들의 반응을 분석하는 일이다. 소비자들은 한 제품에 대하여 쉽게 싫증을 느낀다. 계속해서 새로운 것을 찾는다. 따라서 그들의 변화하는 요구를 그 때 그 때 정확히 파악하는 일은 제품설계에 있어서 매우 중요하다. 만약 소비자들의 요구사항을 올바로 인식했다면 그것을 최대로 만족시킬 수 있는 새로운 아이디어를 강구해내야 한다. 이런 아이디어를 얻기 위해서는 많은 시간과 노력이 요구되는 것은 두말할 나위가 없다.

공학제품의 개선을 위하여 제안된 아이디어를 검증하는 과정에서 반드시 요구되는 것은 실용성과 경제성에 대한 분석이다. 먼저 실용성의 분석에 관하여 살펴보자. 이는 그 아이디어가 현실적으로 적용 가능하며 실제로 얼마나 우수한지 여부를 테스트하는 것이다. 물론 실용성 테스트에 앞서 다른 사람에 의하여 동일한 아이디어가 특허로 출원되었는지에 대한 선행기술조사는 반드시 이루어져야 한다. 만약 제안된 아이디어가 새로운 기술로 판명되었다면 실용가능성에 대한 테스트가 뒤따라야 한다. 실용성을 보다 확실하게 하기 위하여 실험 테스트는 충분히 반복하는 것이 바람직하다. 실험을 통하여 만족스런 결과가 얻어졌다면 아이디어의 독점적인 소유권을 보장받기 위해 특허청에 특허출원을 신청해야 한다. 새로운 기술에 독점적인 권한을 부여하는 특허에 관한 내용은 7장에서 보다 구체적으로 설명된다.

실용성에 대한 분석을 마친 다음에는 경제성에 대한 분석이 필요하다. 경제성분석은 소요자본, 원가분석, 시장수요 등을 면밀히 조사하여 이루어져야 한다. 새로운 아이디어를 적용하여 새로 개선된 공학제품이나 시스템을 개발하는 경우 상당히 많은 비용이 소요된다. 제안된 아이디어가 경제적으로 유용한 것으로 평가되려면 소요비용에 비하여 충분히 큰 기대수익이 보장되어야 한다.

실용성과 경제성을 분석 검토한 결과 제안된 아이디어가 기술적으로나 경제적으로 충분히 타당성이 있다고 판단되면 제품개발이나 시스템 개선에 충분히 적용될 수 있다. 이상과 같이 머릿속의 아이디어를 적용하여 신제품의 개발이나 새로운 시스템의 구축에까지 이르는 것은 결코 쉬운 일이 아니다. 이들은 많은 시간과 비용과 노력을 필요로 한다. <그림 1-8>은 기존의 제품으로부터 창의적 방법을 적용하여 개선된 신제품을 얻기까지 필요한 과정들을 보여준다.

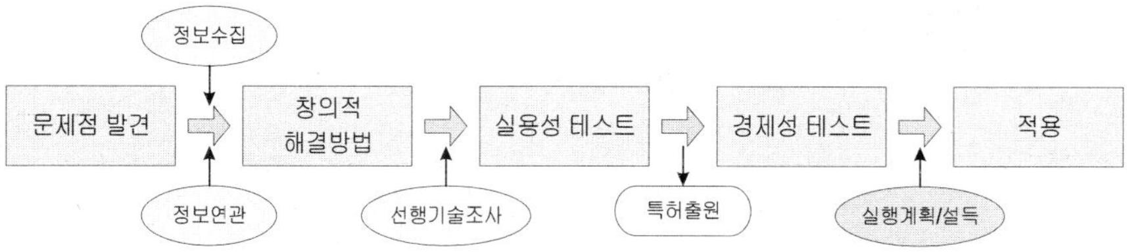

<그림 1-8> 아이디어의 구체화 과정

4. 창의력의 요소

아이디어는 차별화된 독특성과 실용적인 유용성을 함께 가지고 있을 때 주어진 문제를 창의적으로 해결할 수 있다. 남들이 미처 생각하지 못한 독특한 아이디어는 획일화된 논리적 사고에서는 잘 나오지 않는다. 논리와 제약에서 벗어나 다양한 경험과 지식을 바탕으로 폭넓게 사고할 때 기발한 착상들이 자유롭게 머릿속에 떠오르게 된다. 풍부한 상상력은 다양한 아이디어를 얻는데 있어 반드시 필요한 요건이다.

하지만 상상력으로 얻어진 다양한 아이디어들은 현실적인 여건을 고려하지 않고 생겨난 것이다. 따라서 이들이 실용화하려면 철저한 비판과 검증이 필요한 것은 당연한 일이다. 제대로 검증되지 않은 아이디어는 공상의 세계에 머물러 있는 수준이므로 막상 현실세계에 적용하려고 하면 기대와 다른 결과를 가져오기 십상이다.

4.1 분석력과 상상력의 비교

창의력은 분석력과 상상력을 함께 필요로 한다. 사람의 두뇌는 분석적 사고를 수행하는 좌뇌와 상상적 사고를 수행하는 우뇌로 이루어져 있다. 좌뇌에서 이루어지는 분석력은 정보나 사물을 논리적으로 분석하고 추론하며 판단하는 능력이다. 반면에 우뇌의 상상력은 다양한 사고를 제공함으로 풍부한 아이디어를 생성하게 한다. 예를 들어 좌뇌의 분석적 사고에서 볼 때 1 + 1은 오직 2만이 정답이 된다. 논리적인 사고의 세계에서 1의 답이 아닌 다른 가능성은 결코 생각할 수 없다. 그러나 우뇌의 상상적 사고에서는 전혀 다르다. 1 + 1의 답이 단지 2만 되는 것은 아니다. 경우에 따라 0도 될 수 있고, 1도 될 수 있으며, 10 혹은 100도 가능하다. 이처럼 다양한 가능성이 우뇌의 상상력 세계에는 존재한다.

좌뇌에서 이루어지는 분석적 활동은 그 과정에서 의식적인 노력을 필요로 한다. 분석력은 일단 관심있는 대상이 선택되면 집중적으로 논리적인 분석과 비판을 가하여 점진적인 개선과 발전을 이루어 나간다. 반면에 우뇌의 상상력은 우리의 의지적인 노력과 상관없이 무의식적으로 자유분방하게 이루어진다. 이런 우뇌의 활동은 간혹 기발한 아이디어를 가져오기도 하며 그로 말미암아 획기적인 창조나 발명으로 이어지기도 한다. <표 1-3>에서는 분석력과 상상력의 특징을 서로 비교하고 있다.

<표 1-3> 분석력과 상상력의 비교

분석력	상상력
• 좌뇌의 기능 • 논리적 사고(1+1=2) • 수직적 사고 • 수렴적 사고 • 통제적 사고 • 의식적 사고 • 긴장 • 개선발전	• 우뇌의 기능 • 충동적 사고(1+1=0,1,2,...) • 수평적 사고 • 확산적 사고 • 자유분방적 사고 • 무의식적 사고 • 이완 • 창조발명

4.2 분석력과 상상력의 협조

창의적으로 사고하려면 서로 상반된 특성을 가진 분석력과 상상력이 긴밀히 협조해야 한다. 만약 분석력이 강하고 상상력이 부족하게 되면 사고는 항상 제한된 범위 내에서만 맴돌게 된다. 반대로 분석력이 약하고 상상력이 풍부하게 되면 돈키호테 마냥 현실성이 없는 몽상가가 되기 쉽다. 따라서 다양한 상상력에 비판적인 분석력이 함께 가세할 때 유용한 창의적 아이디어는 생겨날 수 있다.

<그림 1-9>를 보라. 분석력은 상대적으로 매우 작은 영역을 다룬다. 우리가 작은 영역에 속한 대상에 주의를 집중시킬 때 분석력과 관련된 좌뇌는 활성화된다. 좌뇌는 긴장하고 집중하면서 제한된 내용의 정보를 수집하여 심도있게 분석한다. 이와 대조적으로 상상력은 상대적으로 넓은 영역을 다루게 된다. 우리가 긴장을 이완시키고 관심을 보다 넓게 확산시킬 때 상상력과 관련된 우뇌는 활성화된다. 상상력의 우뇌는 분석력의 좌뇌에 비하여 훨씬 넓은 영역을 대상으로 정보를 취급하게 되므로 다양한 정보의 조합이 가능해진다. 우뇌에서 다양한 아이디어와 풍부한 상상력이 가능한 것은 바로 이 때문이다.

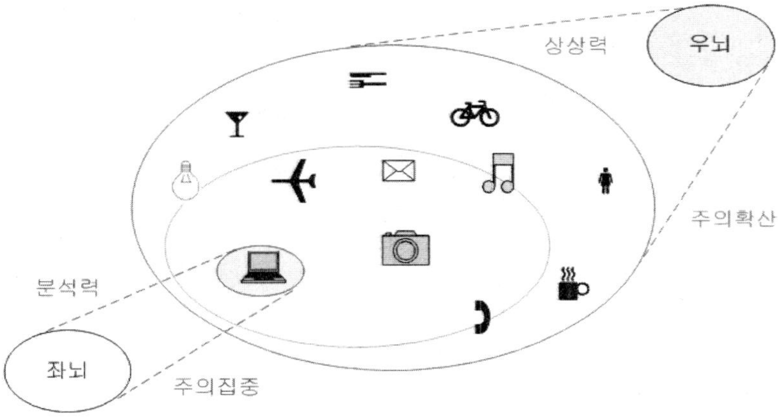

<그림 1-9> 좌뇌와 우뇌에서 다루는 대상 영역

좌뇌와 우뇌의 활동은 생활 중에서도 흔히 경험할 수 있다. 우리는 어떤 일로 긴장하게 되면 그 일에만 온통 관심이 집중된다. 이런 경우 그 일을 벗어난 다른 것들은 보지 못하게 된다. 이는 앞서 댄 시몬스 교수의 농구시합과 고릴라 실험에서도 확인된 내용이다. 이렇듯 긴장하여 작은 영역에 관심을 집중하는 것은 좌뇌의 활동이다. 이와 대조적으로 긴장이 풀리고 마음이 편안해지면 시야가 넓어진다. 주위에 있는 사물의 존재와 변화는 특별히 의식하지 않아도 자연스럽게 인식된다. 이는 우뇌의 활동으로 말미암은 것이다.

이같은 사실은 예전에 처음 운전을 배울 때를 생각해 보면 쉽게 이해할 수 있다. 초보자들은 운전할 때 누구나 긴장하게 마련이다. 그들의 손과 팔에는 힘이 들어가 있어 자신도 모르게 핸들을 꽉 움켜쥐게 된다. 또한 그들의 공통적인 특징은 시야가 좁다는 것이다. 전방에 온통 신경을 쏟다보면 양 옆이나 뒤에 있는 대상물들을 놓치기 일쑤다. 그러다가 시간이 지나가고 어느 정도 운전이 익숙해지게 되면 핸들을 잡고 있는 손과 팔에는 더 이상 힘이 들어가지 않는다. 전방의 차량이나 신호등에 신경을 집중하지도 않는다. 시야는 넓어져 전방은 물론 측면이나 후방에 있는 모든 것들을 두루 살필 수 있게 된다. 이는 운전하는 방식이 좌뇌에서 우뇌로 변화되었음을 보여주는 분명한 증거다.

4.3 창의적 아이디어에서 좌뇌와 우뇌의 역할

창의적 아이디어에 있어서 좌뇌와 우뇌의 역할을 좀 더 살펴보기로 하자. 이미 언급한 바와 같이 창의력은 다양한 아이디어를 생성해내는 우뇌와 생성된 아이디어를 체계적으로 다듬고 평가하는 좌뇌의 상호작용으로 이루어진다. 즉 문제를 정의하는 것으로부터 시작하여 창의적인 아이디어를 생성하여 사람들에게 수용되기까지 전 과정에 걸쳐 좌뇌와 우뇌는 유기적으로 서로 협력하게 된다.

<그림 1-10>에서 보는 바와 같이 아이디어의 생성부터 실행까지는 여러 단계, 즉 문제의 정의, 아이디어의 도출, 아이디어의 검증, 실행계획의 수립, 실행계획을 위한 설득으로 이루어진다. 이들 단계 가운데 문제의 정의, 아이디어의 검증, 실행계획수립은 좌뇌가 주로 역할을 수행하고, 아이디어 도출과 실행계획 설득은 우뇌가 역할을 수행하게 된다. 이처럼 좌뇌와 우뇌가 각각 자신의 역할을 수행하면서 서로 긴밀히 협력할 때 창의적 아이디어는 생성되고 효과적으로 실행될 수 있다.

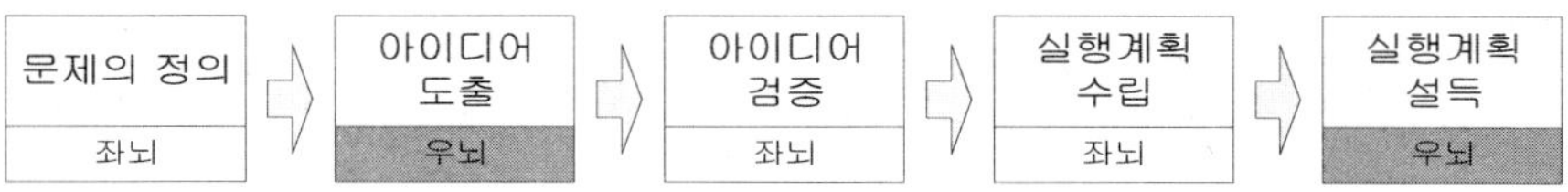

<그림 1-10> 아이디어 생성/실행의 과정에서 좌뇌와 우뇌의 역할

창의적 아이디어를 생성하기 위한 첫 번째 단계는 문제를 정확히 정의하는 것부터 시작된다. 문제가 애매모호한 경우 아이디어는 생성될 수 없기 때문이다. 주어진 상황에서 문제를 도출해내고 그 문제를 정확하게 정의하는 작업은 좌뇌에서 수행되는 기능이다.

일단 문제를 정의하고 나면 논리적인 지식을 동원하여 가능한 해결방안을 찾게 된다. 논리적인 방법으로 해결방안을 찾는 것 또한 좌뇌의 역할이다. 만약 이러한 방법으로 원하는 해결책을 얻을 수 있다면 더 이상 아이디어를 찾을 필요는 없을 것이다. 그러나 논리적인 수단을 동원하여 깊이 생각하여도 마땅한 해결방안이 나타나지 않는 경우, 다른 방법으로 해결을 위한 아이디어를 찾아야 한다. 좌뇌의 수직적사고를 포기하고 우뇌의 수평적사고로 접근하는 것이다.

아이디어 생성을 위한 두 번째 단계는 우뇌의 상상력을 동원하여 여러 가능한 해결방안을 찾는 것이다. 이 때 우뇌로부터 다양한 아이디어를 얻으려 한다면 반드시 기억해야 할 내용이 있다. 그것은 주어진 문제를 일단 잊어버리라는 것이다. 집중하여 주어진 문제에 몰두하고 있는 한 우뇌는 절대로 활성화되지 않기 때문이다.

고대 그리스 철학자 헤라클레이토스는 다음과 같은 경구를 남겼다. "해가 져야 저녁별을 볼 수 있다."

저녁별은 원래의 자리에 항상 있는 것이다. 하지만 해가 떠 있는 동안 저녁별은 그 햇빛에 가려 보이지 않는다. 누구든지 별을 보고 싶다면 해가 지기를 기다려야 한다. 아이디어라는 별을 보는 것도 이와 마찬가지다. 주어진 문제에 온통 마음을 쏟고 있는 한 우리는 해결 아이디어를 얻을 수 없다. 아이디어를 얻고 싶다면 무엇보다 먼저 문제에 대한 생각을 접고 잠시 잊어버려야 한다. 우리의 머릿속에서 문제의 거대한 해는 사라져야 한다. 일단 문제를 잊어버리고 마음이 편안해질 때 좌뇌의 활동은 중단되고 우뇌는 활성화되기 시작한다. 이것이 우뇌를 활성화시키는 요령이다.

그렇다면 원하는 해결 아이디어를 얻을 때까지 얼마나 시간이 걸리겠는가? 이 질문에 대한 답변은 어느 누구도 말할 수 없다. 우뇌는 논리를 사용하는 좌뇌와는 달리 직관과 통찰에 의존하여 해결방안을 찾는다. 실제로 아이디어는 예고 없이 갑자기 찾아오는 손님과 같다. 그 손님이 언제 찾아올지 알 수 없다. 우리로서는 문을 열어놓고 기다리는 것밖에 달리 방도가 없는 것이다. 하지만 문제를 해결하려는 열망이 마음속에 간절하다면 그 손님은 의외로 빨리 찾아올 수도 있다.

해결아이디어를 얻었다면 그 다음 세 번째 단계에서 해야 할 일은 얻어진 아이디어가 실제로 적용 가능한지를 평가하는 작업이다. 이는 현실적 상황을 고려하면서 논리적인 판단력을 동원하는 좌뇌의 활동이다. 이 단계에서는 상당한 수정과 보완이 따르게 되므로 처음 제안되었던 아이디어의 내용과 상당히 달라지기도 한다. 얻어진 아이디어가 현실적으로 적용 불가능하다고 판단되는 경우에는 폐기된다. 그리고 다른 아이디어를 얻기 위하여 두 번째 단계인 아이디어의 도출로 되돌아가게 된다.

네 번째 단계의 실행계획의 수립과 다섯째 단계의 실행계획의 설득은 검증된 아이디어를 수용하여 실행하기 위하여 반드시 필요하다. 네 번째 실행계획수립의 단계에서는 앞서 얻어진 검증된 아이디어를 실제로 적용하기 위한 전략적인 실행계획을 세우게 된다. 아이디어를 실행하기 위하여 어떤 순서에 따라 일을 추진해야 할지 그리고 어떤 사람들에게 도움을 구해야 할지 구체적으로 구상해야 한다. 물론 이러한 활동은 좌뇌에서 이루어진다.

아이디어를 실행하기 위한 계획이 수립되었다면 아이디어를 실행하기 위하여 관련된 많은 사람들을 설득해야 한다. 물론 이를 위하여 아이디어의 입안자는 분명한 확신과 뜨거운 열정이 있어야 한다. 또한 다른 사람들이 자신의 생각에 공감하도록 적극적으로 사람들을 만나고 열정적으로 설명해야 한다. 다른 사람들을 설득하는 능력은 대인관계의 기술과 밀접한 관계가 있으며 이는 상당부분 우뇌의 역할이다.

4.4 창의적 아이디어를 위한 우뇌와 좌뇌의 협력

<그림 1-11>은 창의적 아이디어를 생성하기 위하여 필요한 우뇌와 좌뇌의 협력과정을 도식화한 것이다. 우뇌에서는 상상력을 발휘하여 주어진 문제에 대해 많은 해결아이디어들을 생성해낸다. 이를 아이디어의 확산이라고 부른다. 하지만 우뇌에서 얻어진 많은 아이디어들은 좌뇌의 판단적 사고과정을 지나게 되면서 상당 부분 폐기되고 만다. 이를 아이디어의 수렴이라고 부른다. 이런 가운데 소수의 몇몇 아이디어들만 남게 되는데 이들을 다시 우뇌에 보내면 관련된

내용으로 아이디어의 확산이 이루어진다. 이같은 일련의 순환과정을 반복하면서 얻어지는 것이 소위 검증된 창의적 아이디어다. 이처럼 우뇌의 상상적 사고와 좌뇌의 판단적 사고가 함께 협력할 때 실용가능한 창의적 아이디어는 생겨나게 된다.

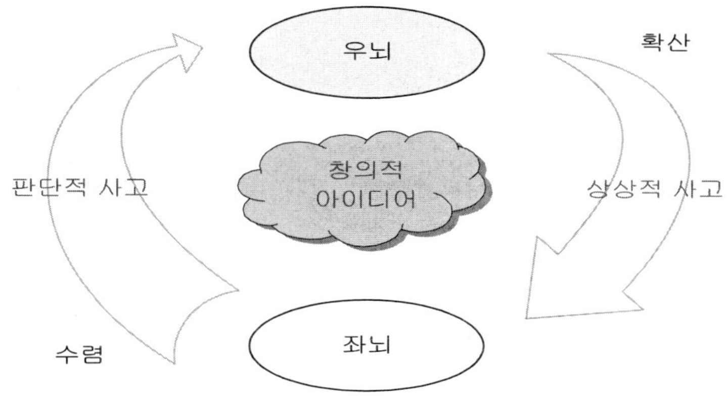

<그림 1-11> 창의적 아이디어를 위한 좌뇌와 우뇌의 협력

창의력을 높이려면 평소에 좌뇌와 우뇌를 균형적으로 사용해야 한다. 그럼에도 우리나라의 학교 교육은 지나치게 좌뇌 교육 위주로 치우쳐 있기 때문에 청소년들의 창의력 발달에 큰 저해요인이 되고 있다. 물론 우뇌 위주로 두뇌를 사용하는 것도 창의력 발달에 방해가 되는 것은 마찬가지다. 하여간 좌우 두뇌를 균형있게 사용하기 위하여 우리나라의 학교 교육에서는 우뇌를 좀 더 사용하도록 유도하는 노력이 필요하다.

개그맨 전유성은 아이디어가 뛰어난 것으로 소문나 있다. 개그맨들은 회의를 하다가도 아이디어가 벽에 부딪혀 더 이상 진전이 없게 되면 그에게 연락하는 일이 다반사라고 한다. 또한 다른 사업을 시작할 때도 그에게 여러 가지 자문을 구한다고 한다.

그는 생활 중에서 자주 부딪히는 곤란한 문제에 대하여 여러 기발한 아이디어를 제안하였다. 버스에서 졸다가 정거장 놓치는 사람을 위한 자명종 손목시계, 차 안에 습기가 찰 때 빨리 제거할 수 있는 내부유리 와이퍼, 심지어 상가 집이나 회의 중에 휴대폰이 느닷없이 울릴 때 손으로 탁치면 꺼지는 충격 감지기능

등, 그의 아이디어들은 개발되어 상품화될만한 것들이 상당수 있다. 그러나 그의 아이디어 가운데는 실현될 수 없는 황당한 것들도 더러 있다. 그 중에 한 가지를 소개해 보자.

1980년대 한국의 축구선수들은 연습은 맨 땅에서 하고 경기는 잔디구장에서 하였다. 그러니 실제 경기를 할 때 제대로 실력을 발휘할 수 없는 것은 당연했다. 어느 날 축구 구경을 하고 있던 전유성에게 아이디어가 떠올랐다. 신발 바닥에 잔디를 붙이면 잔디운동장과 똑같은 효과를 낼 수 있지 않겠느냐는 것이었다. 신발 밑바닥에 인조잔디를 붙였다 떼었다 하는 식으로 말이다.

자유분방한 사고에서 나온 멋진 역발상임에 틀림없다. 그러나 그의 이 기발한 아이디어는 상품화되지 못하였다. 왜 그랬을까? 인조잔디를 신발 바닥에 붙이고 축구경기를 한다고 생각해 보라. 어떤 문제가 생기겠는가? 상상적 사고에 의한 다양한 아이디어는 판단적 사고에 부딪힐 때 자주 제동이 걸리게 된다.

양쪽 뇌를 고르게 자극하라

우뇌 아이가 좌뇌를 쓰지 않으면 대부분의 경우 학년이 올라가면서 지능이 떨어진다. 우뇌성향이 강한 아이일수록 떨어지는 낙폭은 훨씬 더 크게 된다. 주로 우뇌 공간지각력이 파괴되고 언어이해력마저 떨어지는데 이는 수치상으로도 확인될 수 있다고 한다. 이런 현상이 나타나는 원인은 한쪽 뇌만 사용하기 때문이다. 아이들은 좌뇌와 우뇌 가운데 어느 한쪽이 더 우세하게 태어난다. 그러다 보니 좌뇌 아이는 자신도 모르게 좌뇌를 많이 사용하게 되고, 우뇌 아이는 저절로 우뇌를 많이 쓰게 된다. 마치 오른손잡이 아이가 오른손을 많이 쓰고 왼손잡이 아이가 왼손을 많이 쓰는 것과 같은 원리다.

문제는 많이 쓰는 뇌는 더 발달하고 잘 쓰지 않는 뇌는 점점 위축된다는 것이다. 그렇게 되면 좌뇌가 할 일을 우뇌가 대신하고 우뇌가 할 일을 좌뇌가 대신하게 된다. 우뇌아이가 수학을 직감으로 하는 경우가 있는데 이는 좌뇌가 할 일을 우뇌가 대신하는 경우에 해당된다. 이렇듯 한쪽 뇌를 쓰지 않는 상황에 익숙해지면 그 뇌는 영구히 제대로 쓰지 못하게 된다. 이런 경우 더 심각한 것은 많이 쓰는 뇌까지도 나빠진다는 것이다. 지나치게 한쪽 뇌를 사용하다 보니 무리가 와서 원래의 기능마저 제대로 발휘하지 못하게 되는 것이다. 아이의 취약한 뇌는 적극적으로 보완해 주어야 한다. 그렇게 되면 아이는 양쪽 뇌를 모두 자유자재로 쓸 수 있게 된다. 마치 왼손잡이가 오른손을 훈련할 때 양손을 다 쓰게 되는 것처럼 말이다. (안진훈, 2006)

5. 창의적 아이디어와 우뇌사고

5.1 우뇌식 사고로의 전환

좌뇌식 사고로 상당한 시간 동안 집중하며 생각하여도 문제가 해결되지 않는 경우에는 사고를 확산시켜 전혀 다른 관점에서 아이디어를 찾아보아야 한다. 이는 다양한 상상력을 제공하는 우뇌식 사고로 가능해진다. 이처럼 창의적 발상을 위하여 상상력이 요구되는 경우에는 사고활동을 좌뇌식에서 우뇌식으로 전환시켜야 한다. 다음에 열거된 내용들은 우뇌활동으로 사고를 전환시키는 방법들이다.

- 아무 생각 없이 창밖을 내다본다.
- 목욕이나 반신욕을 한다.
- 천천히 산보를 한다.
- 혼자 산을 오른다.
- 사람들과 자유롭게 잡담을 한다.
- 공상을 한다.
- 명상한다.
- 잠을 잔다.
- 편안한 자세로 몸의 긴장을 풀어 이완시킨다.
- 만다라를 가만히 응시한다.
- 마음을 안정시키는 음악을 듣는다.
- 그림을 그린다.
- 여행을 한다.

공상의 세계에 빠지는 것은 창의력을 위한 우뇌 전환에 도움을 준다. 공상하는 것은 우뇌의 활동이기 때문이다. 천재 물리학자 아인슈타인은 빛을 타고 우주를 항해하는 공상을 즐겼다. 그의 상대성이론은 그 공상으로부터 실마리를 얻게 된 것이라고 한다. 대체로 창의력이 뛰어나며 소위 천재라고 불리는 사람들은 공상의 세계와 현실의 세계를 왕래하는 습관이 있다. 그들은 공상의 비현실적인 세계와 실재하는 현실적인 세계를 넘나들면서 보통 사람들이 생각해내지 못한 독특한 창의력을 발휘하곤 한다.

만다라를 응시하는 것 또한 창의력을 위한 우뇌 전환에 도움을 주는 것으로 알려져 있다. 만다라는 힌두교적 요소를 불교에서 수용하여 생긴 밀교에서 창출한 그림으로 우주의 진리를 표현한 것이다. 만다라는 원래 '본질을 소유한 것'이라는 의미였으나 이제는 깨달음의 경지를 도형화한 것으로 여겨지고 있다. 이는 주로 종교적인 목적으로 명상과 깨달음을 얻기 위하여 사용되어 왔으며 최근에는 우울증, 불면증, 암 등을 치료하는데 상당한 효과가 있는 것으로 알려졌다. <그림 1-12>는 만다라의 예를 보여준다.

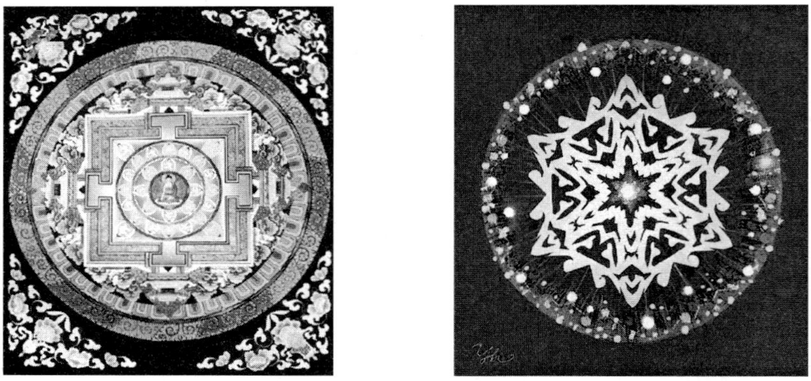

<그림 1-12> 만다라의 예

일본 창조성연구소의 다카하시 마코토는 창의력이 풍부한 사람들을 대상으로 아이디어가 잘 떠오르는 장소를 조사하였다. <그림 1-13>은 그가 조사한 결과를 보여준다. 그에 의하면 아이디어가 가장 잘 떠오르는 으뜸 장소로는 잠자리에 누워 있을 때였으며, 혼자서 걷고 있을 때와 버스나 전철에 가만히 있을 때가 그 다음 순이었다.

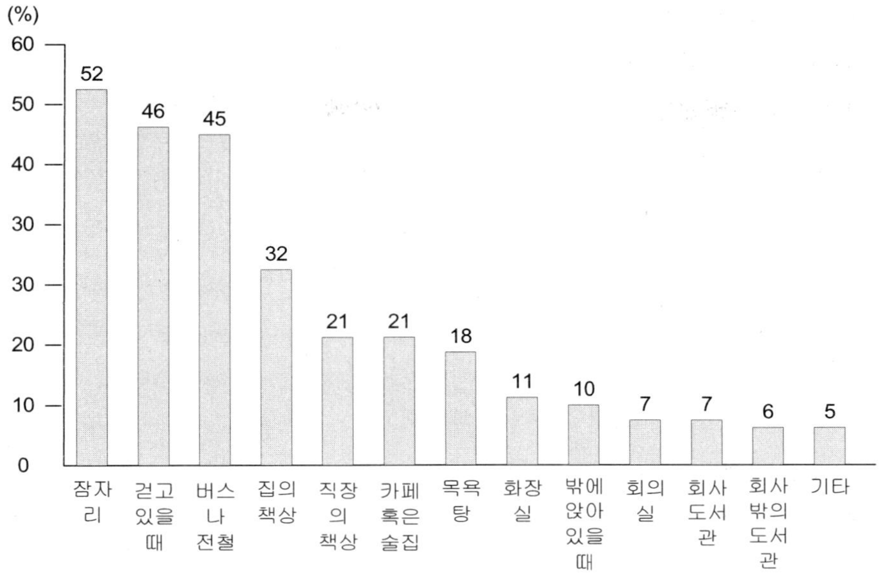

<그림 1-13> 아이디어가 잘 떠오르는 장소

5.2 우뇌사고의 전제조건

좌뇌활동에서 우뇌활동으로 전환시키는 방법은 매우 단순하다. 현재 하고 있는 일을 잠시 잊어버리고 쉬면서 긴장을 풀고 몸과 마음을 편안하게 만들면 된다. 이처럼 일에 있어서 휴식은 매우 중요하다. 창의적 아이디어는 일에 몰입하고 있을 때가 아니라 잠시 일을 떠나 쉬고 있을 때 얻어질 가능성이 높기 때문이다. 공부만 하고 놀지 않는 아이는 바보가 된다는 속담은 이런 점에서 우리에게 공감을 준다.

하지만 어려운 문제에 봉착했을 때 무작정 쉬면서 우뇌활동으로 전환시키기만 하면 원하는 아이디어를 얻을 수 있는 것일까? 여기에 대답을 줄 수 있는 이야기를 소개한다. 1865년 독일의 과학자 케쿨레(F. Kekule)는 벤젠의 분자구조식을 발표하였다. 당시 유기화합물은 사슬모양의 분자구조식으로만 알려져 있었다. 하지만 벤젠은 유기화합물임에도 불구하고 사슬모양의 구조식으로는 도무지 설명되지 않았다. 따라서 벤젠의 분자구조식은 당시 유기화학자들에게 매우 큰 난제였다. 케쿨레는 벤젠이 고리모양의 특이한 구조를 갖고 있다는 사실을 발견하여 그의 생애에 큰 업적을 이루었다.

1890년 독일화학회의 설립 25주년 경축대회에서 케쿨레는 벤젠의 구조식을 발견하게 된 동기를 소개하였다. "몇 달 동안 벤젠의 구조식을 연구하였지만 아무런 소득을 얻지 못하였습니다. 그러던 어느 날 집으로 돌아가는 길이었습니다. 너무 피곤하여 차 안에서 잠이 들었습니다. 마침 꿈을 꾸게 되었는데 벤젠의 분자모형이 뱀으로 변하더니 자신의 꼬리를 무는 것이었습니다. 그날 저녁 나는 6각형 모양의 벤젠구조식을 만들어 낼 수 있었습니다."

잠을 자다가 꿈을 꾸고 영감을 얻어 벤젠 구조식을 발견하였다는 케쿨레의 이야기는 사람들에게 큰 흥밋거리를 제공하였다. 그래서 당시 화학자들 가운데는 어려운 문제가 생길 때마다 잠을 자면서 꿈을 꾸려고 했다는 이야기도 있다. 과연 잠을 자고 꿈을 꾼다고 해서 아이디어를 얻어낼 수 있을까? 여기서 우리는 자칫 간과하기 쉬운 한 가지 중요한 사실을 알아야 한다. 케쿨레가 그런 꿈을 꿀 수 있었던 것은 우연히 된 일이 아니다. 그가 벤젠구조식의 수수께끼를 풀기 위해 지난 몇 달 동안 온 힘을 다해 노력했기 때문인 것이다. 중국속담에 '낮에 생각한 것이 밤에 꿈에서 보인다.'는 말이 있다. 영감은 우연히 생겨나는 것이 아니라 혼신의 노력을 기울일 때 생겨나는 것이다.

연습 문제

1.1 쌀 한 가마니에 들어있는 쌀의 개수를 추정하는 쉬운 방법을 생각해 보라. 단 저울은 없다고 가정한다.

1.2 서울 시내에 바퀴벌레가 몇 마리나 있는지 나름대로 논리적인 절차를 따라서 추정해 보라.

1.3 떡집을 운영하는 백수는 판매방식을 바꾸어 아침마다 가정집으로 주문배달하려고 계획 중이다. 주문은 바로 전날, 인터넷과 전화로 받는다. 이 경우 주문배달로 인하여 발생할 비용과 기대되는 수익을 항목별로 분석해보라.

1.4 당신은 신문지 한 장을 최대 몇 번이나 접을 수 있겠는가? 만약 신문지를 10번 접는다면 그 두께는 얼마나 되겠는지 추정해 보라.

1.5 천재는 1%의 영감과 99%의 땀으로 이루어진다는 말은 창의력에서 어떤 점을 강조한 것인가?

1.6 공장과 매장에 재고가 20만 여개나 남아있는 화장품의 가격을 인상하기로 했다. 소비자들에게 거부감을 적게 하면서 화장품 겉포장에 쓰인 제품가격을 수정할 수 있는 방법을 제안해 보라.

1.7 3개의 성냥개비로 1개의 삼각형을 만들 수 있다. 3개의 성냥개비를 더 추가하여 4개의 삼각형을 만들어 보라. 단 성냥개비를 부러뜨리거나 꺾을 수는 없다.

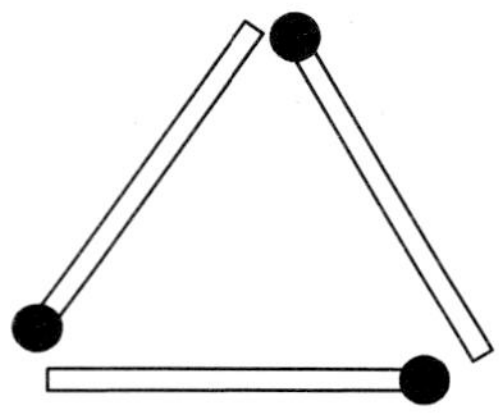

1.8 4개의 말뚝이 아래 그림과 같이 정사각형 모양의 네 모퉁이에 박혀 있다. 2개의 말뚝을 옮겨 둘러싸인 정사각형의 면적을 지금의 반으로 하고 싶다. 방법을 생각해 보라.

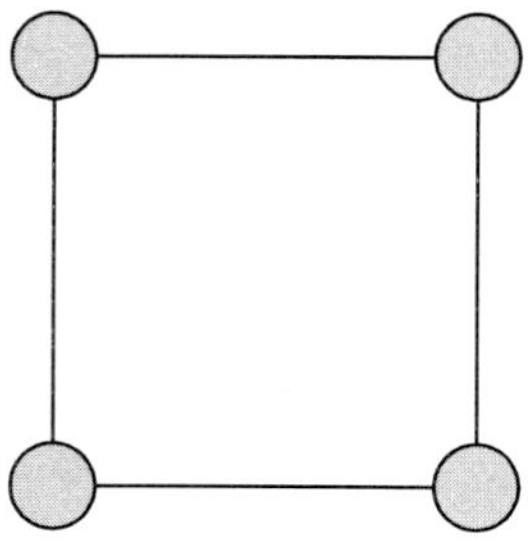

1.9 고양이가 매일 밤 창가에서 듣기 괴로운 울음소리를 내고 있다. 어떻게 해결할 수 있겠는가?

1.10 누군가 쓰레기를 우리집 현관 앞에 버리곤 하는데 이 문제를 어떻게 해결할 수 있겠는가?

1.11 창의력을 높이기 위해서는 깊이 있는 전문적 지식과 폭넓은 다양한 지식이 동시에 요구된다. 그 이유를 설명하라.

1.12 창의적 아이디어를 얻으려면 문제해결에 대한 열망과 더불어 문제에 몰두하지 않아야 한다. 이런 모순적인 태도가 필요한 이유를 설명하라.

1.13 바둑이나 장기를 둘 때 게임하는 당사자보다 곁에서 구경하는 사람들이 묘수를 더 잘 발견하게 된다. 그 이유는 무엇인가?

1.14 서울에서 출발하여 대전, 대구, 광주, 부산, 울산 등 전국의 도청소재지와 광역시를 모두 지나갈 수 있는 가장 빠른 방법은 무엇인가?

1.15 토끼와 거북이의 경주에서 실제로 토끼는 낮잠을 잔 것이 아니었다. 열심히 뛰어갔었다. 그런데 거북이에게 진 것이다. 왜 그랬을까? 가능한 이유를 생각해 보라.

1.16 과거에 급제한 이몽룡은 얼마든지 춘향이를 정실부인으로 맞이하지 않을 수도 있었다. 그럼에도 그가 춘향이를 정실부인으로 맞이하게 된 이유를 설명해 보라.

1.17 심청전에 의하면 심청은 공양미 삼백석에 몸을 팔고 인당수에 몸을 던진다. 그러나 용왕의 도움을 얻어 심청은 목숨을 구하고 왕비가 된다. 하지만 인당수에 몸을 던진 심청이 용왕의 도움으로 목숨을 구하는 것은 불가능한 일이다. 심청이 목숨을 구하고 왕비가 되기까지의 내용을 재구성해 보라.

[실습 1.1] 요술 당나귀

[내용] 샘 로이드(Sam Loyd)는 천재적인 사람으로 수천 개에 이르는 기발한 퍼즐을 모아 편집했다. 1841년 필라델피아에서 태어난 로이드는 17살 때 가장 유명한 퍼즐인 '요술 당나귀'를 만들어 냈다. 이 퍼즐은 아래에 주어진 그림을 점선을 따라 세 조각으로 자른 후 적절히 조합하는 것이다. 현재 힘없이 천천히 걸어가는 당나귀의 그림이 편집 이후에는 마부를 태우고 힘차게 달려가는 두 마리 말의 그림으로 바뀌게 된다(최승언, 전미란, 2002).

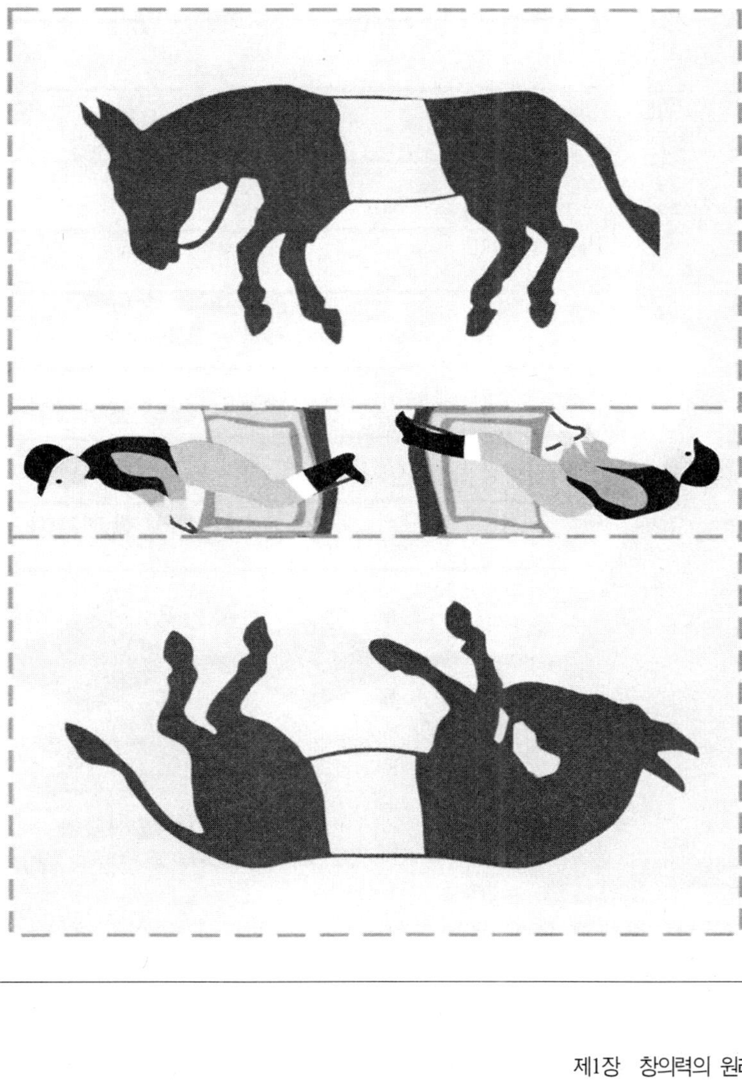

[실습 1.2] 이야기 다시 만들기

[내용] 양을 몰고 들로 나갔던 소년은 늑대가 나타났다고 큰 소리로 외쳤다. 마을 사람들은 급히 달려왔다. 하지만 어디에서도 늑대를 발견할 수 없었다. 양들도 전혀 이상이 없었다. 이런 사건이 3차례나 반복되자 마을 사람들은 소년을 거짓말쟁이로 생각했다. 실제로 늑대가 나타났고 소년은 도와달라고 마을을 향하여 외쳐댔지만 아무도 귀담아듣지 않았다.

이상의 내용은 우리가 잘 알고 있는 이솝의 양치기소년에 관한 이야기 줄거리다. 우리는 소년이 심심풀이 삼아 거짓말한 것으로 알고 있다. 이제 내용을 다르게 바꾸어 보자. 이 소년은 거짓말을 일삼는 그런 아이는 아니다. 열심히 양들을 돌보느라 심심할 겨를도 없다. 성실한 이 소년이 왜 이런 행동을 하게 되었을까? 상상력을 발휘하여 그 이유를 설명해 보라.

1. 소년의 첫 번째 행동에 대하여 그 이유를 기술해 보라.

2. 소년의 두 번째 행동에 대해 다른 이유를 제시해 보라.

3. 소년의 마지막 행동을 설명할 수 있는 또 다른 이유는 무엇인가?

[실습 1.3] 사물의 다양한 용도 찾기

[내용] 못 쓰는 CD를 활용할 수 있는 용도를 찾아보자.

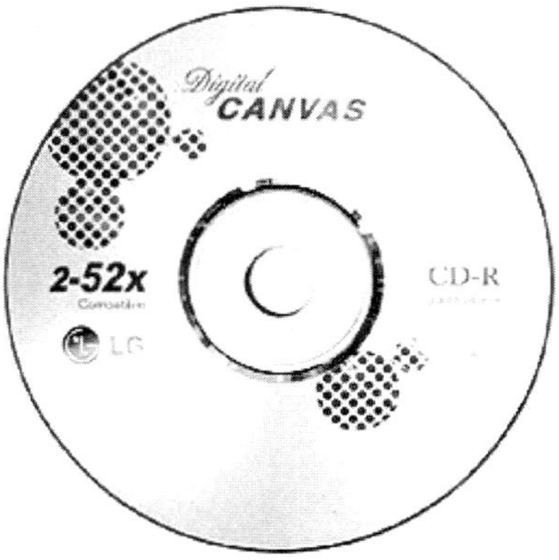

1. 20분 동안 활용 가능한 방안들을 모두 열거해보라.

2. 여럿이 함께 실습한 경우 다음의 방법으로 자신의 창의력을 비교해 보라.
   - 한 사람씩 돌아가면서 생각해낸 활용방안들을 발표한다.
   - 활용방안이 타당하다면 최대 10점까지 얻을 수 있다.
   - 동일한 방안을 n명이 찾은 경우 점수 10/n을 부여한다.
   - 마지막 사람까지 찾아낸 활용방안들을 발표한다.
   - 각자 자신이 얻은 점수를 합산한다.

제2장 뇌의 신비

1. 인간의 마음

1.1 마음과 몸은 하나인가 별개인가?

마음과 몸의 관계에 대한 사람들의 생각은 크게 심신이원론과 심신일원론으로 나누어진다. 고대로부터 마음과 몸의 관계에 대한 사람들의 생각은 마음과 몸을 별개의 실체로 생각하는 심신이원론이 지배적이었다. 심신이원론에서는 몸은 물질에 속한 것으로 물리적 법칙에 의해 지배되고 마음은 물질을 초월한 실체로 형이상학적 원리에 의하여 움직인다고 여겼다. 따라서 사람이 죽으면 몸은 썩어 흙으로 돌아가지만 마음과 함께 있는 영혼은 물질인 몸을 떠나서 별개의 실체로 남게 된다고 믿었다.

이러한 심신이원론과 대조적으로 심신일원론에서는 마음과 몸을 하나의 통합된 실체로 본다. 심신일원론의 일반적 입장은 마음을 몸과 독립적인 별개의 실체가 아니라 몸의 기관들에 의한 생물학적 작용으로 여긴다. 즉 몸이 활동하게 되면 그 반응이 마음으로 나타나는 것이고 몸이 죽으면 마음도 함께 사라지는 것으로 생각하고 있다.

1.2 마음은 어디에 있는가?

심신이원론과 심신일원론 가운데 어느 쪽을 지지하든 마음이 몸의 어느 부위에 존재하느냐 하는 문제는 오래 전부터 사람들의 흥밋거리였다. 심신일원론을 주장하는 사람들은 마음이 존재하는 몸의 기관을 찾으려고 노력하였고, 심신 이원론을 믿는 사람들은 마음과 몸이 상호작용하는 자리를 알아내고자 하였다. 우리말에도 "머리로 듣고 말하지 말고 가슴으로 듣고 말하라."는 격언이 있다. 이는 가슴 즉 심장을 마음이 위치한 자리 혹은 마음과 몸이 작용하는 자리로 여기고 있음을 나타내는 말이다.

고대 그리스에서 시작하여 17세기에 이르는 오랜 기간 동안 인간의 뇌는 소홀히 취급되었다. 고대 그리스 이후 학문에 가장 큰 영향을 주었던 아리스토텔레스조차도 심장을 마음의 자리로 보았다. 그는 인간의 뇌를 흥분한 심장에서 데워진 피나 체액을 식혀주는 냉각장치로 생각하였다. 이러한 관점은 17세기까지 변함없이 이어져 왔지만 그 동안에도 몇몇 사람들은 뇌가 마음이 위치한 자리라고 주장하였다.

그 대표적인 인물로는 인류 최초의 의사인 히포크라테스였다. 히포크라테스는 "사람은 뇌가 있기 때문에 생각하고 보고 들을 수 있으며 좋고 나쁘고 아름답고 추한 것을 판단할 수 있다." 라고 말하였다.

소크라테스의 제자인 플라톤은 사람의 마음을 이성, 정서, 욕구의 세 영역으로 나누었다. 그는 현실을 지배하는 최고의 마음인 이성은 뇌에, 정서는 심장에, 그리고 욕구는 간장에 존재한다고 생각하였다.

2세기 의사였던 갈레누스(C. Galenus)는 사람과 동물을 해부하고 뇌의 구조까지도 연구하였다. 그는 마음의 자리로 뇌실을 중시하였으며 전뇌실, 중뇌실, 후뇌실로 구분하였다. 그리고 전뇌실에는 감각이, 중뇌실에는 이성이, 후뇌실에는 반응을 제어하는 기능이 존재한다고 생각하였다. 여기서 뇌실이란 대뇌의 중심부에 존재하는 빈 공간을 가리킨다.

만능 천재로 알려진 레오나르도 다빈치(L. da Vinci)가 살던 시대에는 카톨릭 교회의 힘이 막강하여 인체를 해부하는 일은 불가능하였다. 그럼에도 불구하고 그는 10구가 넘는 인체를 해부하였고, 갈레누스가 찾아낸 전뇌실과 안구를 연결하는 신경까지 상세하게 묘사된 해부도를 발표하였다. 1490년의 일이었다.

17세기에 들어 각종 기계들이 발명되고 발달하면서 사람들은 뇌를 기계와 같은 방식으로 작용하는 기관으로 생각하게 되었다. 이러한 생각을 바탕으로 데카르트(R. Descartes)는 뇌가 마음의 기능에서 중요한 역할을 담당하고 있다고 인정하였다. 그는 뇌에 존재하는 송과샘이라는 작은 기관을 통하여 마음과 몸이 상호작용한다는 구체적인 내용까지 주장하였다. 그 이후 17~18세기를 거치면서 뇌 연구자들은 뇌에 관하여 보다 분명한 시각을 가지고 과학적으로 연구하게 되었다.

1.3 뇌의 손상과 마음의 변화

뇌와 마음은 서로 어떠한 관계에 있을까? 뇌의 한 부위에 손상이 오면 마음에는 어떤 영향이 미치게 될까? 뇌와 마음의 관계에 대한 이런 의문은 오래 전부터 많은 사람들이 품고 있었다. 그러나 20세기 이전에는 이런 의문들에 대한 해답을 제대로 제시하지 못하였다. 1940년대에 이르러서야 신경과학자들은 이러한 의문들에 대한 구체적인 해답을 하나씩 발견하는 기회를 얻게 되었다. 그들은 사고나 전쟁 부상으로 인한 뇌손상 환자에게서 나타나는 행동적, 심리적 변화를 관찰하였다. 또한 간질병 환자의 발작을 완화하기 위한 뇌수술을 수행하면서 뇌의 여러 부분들을 전기적으로 자극할 때 나타나는 뇌와 마음의 관계를 체계적으로 연구하기 시작하였다.

뇌와 마음의 작용은 뇌손상 환자들을 통하여 살필 수 있다. 뇌손상 환자 중 가장 유명한 예는 피니스 게이지(P. Gage)라는 사람의 경우다.

1848년 미국 버몬트 주의 어떤 골짜기에서는 철도공사를 위한 바위폭파 작업을 하고 있었다. 현장소장인 25살의 게이지는 건장한 청년으로 성품이 온화하고 책임감이 있어 동료와 상사로부터 신뢰를 받고 있었다. 뜻하지 않은 사건은 발파작업을 하기 위해 바위에 구멍을 뚫고 <그림 2-1>에서 보여주는 직경 3cm, 길이 1m가량의 쇠막대기로 화약을 다져넣는 과정에서 일어났다. 바위와 쇠막대기가 마찰하면서 일어난 불똥으로 화약이 폭발하게 된 것이다. 쇠막대기는 게이지의 왼쪽 볼에서 뇌의 전두엽 부분을 관통하고 45m나 날아가 떨어졌다. <그림 2-2>는 쇠막대기가 관통한 두개골과 그 위치를 보여주고 있다. 게이지는 잠시 정신을 잃었으나 몇 분이 지난 후 의식을 회복하였다. 그는 급히 도착한 의사에게 "의사 선생님, 좋은 일거리가 생겼군요." 라며 농담까지 하였다.

그는 2~3주 동안 치료하면서 건강을 회복하였다. 단지 왼쪽 눈의 시력을 잃었고, 쇠막대기의 관통 흔적이 피부에 남았을 뿐이었다. 그런데 이 사건 이후 그에게 이상한 현상이 나타났다. 사고로 인한 상처는 거의 다 아물었으나 게이지는 예전과 전혀 다른 사람이 되어 있었다. 마치 고집불통 어린아이와 같이 화를 잘 내고, 사람들에게 생떼를 쓰며 싸움을 걸었으며, 상스러운 욕을 해대는 고약한 사람으로 바뀌어버린 것이었다. 회사에서 칭찬받던 그는 더 이상 맡은 임무를 감당할 수 없어 해고되었다. 그는 여러 다른 직업들을 전전하다가 사고를 당한지 13년째 되던 해에 간질이 발작하면서 곧바로 사망하였다. 게이지가 죽은 후 그의 두개골과 문제의 쇠막대기는 하버드 대학에 기증되어 오늘날까지 보관되어 오고 있다.

<그림 2-1> 게이지의 두개골을 관통한 쇠막대기

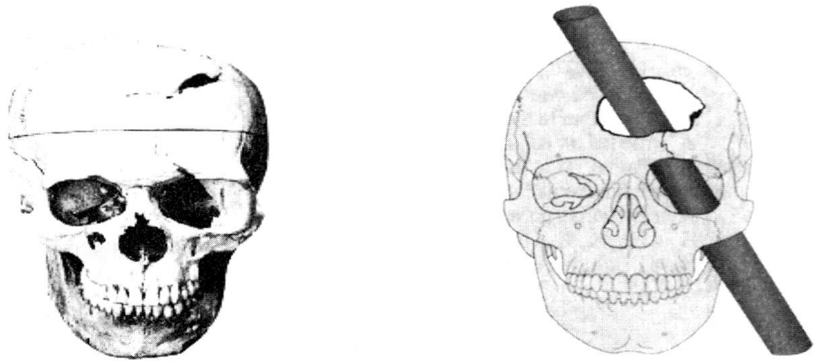

(a) 게이지의 두개골 (b) 쇠막대기가 관통한 위치

<그림 2-2> 쇠막대기가 관통한 게이지의 두개골

2. 뇌의 구성

2.1 신경계와 뇌

신경계는 신경세포라는 특화된 세포들로 이루어져 있으며, 인간을 포함한 포유류의 경우 중추신경계와 말초신경계로 양분된다. <그림 2-3>에서 보는 바와 같이 중추신경계는 두뇌와 척수로 구성되며, 말초신경계는 두뇌와 척수로부터 신체의 여러 부위로 뻗어나가고 있는 나머지 모든 신경군을 가리킨다. 또한 말초신경계는 피부감각기관, 골격근, 관절 등에 분포하는 체신경계와 심장이나 혈관, 소화기, 성기 등의 내부에 분포하는 자율신경계로 나누어진다.

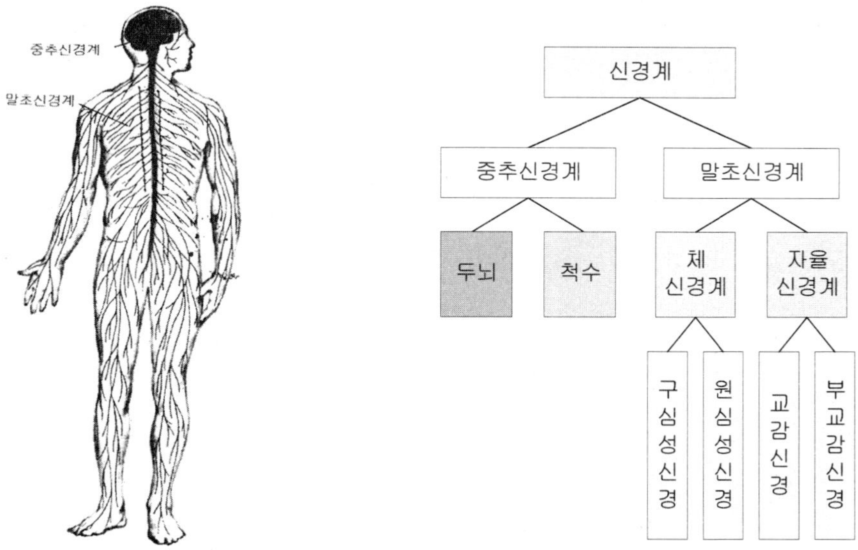

<그림 2-3> 신경계의 구조

체신경계는 신체 내부와 외부의 자극에 관한 정보를 중추신경계로 전달하는 구심성 신경섬유와, 중추신경계의 정보를 골격근 등으로 전달하는 원심성 신경섬유로 이루어져 있으며, 의지대로 근육을 움직이는 수의적 운동을 가능하게 한다. 한편 자율신경계는 위험상황에 효과적으로 대처하도록 에너지를 동원하는

교감신경계와 그와 반대로 몸을 이완시키는 부교감신경계로 나누어진다.

교감신경계는 위기상황에 효과적으로 대처할 수 있도록 에너지를 동원하는 역할을 한다. 심장이 빨리 뛰고, 호흡이 가빠지며, 혈압이 오르고, 손에 땀이 나는 흥분된 상태는 교감신경계에 의한 것이다. 반면에 부교감신경계는 생명을 유지하기 위하여 생리적 기능들을 활성화시키고 에너지를 저장하게 한다. 심장박동이 안정되고, 부드러운 호흡을 하며, 혈압을 낮추는 이완된 상태는 부교감신경계에 의한 것이다. 이처럼 교감신경계와 부교감신경계는 상호 작동하며 신체의 균형을 유지한다.

2.2 대뇌의 구조

사람의 뇌는 몸의 평형유지와 정교한 운동을 담당하는 소뇌와 정신 상태를 좌우하는 대뇌로 크게 나뉜다. 전체 뇌의 약 90%를 차지하는 대뇌는 <그림 2-4>에서 보는 바와 같이 신피질과 구피질로 이루어진 반구 모양의 좌우 대뇌반구와 그 사이에 끼어있는 막대 모양의 뇌간으로 이루어져 있다. 이러한 대뇌의 3층 구조는 각각 과일의 껍질과 속살과 씨방으로 비유될 수 있다.

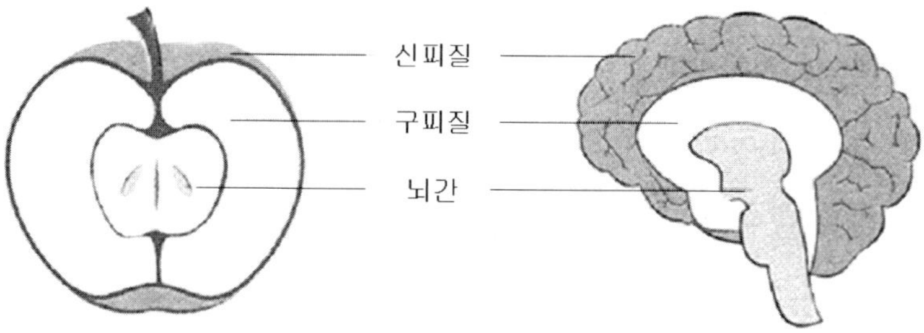

<그림 2-4> 대뇌의 3층 구조

과일의 껍질에 해당하는 신피질은 대뇌의 제일 바깥부위에 위치한다. 그러한 이유로 신피질을 대뇌피질이라고도 부른다. 여기서는 지각능력, 학습능력, 언어능력, 계산능력 같은 다양한 지적활동들을 관장하므로 '이성의 뇌'라고 불리기도 한다. 구피질은 과일의 속살에 해당되며 신피질과 뇌간 사이의 중간부위에 존재한다. 구피질에서는 기쁨, 슬픔, 두려움, 분노 같은 감정활동을 주로 관장하

므로 일명 '감정의 뇌'라고 일컬어진다. 이처럼 신피질과 구피질은 각기 구별된 기능을 수행하지만 상호 밀접하게 연결되어 있으므로 영향을 주고받으면서 상황에 따라 적절한 행동과 생각을 수행하도록 한다. 마지막으로 대뇌의 제일 안쪽에 위치한 뇌간은 과일에서 씨방에 해당되며, 호흡기능, 소화기능, 순환기능과 같은 생명기능을 담당한다.

대뇌를 구성하는 신피질(대뇌피질)과 구피질, 그리고 뇌간의 역할과 구성에 대하여 좀 더 구체적으로 살펴보기로 하자. <그림 2-5>에서는 대뇌를 구성하는 기관들을, 그리고 <그림 2-6>에서는 그 기관들이 존재하는 위치를 보여주고 있다.

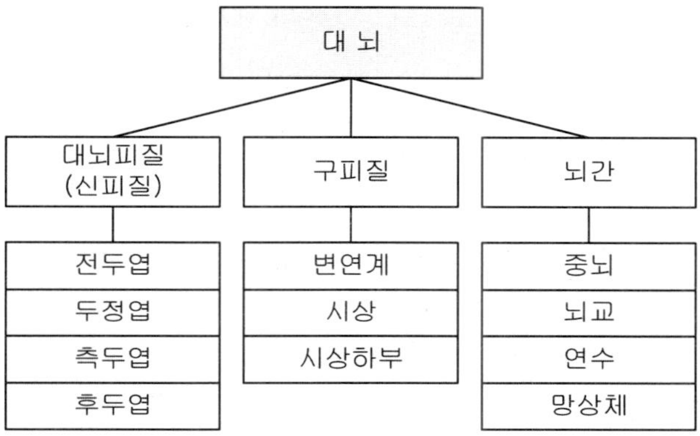

<그림 2-5> 대뇌의 구성

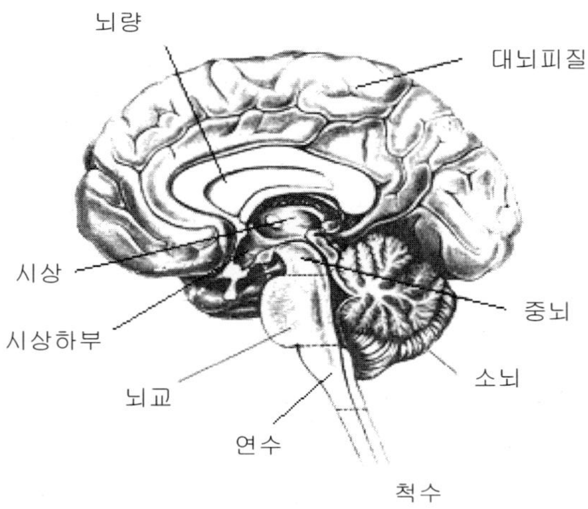

<그림 2-6> 대뇌의 구성기관들의 위치

1) 대뇌피질

뇌의 가장 바깥부분에 위치한 대뇌피질은 진화과정에서 가장 마지막에 발달하였으므로 신피질이라고도 불리며, 포유류 중에서도 사람에게 특히 두드러져 있다. 바로 이 부분에서 언어활동을 토대로 기억하고, 분석하고, 종합적으로 판단하고, 창조하는 인간고유의 이성적 정신활동이 이루어진다. 대뇌피질에는 많은 주름이 잡혀져 있으며 부위에 따라 전두엽, 두정엽, 측두엽, 후두엽으로 나뉘어진다.

2) 구피질

시상, 시상하부, 대뇌변연계로 이루어진 구피질은 대뇌피질의 밑에 존재하며 뇌간을 둘러싸고 있다. 대부분의 정서활동은 대뇌변연계에서 이루어지며 뇌간과 신피질을 연결하여 본능적 행동을 수행하도록 한다. 구피질에서는 공포, 분노, 애착, 기쁨, 슬픔 등의 감정반응을 담당한다. 하지만 사랑의 감정을 의지적으로 조절하거나 슬픔, 분노 등의 감정을 억제하는 역할은 대뇌피질에서 이루어진다.

3) 뇌간

뇌간은 인간의 본능을 담당하는 뇌의 가장 원시적인 부분으로 '파충류의 뇌'라고 불리기도 한다. 이 부분에서는 생명체에서 가장 중요한 숨쉬기, 소화, 순환, 생식 등의 기본적인 생명기능을 직접 관리하며 대뇌피질의 통제 없이 자율적으로 활동한다. 뇌간에는 사고하는 기능이 없으며 정해진 행동을 반사적으로 수행하기만 한다. 뇌간은 위쪽에서부터 차례로 중뇌, 뇌교, 연수로 구분되며 그 아래쪽은 척수로 이어진다. 망상체는 연수와 뇌교와 중뇌에 걸쳐서 존재하며 신경세포들이 다소 무질서하게 회로망을 형성하고 있다.

2.3 대뇌피질의 구성

대뇌피질은 140억 개 정도의 신경세포들로 이루어져 있으며 이는 특히 인간이 다른 포유류보다 월등히 발달한 부분이기도 하다. 인간이 만물의 영장으로 사고, 판단, 창조 등 고도의 지적능력을 지니게 된 것도 여기에서 비롯된다. 대뇌피질은 약 2mm 두께의 대뇌를 둘러싸고 있는 세포층으로 뇌 아래쪽까지 연장되어 뇌량에서 끝난다. 대뇌피질에는 많은 주름이 잡혀 있는데 이는 한정된 용적에 보다 넓은 표면적을 지니도록 하기 위해서다. 대뇌피질에서 주름이 잡혀 움푹 들어간 부분을 '구' 혹은 '열'이라고 하며 불룩하게 나온 부분을 '회'라고 부른다. 좌우 뇌의 중앙을 따라 앞뒤로 깊이 패인 홈을 '대뇌종구'라고 하는데 이를 경계로 하여 좌측과 우측의 대뇌반구로 나뉘어진다. 각각의 대뇌반구는 <그림 2-7>에서 보는 바와 같이 구나 열을 경계로 다시 전두엽, 두정엽, 측두엽, 후정엽의 네 개의 엽으로 구분된다.

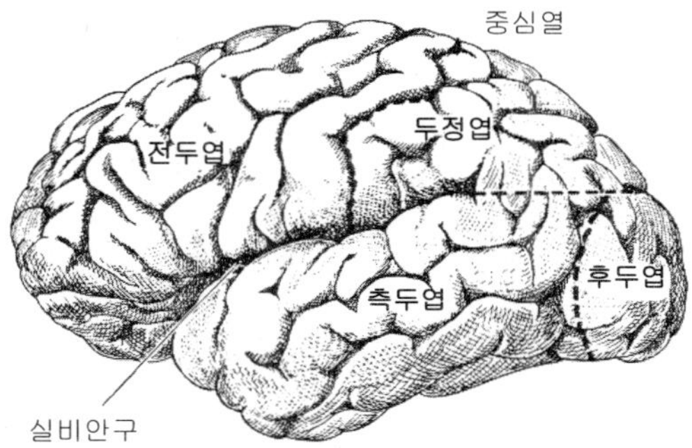

<그림 2-7> 대뇌피질의 구분

전두엽은 모든 행동의 최종 지령을 내리는 최고사령부로 뇌의 앞부분에 위치한다. 이는 대뇌피질 가운데 가장 넓은 부위를 차지하며 기억력, 사고력, 언어, 인간성 등을 관장한다. 사람은 포유류에 속하는 모든 동물들 가운데서도 전두엽이 특히 발달되어 있다. 청송교도소의 중범죄자들은 전두엽이 크기가 일반 사람들에 비하여 작다고 한다. 두정엽에 가까이 위치해 있는 전두엽 뒷부분의 일부는 근육 운동을 담당한다.

전두엽 바로 뒤에 위치한 두정엽은 신체의 각 부분에서 들어온 체감각을 인식하고 처리한다. 그뿐 아니라 수학이나 물리학에서 필요로 하는 입체·공간적 사고와 인식기능, 계산 및 연상기능을 수행하며 외부로부터 들어오는 정보를 조합하는 역할을 담당한다. 천재 과학자로 알려진 아인슈타인의 뇌는 좌우 두정엽의 하단부가 일반인보다 15% 정도 더 넓은 것으로 알려져 있다.

측두엽은 두정엽의 아래 그리고 뇌의 양 측면에 위치하며, 듣기와 언어이해와 같이 귀를 통하여 들어온 청각정보를 처리한다. 마지막으로 후두엽은 두정엽의 아래, 뇌의 뒷면에 위치해 있으며 눈을 통하여 들어온 시각정보를 처리한다.

신체의 각 부위에서 수행하는 기능은 그 정교함의 정도에 따라 대뇌피질의 사용면적과 밀접한 관계가 있다. 만약 손가락과 같이 매우 정교한 움직임을 필요로 하는 신체의 부위에서는 많은 뇌신경을 이용하고 있다. 반면에 발가락과 같이 정교한 운동을 필요로 하지 않는 부위에서는 상대적으로 적은 수의 뇌신경을 사용하게 된다. <그림 2-8>에서는 대응하는 대뇌피질의 분포 면적에 비례하여 사람 신체의 모든 부위를 도시하고 있다. 이들 가운데 손과 입은 다른 부위들에 비하여 월등히 크게 도시되고 있다. 반면에 팔, 다리, 몸통과 같은 부위들은 상대적으로 매우 빈약하게 그려져 있다. 여기서 보다 크게 표현된 신체의 부위는 그렇지 않은 부위보다 외부 자극에 좀 더 민감하게 반응한다. 반대로 빈약하게 그려진 신체부위들은 외부 자극에 대하여 둔감하거나 매우 서투른 반응 동작을 나타낸다.

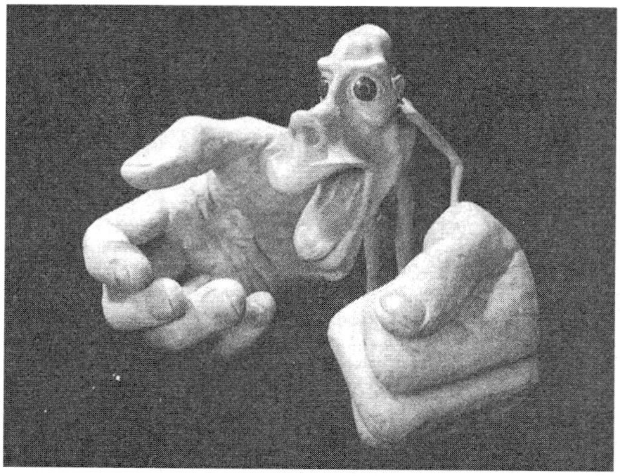

<그림 2-8> 대뇌피질의 분포에 따른 신체의 비례도

알코올의 기능

알코올이 흥분제인가 억제제인가? 이렇게 물어보면 대부분의 사람들은 흥분제라고 대답한다. 그러나 실제로 알코올은 흥분제가 아니라 억제제다. 보통 때에는 새색시처럼 얌전하다가도 술만 마시면 말이 많아지고 시비를 거는 등 성격이 과격해지는 사람이 있다. 이러한 행동은 알코올이 대뇌의 신피질을 억제하기 때문에 나타나는 현상이다. 평상시에 신피질은 공격성을 담당하는 구피질을 통제하고 있다. 그러나 알코올로 인하여 신피질의 기능이 억제되어 제 역할을 하지 못하게 되면 사람은 구피질의 지배를 받게 되면서 공격적으로 변한다.

2.4 구피질의 구성

인간의 감정적 정서활동을 관장하는 구피질은 시상, 시상하부, 대뇌변연계로 이루어진다.

1) 시상과 시상하부

시상은 구피질의 약 5분의 4를 차지하며 감각정보의 대기실과 같은 역할을 한다. 체신경에서 올라온 감각정보들은 일단 대기실인 시상에 모여 있다가 대뇌피질로 향하게 된다. 시상의 아래쪽 앞부분에 위치한 시상하부는 매우 작은 구조물이지만 기본적인 생물학적 기능을 수행하는 매우 중요한 부위다. 여기서는 먹고 마시는 섭식활동, 체온조절, 성행동 등 동기화된 행동을 관장한다. 또한 시상하부는 자율신경계의 활동을 지배하며 바로 밑에 있는 뇌하수체를 통해서 내분비계의 활동을 지배한다.

2) (대뇌)변연계

변연계는 시상 및 시상하부와 더불어 구피질을 구성하는 대표적인 구조물로 감정반응을 관장한다. 변연계는 시상 및 시상하부와 대뇌피질을 연결하는 부위로서 대뇌피질의 안쪽 경계를 따라 분포한다. 변연계는 정서의 조절, 동기 및 정서기억을 담당한다. 파충류보다 더 진화된 동물들이 자기 새끼들을 정성껏 돌보는 것은 변연계가 존재하기 때문이다. 변연계를 구성하는 것들로는 편도체, 해마, 중격 등이 있다.

편도체는 분노, 공포, 슬픔, 놀람, 불쾌, 불안과 같은 정서반응을 일으킨다. 또한 동물의 공격행동에 중요한 역할을 하며 정서기억을 저장하는 것으로 알려져 있다. 편도체가 손상되면 공격적이던 동물이 온순해지며, 공포에 대한 증상들이 사라지는 것으로 알려져 있다.

밤에 산길을 걷다가 큰 짐승처럼 생긴 물체를 보게 되었을 때 미처 판단할 겨를도 없이 머리가 쭈뼛하고 가슴이 두근거리는 것은 편도체의 작용에 의한 것이다. 또한 편도체는 과거에 겪었던 여러 가지 정서적인 기억들을 저장하게 된다. 그래서 동물들이 어떤 특정한 먹이를 먹고 고통을 당한 일이 있었을 때 그 후부터는 비슷하게 생긴 먹이조차 먹지 않고 피하게 되는 것이다. 우리말에 '자라 보고 놀란 놈이 솥뚜껑 보고도 놀란다.'는 속담이 있는데 이는 편도체의 정서기억을 저장하는 특성을 가리키는 것이다.

해마는 학습과 기억에 관여하는 변연계 구조물이다. 해마의 중요성은 1950년대에 들어와서 H.M.(Henry Mnemonics의 약자)이라는 별명으로 불리는 한 사나이의 불행한 의료사고로부터 널리 알려지게 되었다. 여기서 Henry는 환자의 이름이고, Mnemonics는 기억이란 뜻이다. H.M.은 미국 코네티컷 주의 맨체스터에서 태어났다. 그는 9살 때 자전거에서 넘어져 머리를 다쳤는데 이듬해부터 간질증세가 나타났다. 그의 발작은 점점 더 심해져 약을 복용해도 별로 효과가 없었다.

당시에는 간질 수술이 의학계에 처음 시도되고 있었다. 의사들은 그를 치료하기 위하여 간질발작의 진원지인 좌우의 해마부위를 모두 제거하였다. 다행히 수술은 성공적으로 끝났다. 그런데 수술을 마친 후 얼마 지나지 않았을 때 사람들은 환자가 이상스럽게 행동하는 것을 발견하게 되었다. 그는 수술 이전과 다름없이 여전히 붙임성 있고 쾌활하게 행동하였다. 그런데 새로 알게 된 담당 의사나 간호사를 볼 때마다 난생 처음 보는 사람처럼 정중히 인사하는 것이었다.

나중에 알고 보니 그는 수술 이후에 경험한 내용은 전혀 기억하지 못하는 진행성 기억상실증에 걸린 것이었다. 그에게 수술 후에 만난 새로운 사람은 늘 낯선 사람이었고, 새로 듣게 된 이야기는 평생 새로운 이야기가 되었다. 그래서 똑같은 코메디 프로를 반복해 보면서도 그는 볼 때마다 배를 잡고 웃어댔으며,

아주 가까운 친척 아저씨가 돌아가셨다는 소식을 들을 때마다 처음 듣는 것처럼 슬프게 울곤 하였다. 해마를 파괴한 동물들에게도 이와 비슷한 기억장애현상이 나타났으므로 과학자들은 해마에서 장기기억을 형성하는 기능을 수행하고 있는 것으로 여기고 있다.

기억의 종류

기억은 감각기억, 단기기억, 장기기억의 세 종류로 구분된다. 감각기억은 우리가 보고 들은 것이 기억회로에 저장되지 않더라도 1-3초 동안 감각기관의 수용기에 남아있는 현상이다. 이들 가운데 중요한 것만이 선택되어 기억회로에 저장된다. 단기기억은 길어야 20-30초 정도 지속되는 기억이다. 마지막으로 장기기억은 해마에 옮겨진 단기기억들 중에서 특별히 중요한 것이나, 혹은 반복된 자극으로 만들어진 기억을 말한다. 장기기억은 단기기억보다 훨씬 안전하게 보존된다. 해마는 단기기억을 장기기억으로 전환시키는데 결정적인 역할을 하는 것으로 알려져 있다.

2.5 뇌간의 구성

뇌간은 인간의 본능을 담당하는 가장 원시적인 뇌의 한 부분으로 중뇌, 뇌교, 연수, 망상체 등으로 이루어진다.

1) 중뇌

중뇌는 간뇌의 시상과 시상하부 바로 밑에 위치하는 비교적 작은 부위다. 특별한 기능은 알려지지 않았고 주로 정보를 전달하는 중간정거장의 역할을 한다.

2) 뇌교

뇌교는 중뇌 아래 그리고 연수 위에 위치한 볼록한 부위다. 뇌교는 이름 그대로 뇌의 다리 역할을 하는 구조물로서 뇌의 한부위에서 다른 부위로 통과하는 중간 정거장의 기능을 맡고 있다.

3) 연수

뇌교 밑에 있는 연수는 바로 밑 부분에서 척수와 만나고 있다. 연수는 척수에서 올라오는 감각정보가 상위 뇌로 가는 통로이자 또한 상위 뇌에서 척수로 내려가는 운동명령의 통로이기도 하다. 연수에서는 혈압, 심장박동, 소화, 호흡 등 생명에 필수적인 활동을 조절하는 부위가 자리잡고 있기 때문에 이곳의 손상은 경미할지라도 치명적인 결과를 초래한다.

4) 망상체

연수와 뇌교와 중뇌에 걸쳐서 망상체는 존재하는데 신경세포들이 다소 무질서하게 회로망을 형성하고 있다. 망상체에는 각종 감각정보가 들어오게 되며 이때 망상체의 신경세포들의 활동은 뇌의 전반적인 활동성에 영향을 미치게 된다. 망상체는 뇌의 각성수준이나 주의집중 정도를 조절한다. 이 부위를 자극하면 잠에서 깨어나거나 잠에 빠지게 되며 손상을 받는 경우 혼수상태에 빠진다. 졸리거나 정신이 멍하다가도 커피를 마시면 머리가 또렷해지는 사람이 있다. 이는 커피의 카페인 성분이 망상체에 영향을 미치고 망상체가 다시 대뇌피질을 자극하여 활성화시키기 때문이다. 다시 말하여 대뇌피질이 각성되는 것은 대뇌 자체의 활동이 아니라 망상체가 뇌를 깨우는 작용이다.

3. 뇌의 특성

뇌의 무게는 고래가 8,000g, 코끼리가 5,000g, 공룡이 70g, 인간이 1,500g 가량 된다. 반면에 뇌와 몸무게와의 비율은 고래와 코끼리가 약 1/2,000이고 유인원은 약 1/100인데 비해 인간은 대략 1/40로 지구상에 사는 포유류 동물 중에서 비율이 가장 높다. 바로 이런 이유로 인하여 인간은 만물의 영장으로 다른 동물보다 고등한 지위를 차지하고 있는 것이다.

3.1 뇌의 중요성

뇌는 인체의 여러 기관들 중에서 가장 중요하며 핵심적인 기관이다. 뇌의 무게는 약 1.5kg으로 체중의 대략 2% 정도에 불과하지만 산소와 포도당의 소모량은 약 25%가량 사용한다. 즉 다른 장기에 비하여 단위 무게 당 10배나 많은 영양분을 공급받고 있는 셈이다. 이처럼 뇌는 막대한 양의 에너지를 필요로 하기 때문에 7~8초만 산소공급이 끊겨져도 의식을 잃게 되고, 1분 정도 경과하게 되면 뇌신경세포들이 죽기 시작한다. 따라서 출혈과 같은 위기 상황에서도 심장은 최우선적으로 혈액을 뇌에 공급하여 뇌가 손상받지 않고 정상적으로 활동하도록 하고 있다.

지금까지 인간의 뇌세포는 태어난 이후 극히 짧은 기간을 제외하고는 새로 뇌세포가 생겨나지 않는 것으로 알려져 왔다. 그러나 최근의 연구에 의하면 정상인의 경우에도 뇌실 주변과 해마의 특정 영역에서 새로운 뇌세포가 만들어지고 있음이 밝혀졌다. 따라서 뇌세포가 한번 죽으면 절대로 재생되지 않는다는 주장은 그릇된 생각이 되었다. 물론 이 연구는 뇌세포가 손상되었을 때 뇌의 모든 부위에서 새로운 뇌세포가 재생되는 것을 의미하는 것은 아니다. 몸의 세포들은 손상되는 경우 새로운 세포로 교체되지만 뇌 신경세포의 경우는 앞에서 언급한 특정한 부위를 제외하고는 여전히 재생이 불가능하다.

3.2 신경계의 기본 단위, 신경세포

벽돌들이 모여서 건축물이 만들어지듯이 세포들이 모이게 되면 신체를 형성하게 된다. 신경계의 기본 단위도 세포이며 신경계를 이루는 기본 단위세포를 '신경세포' 혹은 '뉴런'이라고 부른다.

<그림 2-9>에서 보는 바와 같이 하나의 신경세포는 세포체와 그로부터 뻗어나온 많은 수상돌기, 그리고 하나의 축색돌기로 이루어진다. 세포체는 일반 세포의 특성을 지니는 별모양의 부위로서 유전정보를 지닌 세포핵을 가지고 있다. 수상돌기는 세포체에서 돋아져 나온 부분으로 마치 나뭇가지 모양으로 뻗어나고 있다. 수상돌기는 다른 신경세포들로부터 신호들을 받아들여 세포체에서 모두 합하게 된다. 축색돌기는 신경섬유라고도 하는데 받아들인 신호를 먼 거리까지 전달할 수 있도록 세포체에서 단일하게 뻗어나간 가늘고 긴 섬유다. 축색돌기는 끝부분에서 여러 갈래로 갈라져 나가 여러 다른 신경세포들과 연결된다.

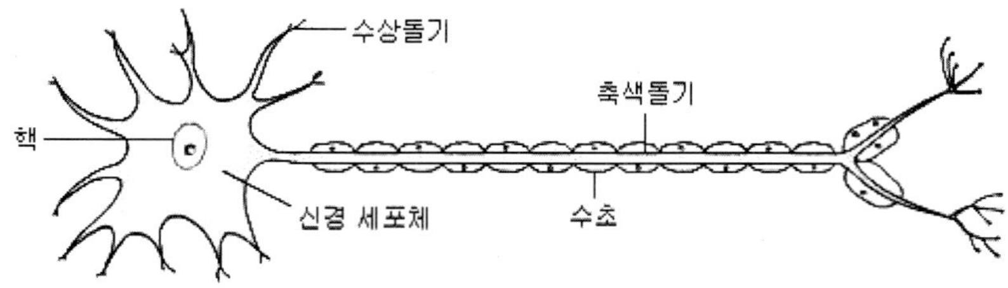

<그림 2-9> 신경세포의 구조

축색돌기는 수초로 둘러싸여 있다. 수초는 많은 신경세포에서 발견되며 주성분이 지방질이므로 상아빛을 띤다. 또한 전기 저항이 상당히 크기 때문에 외부에 대한 절연체 역할을 한다. 수초는 일정한 간격을 두고 끊어져 있어서 그 부분에서는 축색돌기의 막이 외부로 노출되어 있다. 노출된 이 부분을 '랑비에결절'이라고 부르며 수초와 수초 사이의 작은 공간을 가리킨다. 전달되는 신호는 랑비에결절을 징검다리로 하여 수초들을 건너뛰게 되며 빠른 속도로 축색돌기를 지나간다. 따라서 수초가 풍부한 신경은 수초가 없거나 빈약한 신경에 비하여 20~25배 이상 신호가 빨리 전달된다.

<그림 2-10>에서 보는 바와 같이 하나의 신경세포에서 다른 신경세포로 연결되는 부위를 '시냅스'라고 부른다. 하나의 신경세포에는 1,000개에서 10,000개의 시냅스가 존재한다. 이는 하나의 신경세포가 1,000개에서 10,000개의 다른 신경세포들과 연결되어 있음을 의미한다. 사람의 뇌에 존재하는 전체 신경세포는 약 1천억개에 이른다. 또한 각각의 뇌세포들이 다른 뇌세포들과 시냅스를 통하여 연결되어 있으므로 연결된 조합의 수를 따지면 수백조(10^{14})에 이르게 된다. 아마존 정글에는 약 1,000억 그루의 나무들이 자라고 있다고 한다. 신경세포들 간에 연결된 조합의 수는 아마존 정글의 나뭇잎만큼 많다고 생각해도 된다. 이렇듯 사람의 뇌는 상상할 수 없을 정도로 복잡하게 얽혀있는 회로망이다.

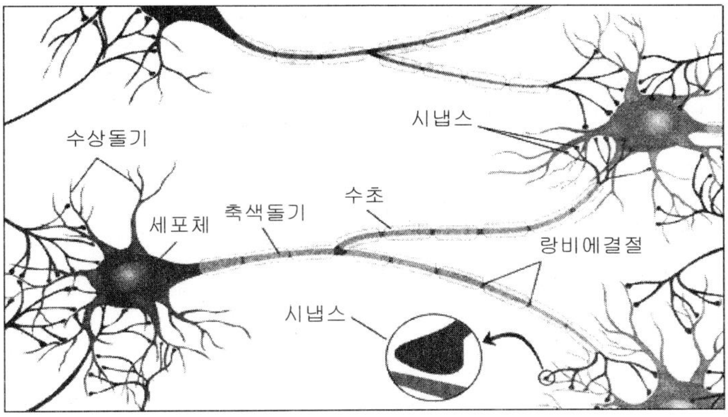

<그림 2-10> 신경세포들 간의 연결

3.3 신경세포의 정보전달

한 신경세포의 출력기능을 담당하는 축색돌기와 다른 신경세포의 입력기능을 담당하는 수상돌기는 시냅스에서 함께 만나게 된다. 바로 이 시냅스를 통해 한 신경세포의 신호는 다른 신경세포로 전달된다. 즉 신경세포는 수상돌기에서 받은 정보신호를 축색돌기와 시냅스를 거쳐 다른 신경세포로 전달한다. 시냅스는 전기줄 마냥 연결된 구조가 아니며 그들 사이에는 미세한 틈이 벌어져 있다. 이를 '시냅스간극'이라고 부른다.

그렇다면 뇌에서 정보는 어떻게 전달되는가? 먼저 수상돌기를 통해 신경세포에 입력된 정보는 축색돌기를 따라 전기적 신호로 시냅스까지 도달한다. 시냅스는 전기신호자극을 받게 되면 '신경전달물질'이라고 불리는 화학물질을 방출한다. 신경전달물질은 다음 신경세포에 도달하게 되면 다시 전기적인 신호로 바뀐다. 그리고 수상돌기, 세포체, 축색돌기를 거쳐 시냅스까지 정보를 전달하게 된다. 이런 방식으로 신경세포는 수천개의 다른 신경세포와 정보를 주고받게 되는데 이러한 교신을 담당하고 있는 본체가 신경전달물질이다. 따라서 신경전달물질이 없다면 신경세포들 간에 정보전달은 불가능하게 된다. 뇌에는 아세틸콜린, 도파민, 노르에페트린, 세로토닌, 엔도르핀 등 60여 종류가 넘는 신경전달물질이 있다는 것이 밝혀져 있다.

신경전달물질과 사랑

남녀 간의 사랑의 열정은 뇌에서 유리되는 여러 종류의 신경전달물질에 의하여 좌우되는 것으로 밝혀지고 있다. 처음 상대방에게 호감을 느끼게 되면 대뇌의 변연계에서는 도파민이라는 물질이 분비된다. 이때는 상대방의 얼굴을 보는 것만으로도 행복해진다. 도파민은 플라토닉한 사랑을 가져다주며 사랑의 열정은 높지 않으나 오랫동안 사랑의 향기가 지속된다.

사랑에 점차 빠져들게 되면 중추신경을 자극하는 페닐에틸아민이 분비된다. 이렇게 되면 이성으로 도저히 제어하기 힘든 열정이 분출되고 행복감에 푹 빠져들게 된다. 또한 뇌하수체에서 옥시토신이라는 호르몬이 분비되면서 사랑하는 사람을 포옹하고 싶은 충동이 일어나게 된다. 이들과 더불어 엔도르핀도 함께 분비되는데 이는 마약과 같은 물질로 통증을 없애주고 즐거움과 기쁨을 안겨주는 호르몬이다. 엔도르핀은 잠시도 가만히 있지 못하게 하며 마약과 같이 푹 빠지게 하는 격정적인 사랑의 물질로 상사병의 주역이다.

이렇게 되면 두 사람은 사랑의 기쁨으로 몸과 마음에 충만한 상태를 경험하게 된다. 결국 사랑이란 도파민, 페닐에틸아민, 옥시토신, 엔도르핀 같은 화학적 물질들의 조화로운 작용으로 생겨나는 감정이라고 말할 수 있다. (서유헌, 1996)

3.4 신경세포의 노화

뇌의 무게는 20대에 최대가 되었다가 그 이후에는 점차 감소하게 된다. 인간의 신경세포는 대략 20세 중반을 전후하여 하루에 약 10만개 가량 죽기 때문에 뇌의 무게가 줄어드는 것은 당연한 일이다. 어느 자료에 의하면 사람이 80세에 이르게 되면 20대의 최대치에 비하여 뇌의 무게가 17%나 감소한다고 한다.

나이가 들어 뇌의 신경세포가 감소하게 되면 건망증의 형태로 나타난다. 건망증이란 예전에 기억하던 것을 생각해 내지 못하는 증세다. 건망증으로 인하여 사람의 이름이나 지명 등을 쉽게 기억해내지 못하는 경우를 주위에서 자주 볼 수 있다. 건망증 다음으로 현저하게 나타나는 것이 시력저하다. 시력을 관장하는 시각중추의 신경세포가 감소하여 그 기능이 약해졌기 때문이다. 뇌의 노화가 더욱 진행되면 오래된 기억은 그대로 남아 있지만 새로운 기억을 유지하기가 상당히 어려워진다. 이로 인하여 나이가 들면 새로운 지식을 학습하거나 기억하는데 이전보다 더 많은 어려움을 겪게 된다.

그렇다면 뇌기능은 나이가 들면 쇠퇴하는 것이 당연한가? 반드시 그런 것만은 아니다. 뇌의 신경회로는 일부분이 파괴되어도 곧 다른 신경회로가 그 기능을 대신하기 때문이다. 뇌의 기능에서 중요한 것은 신경세포의 수가 아니라 그들 간의 연결이다. 육체운동을 하면 근육이 생겨나고 신체기능이 좋아지듯이 뇌를 적절히 사용하면 신경세포들 간에 정보를 교환하는 시냅스의 수가 증가하여 머리가 좋아진다. 가령 신경세포가 더 이상 생성되지 않는다 하더라도 머리를 많이 쓰게 되면 뇌는 계속해서 새로운 시냅스를 만들어내므로 뇌기능이 발달하게 된다. 뇌는 끊임없이 변하는 기관으로 계속해서 사용하여 자극을 주게 되면 발달하고 자극을 주지 않으면 그 기능이 퇴화되어 버린다.

4. 뇌의 발달과 훈련

4.1 뇌의 발달

뇌 속의 신경세포들은 태어날 때 거의 대부분 완성된다고 한다. 즉 사람의 뇌세포 수는 태어날 때보다 더 증가하지 않는다는 것이 통설이다. 또한 뇌의 무게나 뇌 표면의 주름이 많고 적음은 지능과 직접적인 관계가 없는 것으로 알려져 있다. 사람의 뇌는 신생아 때는 대략 350g이지만 사춘기 이후에는 남자는 1,400g, 여자는 1,250g 정도로 성장하게 된다. 이처럼 뇌의 무게가 증가하는 것은 뇌세포의 수가 늘어나는 것이 아니라 뇌세포가 커지고 수초가 자라나기 때문이다.

신경세포의 시냅스 형성과 더불어 뇌의 발달에 중요한 기초가 되는 것이 수초의 발달이다. 수초는 신경세포의 축색돌기를 둘러싼 지방질의 글리아세포를 말하는 것으로, 신경섬유를 보호하며, 신경세포에서 오는 신호를 빠르게 전달하는 역할을 담당한다. 어린 아기의 뇌는 구조상으로는 성인과 유사하지만 뇌의 신경은 수초가 거의 덮여져 있지 않고 신경세포끼리의 연결도 촘촘하지 않다. 따라서 뇌의 대부분은 제대로 기능하지 못하고 있다. <그림 2-11>에서 보는 바와 같이 아기들의 뇌는 출생 직후부터 수초가 빠른 속도로 성장하게 되는데 이를 '수초화'라고 부른다. 운동 및 감각 기능에 대한 수초화는 출생 직후에 빨리 진행되고, 정신 기능에 관한 수초화는 평생 진행된다(양영철, 이양희, 2007).

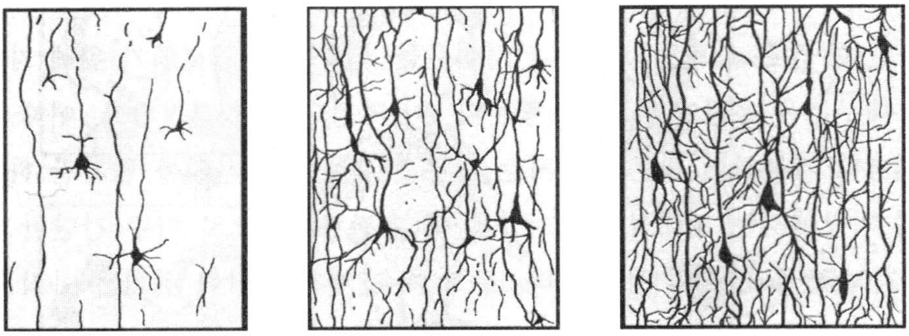

(a) 출생직후 (b) 생후 3개월 (c) 생후 15개월

<그림 2-11> 어린 아기 뇌의 수초화

신경세포는 신호의 전달속도를 높이기 위해 두 가지 방법을 사용한다. 하나는 축색돌기의 굵기를 두껍게 하는 것이다. 축색돌기가 굵을수록 신호의 전달속도는 빨라진다. 이는 전선이 굵을수록 저항이 낮아지는 것과 동일한 원리다. 다른 방법은 신경세포를 수초로 둘러싸는 수초화를 형성하는 것이다. 대부분의 동물들은 이런 수초화 방식으로 신호의 전달속도를 높이고 있다.

한 개의 뇌세포는 자극에 따라 수천 개에서 수만 개의 시냅스를 만들어 다른 뇌세포와 연결하게 된다. 즉 머리를 단련하여 좋아지게 하는 것은 뇌세포에서 보다 많은 다른 뇌세포와 연결되는 것을 뜻한다. 하지만 머리를 사용하지 않으면 그나마 존재하던 시냅스마저 제거되어 다른 뇌세포와의 연결이 빈약해진다. 축색돌기가 두꺼워지고 세포간의 연결이 많아질 때 뇌세포의 전달속도는 그렇지 못한 뇌세포에 비하여 20배~240배 가량 빠르다고 한다.

뇌세포의 성숙

사람은 3세 이전의 일들을 기억하지 못한다. 그 때까지 장기기억을 담당하는 해마가 충분히 성장하지 않았기 때문이다. 그렇지만 감정과 관련된 정서기억은 출생과 더불어 활동하는 편도체에 저장되어 무의식세계에 남게 된다. 유아기에 충분한 사랑과 보호를 받고 자란 아이들과 그렇지 못한 아이들이 정서적으로 큰 차이를 보이는 것은 이 때문이다.

뇌의 성숙에 있어서 상대적으로 오랜 기간이 소요되는 부위가 있다. 주의를 집중하는데 큰 역할을 하는 망상체의 경우 수초형성은 사춘기 이후에 완료된다. 따라서 사춘기 이전의 아이들은 주의력 집중이 오래 지속되지 않는다. 대뇌에서 전두엽의 경우는 성인이 되고 나서야 수초형성이 완료된다. 청소년들이 성인들에 비하여 감정적이고 충동적인 것은 전두엽의 미성숙에 기인한다. (양영철, 이양희, 2007)

4.2 뇌의 훈련에 관한 실험

뇌는 적절히 사용하면 계속 발달하지만 사용하지 않게 되면 그 기능을 점차 잃어버리게 된다. 미국 버클리 대학의 신경심리학교수인 다이아몬드(M. Diamond) 박사가 수행한 연구는 신경세포 활성화에 관하여 많은 점들을 시사해준다. 그는 쥐들을 3그룹으로 나누어 실험하였다. 첫 번째 그룹에 속한 쥐들에게는 장난감을 넣어주고 12마리의 쥐들이 함께 지내도록 하였다. 두 번째 그룹의 쥐들에게는 장난감도 넣어주지 않고 아주 제한된 공간에서만 지내게 하였다. 마지막 세 번째 그룹에서는 쥐들을 보통 상태로 자라나게 했다.

그 결과 장난감을 넣어주고 마음대로 놀게 한 첫 번째 그룹의 쥐들만이 뇌의 무게가 10%쯤 증가하였다. 이 같은 연구결과는 가히 혁명적이었다. 즉 재미있고 신선한 자극이 뇌의 발달을 촉진했다는 것이다.

다이아몬드 박사 팀은 늙은 쥐들에게도 동일한 효과가 나타나는지를 실험해 보았다. 그들은 늙은 쥐 네 마리를 젊은 쥐 여덟 마리와 함께 넣고 어떤 결과가 나타나는지 관찰하였다. 늙은 쥐들은 젊은 쥐들과 함께 있는 것을 즐거워했으나 젊은 쥐들은 별로 좋아하지 않았다. 실험 결과 젊은 쥐들과 함께 있었던 늙은 쥐들의 뇌무게는 10%쯤 증가했다. 하지만 함께 있던 젊은 쥐들의 뇌에는 아무런 변화가 없었다. 늙은 쥐들이 젊은 쥐들로부터 자극을 받아 뇌의 무게가 증가한 것이었다(서유헌, 1996).

뇌신경세포는 자극을 받으면 근육과 마찬가지로 발달하게 된다. 이 때 뇌의 성장을 자세히 관찰해보면 신경세포의 성장이 주로 수상돌기에서 일어나고 있는 것을 볼 수 있다. 즉 자극에 의하여 신경세포의 개수는 더 이상 늘어나지 않았지만 수상돌기의 가지들은 많아졌고 축색돌기는 굵어졌다. 수상돌기의 가지가 많아지고 축색돌기의 두께가 굵어진 것으로 인하여 뇌는 그만큼 더 무거워지게 된 것이다.

뇌의 형태의 변화

어떤 특별한 기술을 가진 사람이 보통 사람과는 다른 형태의 뇌를 가지고 있다는 사실은 오래 전부터 잘 알려진 사실이다. 천재 물리학자 아인슈타인의 뇌는 수학적 능력과 공간 지각력을 관장하는 두정엽이 보통 사람보다 15%나 더 비대했다고 한다.

영국 런던 대학의 일리노어 맥과이어 연구 팀은 1997년 영국의 택시 운전사들을 대상으로 위치와 경로에 관한 정보를 저장하는 뇌의 영역을 연구했다. 연구 결과 뇌의 해마상 융기(hippocampus) 뒷부분이 위치와 경로의 정보를 담당하는 것으로 밝혀졌다. 그런데 특이한 점은 택시 운전사의 경우 해마상 융기의 뒷부분이 일반인에 비하여 2~3% 더 크고, 운전 경력이 오래 될수록 더 커지는 것으로 밝혀졌다. 반면에 해마상 융기의 앞부분은 뒷부분의 증가에 따라 수축하였다. 결국 해마상 융기의 전체적인 크기는 거의 변하지 않았다. 이는 외부 정보의 자극에 의하여 뇌의 형태가 변할 수 있다는 것을 의미한다. (서유헌, 2005)

4.3 건강한 뇌를 유지하려면

정기적인 운동을 통하여 근육을 단련하고 강화시키듯이 뇌를 발달시키려면 꾸준히 지적 훈련을 실시하는 것이 필요하다. 예를 들어 책을 읽고 그 내용에 관하여 함께 이야기한다거나 혹은 매일 일기를 쓰는 것은 뇌의 발달에 도움이 된다. 바둑, 장기, 게임, 놀이 등도 뇌신경세포를 활성화시키는 데 매우 효과적이다. 그 밖에 새로운 꽃이나 벌레 이름, 영어단어, 전문용어들을 매일 적극적으로 암기하는 것도 뇌를 자극함으로 뇌의 노화를 방지하는데 도움이 된다.

손발을 부지런히 사용하면 두뇌에 신선한 자극을 준다. 중풍환자의 마비된 손발을 인위적으로 열심히 움직이게 하면 살아남은 뇌신경 세포들이 서로 연결되어 새로운 신경회로를 만들어낸다고 한다. 따라서 나이가 들수록 편하게 지내려 하지 말고 몸을 사용하여 열심히 일하는 것이 두뇌발달과 장수에 유익하다.

음이온이 많은 산속이나 폭포, 바닷가에서 신선한 공기를 호흡하게 되면 뇌는 성장한다. 실제로 음이온제조기로 생성한 음이온을 쥐에게 공급하였더니 뇌의 무게가 증가했다는 연구 결과도 있다. 편안한 마음으로 밝게 웃으면서 긍정적인 사고를 가지려고 노력하는 것 역시 두뇌발달과 장수에 중요한 요소다. 긍정적인 마음가짐으로 늘 웃으면서 살아가면 신경회로들 간에 신호의 흐름이 원활하게 되어 사고의 흐름이 촉진된다.

뇌의 건강을 해치는 가장 큰 위험은 뇌를 혹사시키는 것이다. 뇌를 지나치게 사용하면 기억력 감퇴, 무기력감, 긴장성 두통, 위장질환, 고혈압 등의 발생빈도가 높아진다. 뇌세포는 한정된 시간 이상으로 계속해서 자극을 받으면 지치게 되어 더 이상 반응하지 않기 때문이다. 따라서 뇌가 지치지 않도록 주의하는 것은 뇌의 건강에 매우 중요하다. 뇌의 피로를 줄이려면 뇌에 필요한 영양을 적절히 섭취해야 하며, 가끔씩 중도에 하던 일을 멈추고 정신적인 휴식을 취해야 한다. 그 외에도 건강한 뇌를 유지하기 위하여 전문가들이 추천한 방법들은 다음과 같다.

- 아침식사를 거르지 않는다. 아침식사를 거르면 뇌에서 필요한 포도당의 공급이 부족할 수 있다.
- 딱딱한 음식을 자주 먹는다. 씹는 운동은 뇌에 자극을 주어 뇌의 발달에 도움을 준다.
- 신세대의 패션이나 음악, 문화 등을 추구하여 젊은 감각을 유지한다.
- 젓가락질, 과일 깎기, 악기 연주, 바느질과 같은 정교한 일로 손을 많이 움직인다.
- 숙면을 충분히 취한다.
- 적절한 운동을 꾸준히 지속한다.
- 흡연과 과음을 피한다.

5. 뇌파

뇌신경세포 사이에 신호가 전달될 때는 전기적 흐름이 생기게 되어 뇌파가 생겨난다. 인간의 두뇌는 상황에 따라 정보를 다양하게 처리하게 되며, 이 때 뇌에서 발산되는 전기적 파형은 달라진다. 일반적으로 뇌파는 주파수 유형에 따라 감마(γ)파, 베타(β)파, 알파(α)파, 세타(θ)파, 델타(δ)파로 나뉘어진다(서유헌, 1996).

1) 감마파 - 스트레스뇌파

감마파는 주파수 30Hz 이상의 매우 빠른 뇌파다. 이는 스트레스로 인하여 극도로 분노, 흥분, 공포의 상태에서 몸이 경직되는 경우에 발생하게 된다.

2) 베타파 - 활동뇌파

사람들이 깨어서 활동하는 동안에는 주파수 13~30Hz의 빠른 베타파가 발산된다. 베타파는 일상적인 활동에 집중하고 있거나 혹은 부정적인 감정을 강하게 느낄 때 나타난다. 즉 긴장은 하고 있지만 몸이 경직되지 않은 상태에서 베타파는 발생된다.

3) 알파파 - 명상뇌파

7~12Hz의 주파수를 가진 뇌파를 알파파라고 부른다. 알파파는 감정을 조절하고 고요한 평정 상태를 유지하면서 명상에 빠지게 될 때 나타난다. 9Hz를 기준으로 알파파를 빠른 알파파와 느린 알파파로 구분할 수도 있다. 9~12Hz의 주파수를 가진 빠른 알파파는 약간 긴장된 상태에서 몸은 이완되고 의식이 집중되었을 때 발생한다. 반면에 주파수 7~9Hz의 느린 알파파는 수면과 의식을 오가는 얕은 수면상태에서 나타난다.

4) 세타파 - 창의력뇌파

4~7Hz의 주파수를 가진 세타파는 깊은 명상을 하고 있을 때 혹은 수면상태로 빠져 들어갈 때 나타난다. 세타파를 경험할 때 사람들은 잠재의식상태에서 백일몽을 꾸기도 한다. 이때는 창의력이 극도로 활성화되므로 갑작스럽게 통찰

을 경험하면서 문제해결의 아이디어를 얻기도 한다.

5) 델타파 - 수면뇌파

깊은 수면 중에 있을 때, 삼매경에 이르는 명상 혹은 의식불명 상태에서는 주파수 1~3Hz의 매우 느린 델타파가 나타난다.

<그림 2-12>에서는 여러 종류의 뇌파들을 보여주고 있다. 베타파부터 시작하여 알파파, 세타파, 그리고 델타파의 순으로 뇌파의 주파수는 점차 감소하고 있다. 맨 마지막의 파형은 눈을 감고 뜨는 것을 반복하면서 달라지는 뇌파의 모양을 도시한 것이다. 그림에서 보듯이 눈을 감은 상태에서는 주파수가 느린 알파파가 나타나고 있고, 눈을 뜨고 있을 때는 빠른 주파수를 가진 베타파가 발산되고 있다. 여기서 눈을 뜨고 있다는 것은 눈만 뜨고 멍하니 있는 상태가 아니라 무언가를 집중하여 보고 있는 상태를 의미한다.

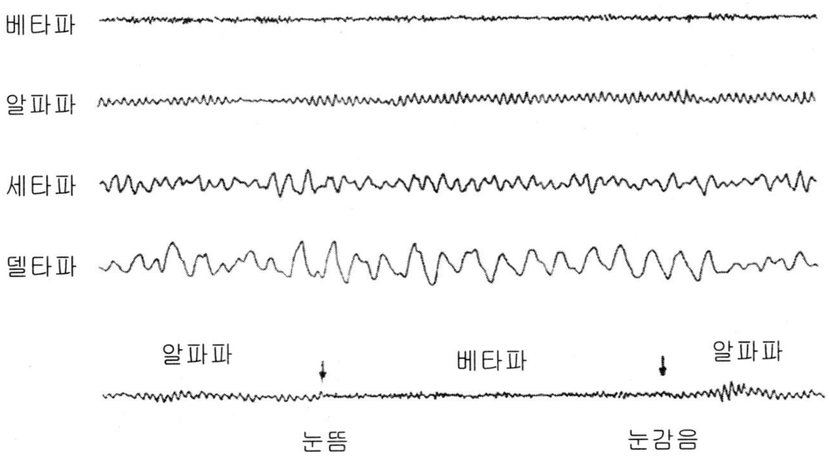

<그림 2-12> 뇌파의 종류(서유헌, 1996)

뇌파는 마음의 상태와 밀접한 관계가 있다. 감마파와 베타파같이 빠른 뇌파는 사람을 긴장시키고 흥분하게 하는 반면, 알파파나 세타파같이 느린 뇌파는 마음에 만족감과 편안함을 느끼게 한다. 사람은 적당히 긴장할 때 베타파가 발

산되면서 일을 효과적으로 처리하게 된다. 한편 편안한 마음으로 명상에 잠기게 되면 뇌에서는 알파파가 나오게 된다. 이 경우 일을 처리하는 능력은 베타파가 생성될 때보다 크게 낮아지지만 창의력과 기억력은 오히려 높아진다. 따라서 창의력이 요구되는 상황에서는 뇌에서 알파파가 생성되도록 마음가짐과 주위 환경을 변화시켜야 한다. 이런 경우에는 하던 일을 멈추고 눈을 감고 명상에 잠기거나 잠시 가볍게 산보를 하는 것은 매우 추천할만하다.

명상이나 산보 외에도 느린 뇌파를 이끌어내는 방법으로는 여러 가지가 있다. 그 중에 한 가지 방법으로는 차분한 음악을 듣는 것이다. 음악을 통하여 마음의 안정을 찾으려 하는 경우, 비발디의 사계나 베토벤의 전원교향곡을 듣는 것은 상당히 도움이 되는 것으로 알려져 있다. 또한 숲속의 바람소리나 시냇물 흐르는 소리, 해변가의 파도소리, 눈 밟는 소리, 지저귀는 새소리 같은 자연의 소리는 우리의 마음과 정신을 맑고 쾌적하게 만든다. 하지만 자동차의 경적, 외치는 고함소리, 요란한 음악과 같이 시끄러운 소리들은 마음을 불안하게 하거나 들뜨게 만들면서 빠른 뇌파를 이끌어낸다. 따라서 마음이 혼란할 때 혼자 조용한 곳을 산책하거나, 시원한 폭포수 근처나 파도소리가 들리는 바닷가에 머무르는 것은 마음의 평정을 찾는데 도움을 준다.

6. 두개의 뇌

대뇌는 중앙을 따라 앞뒤로 깊이 패인 홈을 경계로 하여 좌측과 우측의 대뇌반구로 나뉘어진다. 좌우의 대뇌반구는 신체의 반대편 부위들을 각각 지배한다. 즉 좌뇌는 신체의 오른편에 대하여 우뇌는 신체의 왼편에 대하여 각기 감각과 운동을 통제한다. 좌뇌와 우뇌가 서로 다른 역할을 담당하고 있다는 사실은 비교적 최근의 연구로 밝혀졌다. 좌뇌와 우뇌에서 처리된 여러 정보들은 두 반구를 연결하는 '뇌량'이라고 불리는 약 2억 5천만개의 신경섬유다발을 통하여 상호 교환된다.

6.1 분리뇌 증후

심한 간질발작을 하고 있는 환자의 뇌파를 살펴보면 뇌의 한쪽 반구에서 일어난 간질신호가 뇌량을 거쳐 다른 쪽 반구로 퍼져나가는 것을 알 수 있다. 따라서 과거 한 때는 심각한 간질환자의 발작을 약화시키기 위하여 외과적인 방법으로 환자의 뇌량을 절단하는 수술이 시행되기도 하였다. 뇌량을 절단하면 발작현상은 극도로 감소하게 되면서도 일상생활에 그다지 큰 불편을 주지 않아 상당수의 환자들에게 시술되었다.

이런 분리뇌 환자들을 이용하여 1966년 미국의 신경생물학자 스페리(R. Sperry)는 좌우의 대뇌반구들이 서로 다른 정보를 처리하고 있음을 입증하는 실험을 실시하였다. 그는 <그림 2-13>에서 보여주는 바와 같이 오른손잡이 분리뇌 환자에게 왼편 스크린을 통해 칫솔을 0.1초 정도의 매우 짧은 시간 동안 보여주었다. 그런 다음 환자에게 보았던 것을 말하라고 지시했을 때 그는 모르겠다고 대답하였다. 왼쪽 스크린을 통하여 얻어진 자극이 우뇌에 입력되었으나 뇌량의 단절로 인하여 말하기를 담당하는 좌뇌에서는 입력된 자극의 정보를 얻을 수 없었기 때문이다. 하지만 왼쪽 스크린에서 보았던 것을 왼손으로 고르라고 지시했을 때 그는 앞에 놓인 여러 물건들 중에서 칫솔을 정확히 골라낼 수 있었다. 왼손을 관장하는 우뇌에는 칫솔에 대한 정보를 가지고 있었기 때문이다.

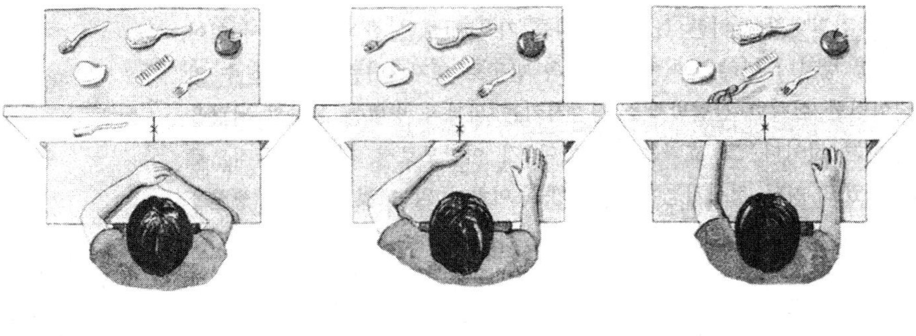

<그림 2-13> 분리뇌 환자의 칫솔 실험(한국심리학회, 2002)

6.2 좌뇌와 우뇌의 비교

분리뇌환자들의 실험결과를 기초로 하여 좌뇌와 우뇌가 서로 다른 기능을 가지고 있다는 사실을 알게 되었다. 다시 말하여 좌뇌가 잘 처리하는 분야가 있고 우뇌가 잘 처리하는 분야가 각기 있다는 것이다. 스페리는 인간의 대뇌에서 좌뇌와 우뇌가 분화되어 서로 다른 일을 하고 있다는 사실을 실험을 통하여 입증하였고, 1981년 노벨 의학상을 수상했다.

인간의 좌뇌는 '언어뇌'라고도 불린다. 좌뇌는 말을 하는 언어기능을 포함하여 숫자나 기호를 이해하고 사용하는데 매우 뛰어나다. 따라서 좌뇌에서는 읽고, 쓰고, 계산하는 기능을 대부분 담당하게 된다. 사람은 논리적인 사고를 할 수 있는 유일한 동물인데 논리를 처리하는 것도 역시 좌뇌의 역할이다. 이에 반하여 우뇌는 공간인식의 기능을 담당하며, 시각적 정보를 종합적으로 이해한다. 감성적 세계인 미술이나 음악같은 예술분야도 우뇌가 담당하고 있다. <그림 2-14>에서는 좌뇌와 우뇌가 각기 담당하는 여러 다른 기능들을 보여준다.

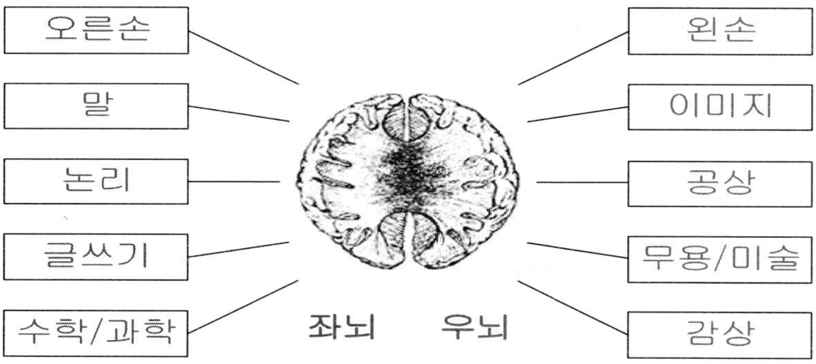

<그림 2-14> 좌뇌와 우뇌의 기능

하지만 이런 기능들이 좌뇌와 우뇌에서 명확하게 분리되어 수행되는 것은 아니다. 특히 여자의 경우 남자에 비하여 좌뇌와 우뇌의 기능분화가 덜 되었다는 신경학적인 증거가 다수 있다. 예를 들어 언어과제를 수행할 때 여자는 좌뇌와 우뇌를 모두 사용하지만 남자는 좌뇌를 집중적으로 사용한다는 연구결과도 있다.

한쪽 뇌에 손상을 입은 사람들을 대상으로 연구한 맥글론(J. McGlone)에 의하면 좌뇌가 손상되었을 때 남자환자 중 48%, 그리고 여자환자 중에서는 13%가 언어기능에 장애를 일으켰다고 한다. 또한 우뇌가 손상되었을 때에도 남자들이 여자들보다 시공간 기능에 더 어려움을 많이 겪는 것으로 나타났다고 한다.

이러한 증상들은 여자들이 남자에 비하여 좌뇌와 우뇌의 협력이 보다 활발하게 이루어지고 있음을 시사하고 있다. 이를 간접적으로 뒷받침하는 증거로는 좌뇌와 우뇌를 연결하는 신경회로인 뇌량의 굵기에 있어서 여자가 남자보다 월등히 두껍다는 사실을 들 수 있다. 즉 여자들은 더 발달된 뇌량을 통하여 좌뇌와 우뇌 사이에 정보교류가 보다 원활하게 이루어지고 있는 것으로 추측된다.

그럼에도 불구하고 대체로 좌뇌는 언어 기능과 같은 논리적 사고에서 우월하고, 우뇌는 공간개념이나 감성적인 분야에서 더욱 민감하다는 사실은 분명하다. 창의력의 관점에서 볼 때 우뇌 위주의 사람은 뛰어난 상상력을 발휘하여 기발한 아이디어를 많이 제안하는 반면, 좌뇌 위주의 사람은 주어진 아이디어에 대하여 자료를 수집하고 분석하며 적용하는 능력이 상대적으로 뛰어나다. <표 2-1>에서는 좌뇌와 우뇌의 기능적 특징들을 상호 비교하고 있다.

<표 2-1> 좌뇌와 우뇌의 기능적 비교

좌뇌의 특징	우뇌의 특징
1. 말이나 설명과 같은 언어적 지시를 잘 이해한다.	1. 시범이나 그림과 같은 상징적 지시를 잘 이해한다.
2. 언어에 의지하여 사고한다.	2. 이미지에 의지하여 사고한다.
3. 말하고 글 쓰는 것을 좋아한다.	3. 그림 그리기와 조작을 선호한다.
4. 몸짓언어를 잘 이해하지 못한다.	4. 몸짓언어를 잘 이해한다.
5. 문제를 분할하여 논리적으로 해결한다.	5. 문제를 전체로 보고 직감적으로 해결한다.
6. 객관적으로 판단한다.	6. 주관적으로 판단한다.
7. 확실한 정보를 선호한다.	7. 애매하고 불확실한 정보를 선호한다.
8. 선택식 질문을 선호한다.	8. 주관식 질문을 선호한다.
9. 감정을 자제하는 능력이 뛰어나다.	9. 감정표현과 공감을 잘한다.
10. 논리적이고, 이성적이며, 분석적이다.	10. 직관적이고, 감성적이며, 종합적이다.
11. 일을 순차적으로 처리한다.	11. 일을 동시적으로 처리한다.
12. 현실적이고 계획적으로 일한다.	12. 이상적이고 충동적으로 일한다.
13. 부분에 관심이 있다.	13. 전체에 관심이 있다.
14. 느리게 처리한다.	14. 빨리 처리한다.
15. 비판적으로 사고한다.	15. 창의적으로 사고한다.

좌뇌는 분석적이며 순차적으로 정보를 처리하는데 반하여 우뇌는 전체적이며 병렬적으로 정보를 처리한다. 다시 말하여 과제가 주어졌을 때 좌뇌는 작은 부분으로 나누어 순서적으로 하나씩 처리하고, 우뇌는 세부적인 내용은 무시하면서 전체적인 관점에서 과제를 일괄적으로 처리한다는 것이다.

델리스(D. Delis)는 <그림 2-15>에서 보는 바와 같이 다수의 작은 문자들로 이루어진 큰 문자와 많은 작은 도형들로 이루어진 큰 도형을 만들어 놓고 한쪽 뇌가 손상된 환자들에게 순간노출기를 사용하여 보여주었다. 그 결과 우뇌가 손상된 환자들, 즉 좌뇌만이 정상적으로 기능하고 있는 환자들의 경우 작은 문자들이나 도형들은 제대로 인식하였지만 전체적인 큰 문자나 도형은 제대로 파악하지 못하였다. 반면에 좌뇌가 손상된 환자들, 즉 우뇌만이 정상적으로 기능하고 있는 환자들의 경우에서는 전체적인 관점에서 큰 문자나 도형은 올바르게 판단하였지만 작은 문자들이나 도형들은 제대로 보지 못하였다.

이 실험을 통하여 좌뇌 타입의 사람은 주어진 과제를 작은 단위로 나누어서 순차적으로 처리하는데 반하여, 우뇌 타입의 사람은 과제를 전체적인 관점에서 살핀다는 것이 입증되었다. 즉 똑같이 숲을 보더라도 숲 전체만을 보는 사람이 있는가 하면, 숲은 제대로 보지 못하고 나무만을 살피는 사람이 있다는 것이다. 이런 사실에 비추어 볼 때 우뇌타입의 사람과 좌뇌 타입의 사람이 각기 역할을 분담하여 서로 협력한다면 결과적으로 숲과 나무를 함께 볼 수 있게 될 것이다.

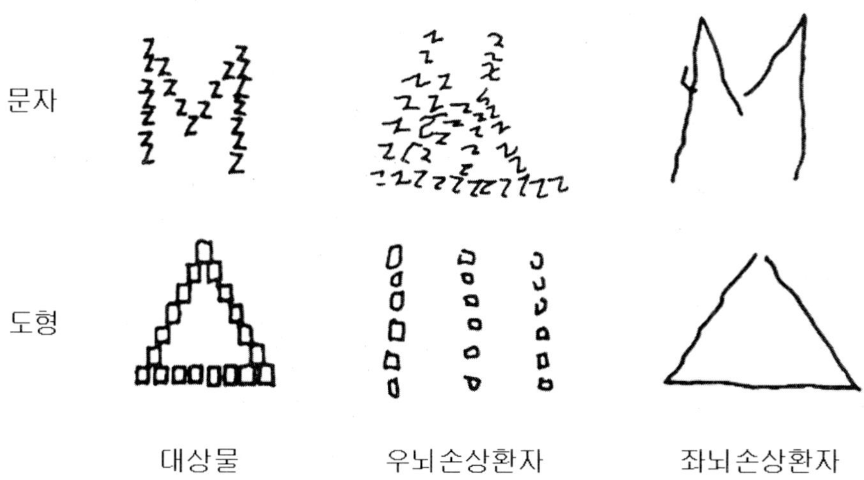

<그림 2-15> 자극에 대한 뇌손상환자들의 반응(손영숙, 2003)

신경생리학자들은 좌뇌와 우뇌가 세상을 보는 방식이 각각 어떻게 다른지 보여주는 간단한 테스트를 만들어 냈다. <그림 2-16>에서 피실험자가 작은 영문자 T에 집중하여 자세히 살피는 동안 좌뇌의 활동이 눈에 띄게 두드러졌다. 하지만 그가 한 발짝 뒤로 물러서서 큰 글자 H를 보게 되었을 때 이번에는 우뇌의 활동이 우세하여졌다. 앞서 언급했듯이 좌뇌는 분석적이며 작은 것에 집중하는 뇌다. 반면에 우뇌는 편안한 마음으로 전체의 형태를 살피는 뇌다. 따라서 긴장을 풀고 편안한 마음을 품게 되면 우뇌는 활성화되기 시작한다. 그러면 보다 큰 관점에서 대상을 새롭고 독창적인 방식으로 볼 수 있게 되어 창의적 아이디어를 얻게 될 가능성이 높아진다.

```
TTT          TTT
TTT          TTT
TTT          TTT
TTT          TTT
TTTTTTTTTTTTTT
TTTTTTTTTTTTTT
TTT          TTT
TTT          TTT
TTT          TTT
TTT          TTT
```

<그림 2-16> 좌뇌와 우뇌의 활동을 실험하기 위한 테스트

지금까지의 내용을 정리하면 좌뇌는 논리적이며 순차적으로 정보를 처리하므로 좌뇌타입의 사람들은 언어, 수학, 과학 방면에 우수하다. 반면에 우뇌는 상상적이며 전체적인 이미지를 잘 처리하므로 우뇌타입의 사람들은 예술 활동이나 기계조작 등에 탁월하다.

남자와 여자의 뇌

뇌의 구조와 작용에 있어서 남자와 여자는 어떤 차이가 있을까? 외견상의 두드러진 차이로는 두 가지가 있다. 하나는 남자의 뇌가 여자의 뇌보다 10% 가량 무겁다는 점이고, 다른 하나는 좌뇌와 우뇌를 연결하는 뇌량에 있어 여자가 남자보다 발달했다는 점이다. 여자의 뇌량이 발달해 있다는 사실은 좌우 뇌를 함께 사용할 가능성이 높다는 것을 시사한다. 다시 말하여 남자들이 여자들보다 한쪽 뇌를 보다 집중적으로 쓰고 있음을 의미한다.

그 외에 남자와 여자의 뇌에서 비교되는 다른 차이점들을 살펴보자. 여기서 반드시 기억할 점은 이들 비교는 어디까지나 평균적이라는 점이다. 여자들 중에는 남자의 특성을 가진 경우도 있고, 반대로 여자의 특성을 가진 남자도 가끔씩 있기 때문이다.

- 지능이 높은 천재와 지능이 낮은 백치는 남자에게 더 많이 나타난다.
- 여자는 다양하게 문제를 해결하지만 남자는 한 가지 방법에 집중한다.
- 여자는 직관이 뛰어나다.
- 남자는 수학과 기계적인 능력에 우월하다.
- 여자는 언어능력이 발달해 있다.
- 남자는 물체의 조작같은 공간개념이 탁월하다.
- 여자는 글씨같은 정밀한 손운동을 통제하는 능력이 높다.
- 여자는 사회성이 높아 사람과의 관계에 관심이 많다.
- 여자는 사람의 얼굴과 이름을 잘 기억한다.
- 여자는 맛, 냄새, 소리, 촉감에 더 민감하다.
- 자폐증은 남자가 여자보다 4-6배 많다.
- 말을 더듬거나 글을 잘 못 읽는 증상은 남자에게서 훨씬 많이 나타난다.
- 오래 집중하지 못하는 주의산만증은 남자에게 더 많다.
- 남자는 충동적이며 공격적이다.
- 여자는 뇌졸중으로 좌뇌가 손상되어도 언어기능에 장애를 덜 입는다.

6.3 우뇌 개발법

뇌를 발달시키는 것은 좌뇌와 우뇌를 균형있게 발달시키고 적절히 함께 사용하는 것을 의미한다. 대체로 초등학교에 취학하기 전까지는 우뇌 우위로 사고하게 되지만 학교에 입학한 이후부터는 교육으로 인하여 점차 좌뇌 우위로 사고방식이 바뀌게 된다. 우리나라의 학교 교육은 특히 좌뇌 위주로 편향되어 있으므로 좌뇌와 우뇌의 균형적인 발달을 위해서라도 우뇌훈련을 좀 더 강화시킬 필요가 있다. 다음은 우뇌를 발달시키는데 도움이 되는 방법들이다.

- 새로운 일이나 생각에 관심을 가지라. 우뇌는 연관성이 없는 정보를 잘 처리한다.
- 속독과 같이 정보를 고속으로 입력하라. 우뇌는 좌뇌에 비하여 정보처리 속도가 매우 빠르다.
- 잠자리에 들면서 과제를 생각하라. 잠자리에서는 우뇌가 작용하므로 좋은 아이디어가 떠오를 가능성이 크다. 이 때 베개 옆에 펜과 메모지를 준비하는 것을 잊지 말라.
- 가끔씩 눈을 감고 사람의 얼굴이나 사물의 모양과 같은 이미지를 떠올려 보라.
- 틈틈이 명상을 즐기라.
- 한 가지 일에 너무 오래 몰두하지 말고 가끔씩 편히 쉬면서 몸과 마음의 긴장을 풀어주어라.
- 좌우 신체를 균형적으로 사용하라. 오른손, 오른발잡이인 경우 적극적으로 왼손과 왼발을 사용하도록 한다.
- 비논리적이고 엉뚱한 상상이나 공상을 하라.
- 전공 외에도 다른 취미활동에 관심을 기울이라. 음악이나 예술작품을 감상하거나, 주말에 쇼핑을 하거나, 손수 요리를 하는 것도 우뇌를 자극하는 효과적인 방법이다.

왼손잡이의 설움

요즘은 그렇지 않지만 1960년대 이전만 해도 우리나라 부모들은 자녀들이 숟가락이나 연필을 왼손으로 잡고 사용하면 큰 일 나는 것으로 생각하였다. 선천적인 왼손잡이 아이를 후천적인 오른손잡이로 만들기 위해 심지어 회초리를 들기까지 하였다. 이렇게 해서라도 아이들이 오른손잡이가 되면 부모들은 왼손잡이가 되지 않게 될 자식의 장래를 생각하며 안심하곤 했다.

서양에서는 왼쪽을 악한 것으로 오른쪽을 선한 것으로 인식하였다. 16~17세기 마녀 사냥이 유럽을 휩쓸었을 당시에 마녀들이 모두 왼손잡이라는 잘못된 인식이 널리 퍼져 있었다. 왼쪽을 잘못된 것으로 여기는 일은 동양에서도 찾을 수 있다. 일본에서는 결혼한 이후에 여자가 왼손잡이라는 사실이 드러나면 집에서 쫓겨날 수도 있었다. 이렇듯이 왼손이 터무니없이 멸시를 당하던 시절에 미국의 저명한 과학자이자 정치가로 추앙받는 프랭클린(B. Franklin)은 양손 사용을 훈련시켜야 한다고 일찍부터 강조하였다.

오른손잡이들 위주의 세상에서 왼손잡이들이 살아가는 것은 쉽지 않다. 자동차에서부터 가위, 문의 손잡이, 깡통따개, 재봉틀, 컴퓨터 마우스 등 거의 모든 기구나 기계 장치들은 오른손잡이를 위주로 설계되었다. 그럼에도 불구하고 왼손잡이들이 크게 불편을 느끼지 못하는 것은 그들이 상당히 적응되었기 때문이다. 다음의 내용들은 왼손잡이에 대하여 흥미를 끌게 한다. 운동선수나 예술가들 중에는 왼손잡이가 많다. 왼손잡이는 뇌에 손상을 입었을 때 오른손잡이보다 더 잘 회복된다.

(모명숙, 2004)

연습 문제

2.1 피니스 게이지가 뇌에 손상을 입은 이후 성격이 무례하게 변하게 된 이유는 무엇인가?

2.2 청송교도소에 수감된 중범죄자들이 경우 전두엽이 크기가 일반 사람들에 비하여 작다고 한다. 전두엽이 작기 때문에 중범죄를 저질렀을까? 아니면 제멋대로 살았기 때문에 전두엽이 작아졌을까? 함께 논의해 보라.

2.3 '법은 멀고 주먹은 가깝다.'는 말이 있다. 이를 뇌의 구조에 근거하여 설명해 보라.

2.4 섹스피어의 '로미오와 줄리엣'에서 주인공이 비극적 사랑을 시작해 죽음으로 마무리되기까지 걸린 시간은 불과 나흘이었고 그들의 나이는 열세 살이었다. 이들이 이토록 빨리 사랑에 빠지게 되고 비극으로 마치게 된 이유를 뇌의 발달과 관련하여 설명해 보라.

2.5 신경전달물질의 종류와 기능에 대하여 조사하라.

2.6 뇌를 많이 사용할수록 머리가 더 좋아지게 되는 이유는 무엇인가?

2.7 오른손잡이가 왼손을 적극적으로 사용하는 것은 우뇌를 자극하여 창의력 향상에 도움이 된다고 주장하는 사람도 있다. 이 주장에 대하여 당신의 입장은 어떠한가?

2.8 당신이 90살이 되었을 때 살아남은 뇌 신경세포의 수를 추정해 보라.

2.9 뇌파가 느릴 때 창의력이 높아지는 이유를 설명해 보라.

2.10 분리뇌 환자의 양손에 서로 다른 물건을 쥐어주면 오른손의 물건은 이름을 말하지만 왼손의 물건은 말하지 못한다. 그 이유를 설명하라.

2.11 갑자기 떠오른 기발한 아이디어는 잊어버리기 쉽다. 그리고 일단 잊어버리게 되면 다시 그 기억을 떠올리기란 매우 어렵다. 왜 그렇겠는가?

제3장 대뇌우성모형과 팀 창의력

1. 허만의 대뇌우성모형

허만(N. Herrmann)은 그의 저서 '창의적인 뇌'(The creative brain)에서 대뇌를 4개의 부분으로 나눈 대뇌우성모형을 제시하였다. 그는 좌우의 대뇌피질뿐만 아니라 좌우의 대뇌변연계도 뇌량으로 연결되어 있다는 사실에 주목하였다. 앞장에서 설명하였듯이 대뇌피질이 인지 및 지적 기능에 관련되어 있는데 반하여 대뇌변연계는 정서와 기억기능에 관련되어 있다. 따라서 허만은 대뇌피질을 우반구와 좌반구로 나눈 것에 더 추가하여 대뇌변연계를 우변연계와 좌변연계로 구분하였다. 이렇게 나누어진 대뇌의 4개의 영역인 왼쪽 대뇌피질, 왼쪽 대뇌변연계, 오른쪽 대뇌변연계, 오른쪽 대뇌피질은 <그림 3-1>에서 보는 바와 같이 각각 A사분면, B사분면, C사분면, D사분면으로 호칭하기로 한다.

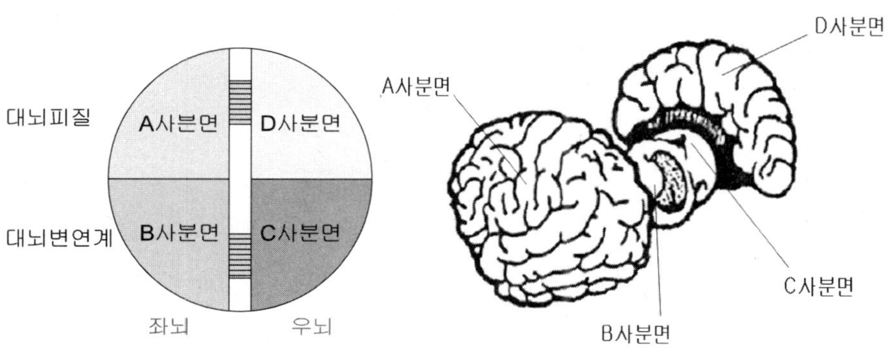

<그림 3-1> 허만의 대뇌우성모형

2. 대뇌 우성에 따른 사고의 특성

허만이 전체 대뇌를 4개의 영역으로 구분한 A사분면, B사분면, C사분면, D사분면들은 각기 독특한 특성을 지니고 있다(명지대학교, 2000).

2.1 분석적인 사고를 하는 A사분면의 특성

A사분면 뇌의 사고특성은 실제적, 해석적, 정량적, 기술적, 논리적, 이성적, 비판적이다. 이런 방식으로 사고를 하는 사람들은 학구적이며, 권위적이며, 성취지향적이고, 성과위주형이다. A사분면 성향을 지닌 사람의 특성을 보다 자세히 열거하면 다음과 같다.

- 실제적, 해석적, 정량적, 기술적, 논리적, 이성적, 비판적이다.
- 과거의 자료분석, 위험평가, 통계, 계산에 능하다.
- 분석적으로 문제를 해결하며, 논리와 추론에 근거하여 의사결정을 한다.
- 물질적, 학구적, 권위적이다.
- 성취지향적, 성과위주형이다.
- 대수학, 미적분학, 회계, 과학, 공학, 기술과목들을 선호한다.
- 본질적으로 사실에 접근하고, 비판적으로 분석한다.
- 계산기처럼 정확하게, 차갑게 행동하며, 인텔리처럼 말한다.
- 법률가, 엔지니어, 컴퓨터과학자, 분석가, 기술자, 은행가, 외과의사에 적합하다.

2.2 순차적 사고를 하는 B사분면의 특성

B사분면 뇌의 사고특성은 순차적이고, 계획적이고, 보수적이며, 구조적이며, 자세하고, 일관된 특성이 있다. 이런 방식으로 사고를 하는 사람들은 전통적이며 관료적인 모습을 보이지만 사람들에게 신뢰감을 준다. 또한 성취지향적이며 작업주도형이기도 하다. B사분면 성향을 지닌 사람의 특성을 좀더 살펴보면 다음과 같다.

- 순차적이며, 계획적, 보수적, 구조적이다
- 치밀한 계획과 순차적인 절차에 일관성있게 따른다.
- 안전제일이며, 현재의 상황을 유지하려 하며, 절대 확실한 것만을 다룬다.
- 전통적이고, 보수적이며, 신뢰성이 있다.
- 성취지향적이고 작업주도형이다.
- 법과 질서, 자기 수양에 대하여 이야기한다.
- 시간과 관련하여 행동하며, 시간 개념이 없는 D사분면 성향의 사람과 마찰이 있다.
- 계획에 충실하므로 계획대로 일이 진행되지 않을 때 매우 초조해 한다.
- 교육자, 원칙주의자, 까다로운 사람, 열심히 일하는 사람이라는 평을 듣는다.
- 계획입안자, 관료, 관리자, 경리담당자에 적합하다.

2.3 대인관계와 관련된 사고를 하는 C사분면의 특성

C사분면 뇌의 사고특성은 감성적이며, 인간 지향적이다. 이런 방식으로 사고를 하는 사람들은 인간적이며, 협조적이며, 느낌 지향적이며 정신적 가치를 중시한다. C사분면 성향을 지닌 사람의 특성을 좀 더 열거해 보면 다음과 같다.

- 감각적, 감성적, 감정적, 인간 지향적이다.
- 팀웍, 양육, 대인관계, 의사소통을 다룬다.
- 인간적이고 협동적이며 정신적 가치를 중시한다.
- 느낌 지향적이고, 관계 중심적이고, 가치주도형이다.
- 사회과학, 음악, 춤, 고난도의 스포츠과목을 선호한다.
- 홀로 일하는 것보다 그룹으로 활동하는 것을 좋아한다.
- 뜨거운 가슴을 가진 사람 혹은 부드러운 사람이라는 평을 듣는다.
- 말을 잘 하고 말이 많은 이야기꾼이다.
- 동물조련사, 교사, 간호사, 상담원, 사회사업가에 적합하다.

2.4 상상력이 풍부한 D사분면의 특성

D사분면 뇌의 사고특성은 시각적, 총체적, 혁신적, 은유적, 창의적, 직관적이다. 이런 방식으로 사고를 하는 사람들은 상상력이 풍부하며, 유연하며, 명랑하며, 탐험적이며, 미래지향적이고 독립적이다. D사분면 성향을 가진 사람의 특성을 좀 더 열거해 보면 다음과 같다.

- 시각적, 총체적, 혁신적, 은유적, 창의적이다.
- 상상력이 풍부하며 통합적, 개념적, 공간적, 직관적이다.
- 미래의 가능성, 종합, 놀이, 비전, 변화와 혁신을 추구한다.
- 탐험적, 사업적, 발명적, 미래지향적, 위험주도형, 독립적이다.
- 그림이나 조각같은 예술과목, 기하학, 설계, 시, 건축과목을 선호한다.
- 예술과 공학분야 직업에서 발명적인 요소에 매력을 느낀다.
- 아이디어를 가지고 놀기, 큰 그림, 첨단, 혁신에 대하여 자주 이야기한다.
- 잘 훈련되지 않으며 비현실적인 몽상가처럼 구름잡는 식의 이야기를 자주 한다.
- 사업가, 탐험가, 예술가, 극작가, 무용가, 디자이너 같은 직종에 적합하다.

지금까지 설명한 대뇌우성모형의 4분면에 대하여 각각의 특성들을 요약해 보면 다음과 같다.

- A사분면의 뇌가 발달한 사람은 '이성적 자아'를 소유하고 있으며 수학, 물리, 이론 등 분석을 필요로 하는 일에 뛰어나다.
- B사분면의 뇌가 발달한 사람은 '보호 자아'를 소유하고 있으며 위험을 기피하며 자신을 보호하려는 성향이 강하며 계획성 있고 꼼꼼하며 정리정돈을 잘한다.
- C사분면의 뇌가 발달한 사람은 '감정적 자아'를 지니고 있으며 말솜씨와 언어 감각이 뛰어나고 대인관계가 원만하다.
- D사분면의 뇌가 발달한 사람은 '실험적 자아'를 지니고 있으며 호기심과 모험심이 풍부하고 다른 사람들과 다른 유별난 행동을 잘 한다.

<그림 3-2>는 대뇌우성모형의 4분면에 대한 각각의 특성들을 알기 쉽게 도

시한 것이다.

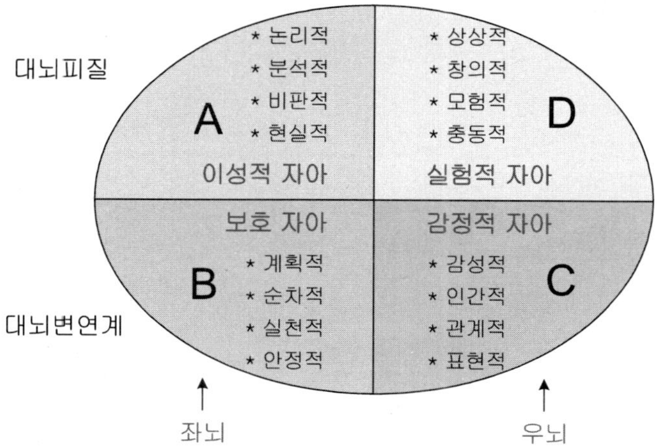

<그림 3-2> 대뇌우성 사고의 특성

3. 직종에 따라 요구되는 사분면

<그림 3-3>에서는 직종에 따라 더 많이 요구되는 사분면이 있음을 보여주고 있다. 예를 들어 공장의 엔지니어들은 맡은 업무를 분석하며 문제점을 찾아 개선방안을 찾아내야 하므로 A사분면의 사고를 필요로 한다. 현장에서 일하는 기능공들은 훈련받은 방식에 따라 작업을 꼼꼼히 수행해야 하므로 B사분면의 사고를 필요로 한다. 초등학교 교사들에게는 정해진 수업내용을 차근차근 체계적으로 가르치는 일과 아이들을 자상하게 돌보는 일이 함께 필요하므로 B사분면과 C사분면의 사고를 함께 가진 사람이 적합하다. 하지만 예술작업은 틀에 매이지 않고 나름대로의 상상력과 창의력을 필요로 하기 때문에 D사분면의 사고를 가진 사람들에게 적합하다. 직종에 따라서는 모든 사분면의 사고를 모두 필요로 하는 총뇌소유자가 요구되기도 하는데 미식축구의 쿼터백같이 바로 그런 경우다.

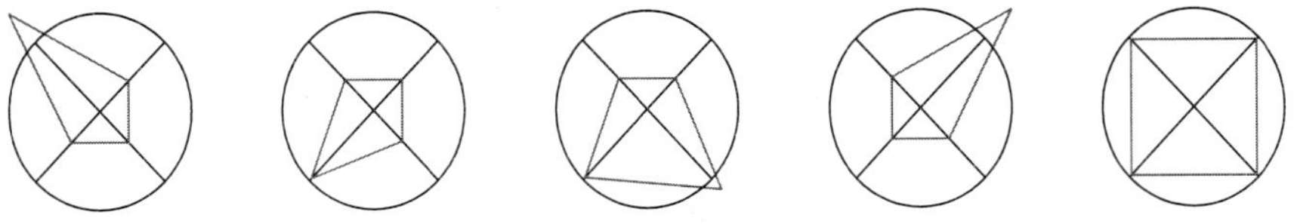

<그림 3-3> 직종에 따라 요구되는 사분면(황희수, 2003)

4. 팀 창의력

일반적으로 창의력에 관한 연구와 활용은 개인차원에서 주로 이루어졌다. 하지만 최근의 뛰어난 창의적 아이디어들은 개인에 의하여 만들어지기 보다는 여러 사람들이 함께 아이디어를 집약시켜 얻어지는 경우가 대부분이다. 예를 들어 일본과 중국 등지에 한류 열풍을 몰아왔던 국내 드라마 역시 구성작가와 그 팀의 산물이다. 새로운 아이디어 제품들도 조직 내의 구성원들이 함께 만들어 내는 것이 대부분이다. 따라서 창의력의 발현문제를 단지 개인적인 차원에서만 다룰 것이 아니라 팀 단위 수준에서 분석하고 살펴볼 필요가 있다.

팀은 같은 목적을 위하여 함께 모여 활동하는 다수의 사람들로 이루어진다. 팀 구성원들은 팀에서 합의한 의사결정과 이루어낸 성과에 대하여 권한과 책임을 공유하게 된다. 구성원들 개개인의 창의력이 높다고 해서 그 팀의 창의력이 높다고는 말할 수 없다. 팀의 특성으로 말미암아 팀 전체의 창의력이 매우 낮게 나타날 수도 있다. 이와는 정반대로 구성원들 개개인의 창의력은 높지 않으나 팀으로 함께 일할 때 긍정적 시너지 효과가 나타나 팀의 창의력이 높아지는 경우도 있다. 따라서 팀의 창의력을 높이고자 한다면 얼마나 창의적인 구성원들을 선발하느냐 하는 것보다는 어떻게 하면 팀원들이 서로 융화되어 아이디어를 격려하는 분위기를 만들 수 있는가 하는 것이 관건이다.

4.1 팀 구성

선드스톰(E. Sundstorm)의 정의를 따르면 건강한 팀이 되려면 다음의 다섯 가지 요건을 갖추어야 한다(이화자, 2002).

1) 적정한 구성인원

팀의 구성인원은 과업특성에 따라 다르지만 6-12명 정도가 적당하다. 팀원의 숫자는 구성원들 간의 긴밀한 상호작용과 팀조직의 유연성에 크게 영향을 미친다.

2) 상호보완적 기능

팀은 상호 보완적인 능력을 가진 사람들로 구성되어야 한다. 문제해결에 필요한 다양한 기능을 가진 사람들로 구성된 팀은 업무수행에 있어서 시너지 효과를 발휘할 수 있다.

3) 공동의 목표

공동의 목표는 구성원들을 한 방향으로 결집시키는 역할을 한다. 팀에서는 상위 조직의 목표를 염두에 두고 팀 구성원들 간의 협의를 통하여 목표를 설정해야 한다.

4) 합의된 업무수행방식

팀이 효과적으로 기능을 수행하려면 업무의 배분, 작업방법, 일정계획 등의 제반 업무에 있어 수행방식에 대한 합의가 필요하다. 이는 구성원들의 행동을 규제하는 집단규범의 역할을 함으로 팀원들 간의 불만을 사전에 예방할 수 있다.

5) 공동의 책임감

팀이 수행한 업무 성과에 대해서는 팀 전체가 공동으로 책임을 져야 한다. 이러한 공동책임감은 팀 구성원들 간에 상호 신뢰의 형성과 협조정신을 배양하는 역할을 한다.

4.2 팀의 장점

창의적 문제해결을 위하여 팀을 이용할 때 기대할 수 있는 장점들을 살펴보자. 무엇보다도 팀의 장점은 여러 사람들로부터 다양한 아이디어를 도출할 수 있다는 것이다. 팀의 구성원들이 모여 브레인스토밍을 하게 되면 개인적으로 아이디어를 얻는 것보다 훨씬 많은 아이디어를 이끌어낼 수 있다. 다른 사람의 아이디어를 듣는 것만으로도 사고의 상호작용으로 인해 또 다른 아이디어를 창출할 수 있기 때문이다. 소요되는 시간만으로 따져볼 때는 개인적 브레인스토밍이 더 효율적일 수도 있다. 하지만 팀의 경우 아이디어의 상호작용과 시너지 효과 때문에 개인적으로 아이디어를 얻는 것보다 더 효과적일 수 있다.

팀을 운영할 때 얻을 수 있는 다른 장점으로는 문제 해결에 활용할 수 있는 정보와 경험을 다양하게 동원할 수 있다는 것이다. 현대 사회는 폭발적인 지식의 확장으로 인하여 한 개인이 어떤 문제에 관한 내용과 자료를 모두 수집하고 이해하는 것이 쉽지 않다. 실제로 한 사람이 기계, 컴퓨터, 화학, 전기, 토목 등의 모든 분야들을 전문적인 수준에까지 깊이 안다는 것은 거의 불가능한 일이다. 개인의 이런 한계로 인하여 회사에서는 문제해결을 위하여 각 분야의 전문가로 이루어진 팀을 활용하게 된다.

팀을 운용하는 또 다른 이유로는 전문경험과 사고방식이 다른 사람들이 모이게 되면 균형적인 사고를 할 수 있는 총뇌팀을 구성할 수 있기 때문이다. 두뇌의 사고가 균형적으로 이루어질 때 시너지 상승효과가 나타나 창의력은 극대화된다. 반면에 대뇌의 사분면 가운데 어느 것 하나라도 제 기능을 발휘하지 못하게 될 때 창의력은 급격히 떨어진다. 일반적으로 사람의 두뇌는 어느 한편으로 치우쳐 발달하게 된다. 따라서 균형 잡힌 사고를 할 수 있는 총뇌의 소유자를 발견하는 것은 매우 어렵다. 그런 점에서 다양한 사람들을 모아 팀을 구성하여 서로의 부족한 점들을 보완한다면 균형적인 사고를 하는 총뇌팀을 구성할 수 있게 된다.

<그림 3-4>를 보라. 한 사람은 A사분면, 다른 사람은 B사분면, 그리고 나머지 한 사람은 C사분면과 D사분면 우위의 사고유형을 가지고 있다. 어느 누구도 균형 잡힌 사고유형을 소유하지 못하고 있다. 그러나 이들 3인이 모여 팀을 이루어 함께 일한다면 그 때 얻어지는 팀의 사고유형은 모든 사분면에서 균형이 잡혀진 총뇌사고유형이 된다. 결국 이들 3인이 각기 혼자서 일하는 것보다는 함께 모여 팀으로 일할 때 더 효과적으로 사고하며, 판단하며, 활동하게 될 것을 기대할 수 있다. 이것이 팀으로 모여 일할 때 기대할 수 있는 큰 장점이기도 하다.

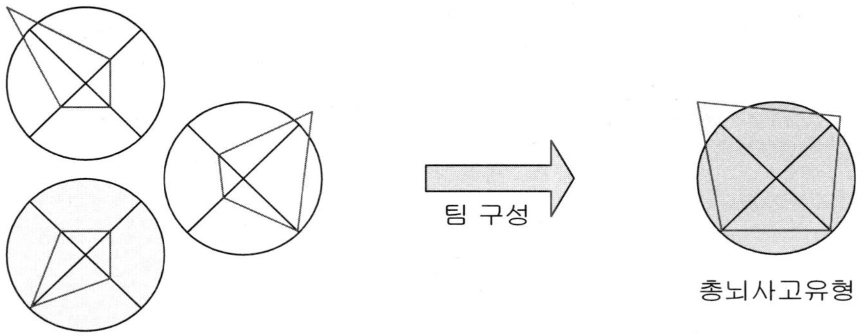

<그림 3-4> 총뇌사고유형을 얻는 팀의 효과

4.3 팀의 단점

팀으로 모여 함께 일할 때 장점만 있는 것은 아니다. 단점도 존재한다. 가장 먼저 생각할 수 있는 단점은 의사결정에 있어 많은 시간이 소요된다는 점이다. 특히 팀이 이질적인 구성원들로 이루어졌을 경우 합의를 이끌어내는 데에는 매우 오랜 시간이 소요된다. 경우에 따라서는 정해진 제한 시간 내에 결론을 얻지 못할 수도 있다.

팀의 다른 단점으로는 여럿이 함께 모여 얻어낸 아이디어들 가운데는 정말로 획기적이고 기발한 아이디어가 많지 않다는 점이다. 함께 모여 아이디어를 도출하게 되는 경우 혼자서 해결방안을 찾을 때보다 상대적으로 심적 부담감을 덜 느끼기 때문일 것이다. 그 밖에 생각할 수 있는 단점으로는 팀을 구성하는 구성원들 간에 생겨나는 불협화음을 들 수 있다. 해결되지 않은 분쟁, 부정적 감정, 적대감 등은 팀에서 창의적 아이디어를 이끌어내는데 방해를 준다.

이미 언급했듯이 총뇌팀을 구성하고자 할 경우에는 상호 보완할 수 있는 이질적인 구성원들로 팀을 형성하는 것이 바람직하다. 팀이 이질적인 구성원들로 이루어진 경우 우수하고 혁신적인 해결방안이 나올 가능성이 높아진다. 그러나 팀에서 서로 다른 의견이 팽팽히 맞서거나, 구성원들 간에 마찰이 생기는 경우 그 팀의 효율은 급격히 떨어진다. 이런 경우를 대비하여 팀의 모든 구성원들을 잘 이해하고 합의된 의견을 이끌어 낼 수 있는 중재자가 반드시 필요하다.

이와 대조적으로 동질적인 구성원들로 이루어진 팀은 신속히 합의에 도달할 수 있는 장점이 있다. 특히 제한된 시간 내에 결론을 이끌어내야 하는 긴급한 상황에서는 동질적인 팀이 매우 효과적이다. 하지만 비슷한 사고를 가진 사람들끼리 모여 있으므로 다양하고 기발한 아이디어가 나오지 않는다는 것이 문제점으로 지적된다.

4.4 효율적인 팀웍의 사례

허먼은 팀으로 함께 일할 때 균형잡힌 사고가 가능하게 되는 사례를 제시하였다. P와 Q 두 사람이 있었다. P는 고위 군인이며 분석적, 수량적, 사실적인 사고양식을 강하게 선호하고 있었다. 하지만 그는 정서적, 사교적, 직관적 접근을 싫어하였다. 음악치료사인 Q는 통찰, 직관, 감정, 감각 등의 양식을 강하게 선호하는 반면 논리적으로 사고하는 것을 기피하였다.

어느 날 이들에게는 함께 해결해야 할 문제가 주어졌다. 문제를 해결하기 위하여 여러 사실들과 관련된 정보들이 주어졌지만 논리적으로 결론을 내리기에는 충분하지 않았다. 분석과 논리에 익숙한 P는 문제를 해결하려고 나름대로 여러 가지 방법들을 시도해 보았지만 만족할만한 해결책을 찾을 수 없었다. P가 열심히 노력하고 있는 일을 Q는 전혀 이해하지 못하였다. Q는 물끄러미 창밖을 내다보고 있을 뿐이었다. 그러다가 갑자기 Q는 손뼉을 치면서 "알았다."라고 말하였다. 문제를 해결할 수 있는 통찰적 아이디어를 얻었던 것이다.

"무슨 아이디어를 얻었니?"

P는 Q에게 물었다. 하지만 Q는 자신이 생각한 머릿속의 통찰을 도무지 말로 표현할 수 없었다.

"잠깐 기다려. 내가 말로는 설명할 수 없지만 그림으로는 나타낼 수 있어."

Q는 종이와 펜을 가져와 문제의 요소들과 그들의 관계를 그림으로 그리기 시작했다. 그림 그리기를 끝마쳤을 때 그는 다시 말했다.

"이제 그 해결책은 그림이 아니라 나의 몸짓으로 보여줄 수 있어."

Q는 그림을 가리키면서 문제의 요소들이 어떻게 조합되어야 해결방안을 얻을 수 있는지 몸짓으로 보여주었다. 그림과 Q의 몸짓 설명을 보고난 후 P는 고개를 끄덕거렸다. 문제에 대한 해결방안을 어느 정도 파악하게 된 것이다.

이들의 과제는 해결책에 대한 보고서를 만들어 상부에 보고하는 일이었다. P는 Q에게 상부에 보고해줄 것을 부탁했다. 그러자 Q는 말과 글로는 도저히 설명하지 못하겠다며 손사래를 쳤다. P는 Q가 보여준 그림과 몸짓을 토대로 보고서를 작성하였다. 그리고 상부에 그 내용을 보고하였을 때 그 결과는 매우 성공적이었다.

보고를 끝마치고 돌아오면서 Q는 P에게 사람들 앞에서 잘 설명하는 노하우를 가르쳐달라고 간청했다. 그러자 P는 Q가 문제의 해결방안을 찾은 비법을 먼저 알려준다면 자신의 노하우를 가르쳐주겠다고 대답했다(이종철, 2003).

4.5 팀 창의력에 영향을 주는 특성

이화자(2002)는 팀 창의력에 영향을 주는 특성으로 다양성, 자율성, 혁신성, 응집성, 공정성, 개방성, 후원성을 제시하였다.

1) 다양성

팀의 구성원들의 능력과 경험이 다양하고 이질적일수록 팀의 창의력이 높아진다는 것이 일반적인 연구결과다. 자동차회사인 크라이슬러에서는 각 부서에 신입 엔지니어를 배치할 때 모두 다른 대학 출신자들로만 구성되도록 한다. 이는 신입사원들로부터 다양한 능력, 경험, 사고력, 관점을 얻고자 하기 때문이다.

2) 자율성

자율성이란 팀구성원이 평가와 감시를 받지 않고 업무수행, 목표, 우선순위를 자기 스스로 결정할 수 있다고 느끼는 정도를 의미한다. 조직의 통제와 간섭이 최소화되어 업무를 스스로 자율적으로 수행할 수 있을 때 구성원들은 과업에 주도적으로 참여하게 되고 창의력은 높아진다.

3) 응집성

응집성이란 구성원들이 서로 협력하며 단결하고 있다고 느끼는 정도를 뜻한다. 팀의 응집성이 높을 때 구성원들은 협동적인 노력과 상호 신뢰를 통해 적극적으로 창의력을 발휘할 가능성이 높아진다. 하지만 응집성이 너무 높은 경우에는 집단이 동질화되는 경향으로 인하여 오히려 창의력이 저해되기도 한다.

4) 혁신성

혁신성이란 어렵고 복잡한 문제에 도전하도록 장려하는 것을 의미한다. 이는 변화를 적극적으로 수용하여 위험감수를 무릅쓰고 진취적인 방향으로 업무를 수행해나가는 것을 의미한다. 변화에 대한 도전과 과감성은 구성원들로 하여금 창의적 아이디어를 발현하고 적용하도록 촉진한다.

5) 공정성

공정성이란 보상에 있어 인맥이나 친밀도보다 업무성과나 능력에 의하여 적절하고 공정하게 이루어지고 있다고 느끼는 정도를 말한다. 공정한 보상시스템은 구성원들에게 업무를 적극적으로 수행하도록 동기를 마련하며, 위험의 감수와 변화의 의지와 같은 모험가적 특성을 고무시켜 창의력을 이끌어낸다.

6) 개방성

개방성이란 조직 내 정보의 흐름이 충분하고 개방적이어서 구성원들이 다양한 견해를 가지고 솔직하게 토론할 수 있다고 느끼는 정도를 말한다. 조직 내에서 교환되는 정보의 개방성과 구성원의 의사결정에 대한 참여정도는 팀 내의 정보교류를 활성화시켜 창의력과 혁신적인 성과에 영향을 미친다.

7) 후원성

후원성은 구성원들을 인정해주고 격려하는 것을 의미한다. 이는 구성원들이 창의적인 아이디어를 제안했을 때 적극적으로 지원해주며, 업무를 혁신적으로 수행했을 때 칭찬하고 적절한 보상해주는 것을 가리킨다.

5. 의사소통

5.1 의사소통의 장애

팀이 정상적으로 운영되려면 무엇보다도 구성원들 간에 의사소통이 잘 이루어져야 한다. 하지만 서로 다른 사고유형의 사람들이 모여 대화할 때 의사소통에 어려움을 겪게 되는 일은 매우 흔하게 나타난다. 이러한 어려움은 상대방을 이해하지 못하는 데서 오는 것이며 그로 인한 불필요한 혼선과 오해는 팀 활동 중에 자주 발생하게 된다. 네드 허만 그룹은 의사소통에 대한 네 가지 시각 포스터를 준비하였다. 이는 네 개의 사분면 사고선호자들을 짜증나게 하거나 낙담하게 하는 태도들을 열거한 것으로 <표 3-1>과 같다(명지대학교, 2000).

<표 3-1> 의사소통의 장애

A사분면 선호인의 경우	D사분면 선호인의 경우
•분명하지 않은 대화 •지나친 수다떨기 •모호한 지시나 설명 •비논리적인 논평 •비효율적인 시간 사용 •자료나 사실의 부족 •공공연한 개인감정 표출 •정답을 알지 못한 느낌 •불충분한 증거를 가진 아이디어 •지나치게 제스처 사용 •비현실적임 •과민하게 감동하는 경향	•같은 이야기의 반복 •너무 느린 속도의 대화 •"책에서는" 혹은 "안전하게" 라는 말 사용 •지나치게 조직적이고 예상할만한 대화 •유머나 재미가 없음 •유연성의 부족, 완고함 •은유적 뜻을 이해 못함 •지나친 숫자 사용 •나무 때문에 숲을 못 봄 •좁은 식견 •새로운 접근에 대한 거부 •지루한 주제나 방식
B사분면 선호인의 경우	**C사분면 선호인의 경우**
•명확한 의제가 없음 •체계화가 안 됨 •주제에서 자꾸 벗어남 •같은 이야기의 반복 •예상할 수 없음 •너무 빨리 말함 •분명하지 않은 설명 •너무 가지치기를 많이 하고 말함 •불완전한 문장 •끝맺음의 부족 •한 번에 너무 많이 생각함 •예상치 않은 엉뚱한 이야기	•대화의 부족 •눈을 마주치지 않음 •비인격적인 접근 •차갑고 성의없는 대화 •감정없는 비평, 의견 •인색한 감사와 칭찬 •감정 존중의 부족 •직선적이고 퉁명스러움 •비판적, 판단적 태도 •대화를 끊거나 무시함 •남에 대한 동정심 부족 •너무 자료에 의존

5.2 능숙한 의사전달자가 되려면

팀 구성원들 사이에 의사소통이 잘 안 되는 경우, 효율적인 업무 수행은 거의 불가능하다. 따라서 팀의 모든 구성원들은 먼저 다른 사고유형의 사람들을 이해하려는 노력과 함께 상대방의 말을 그들의 입장에서 진지하게 경청하려는 태도를 지니는 것이 필요하다. 팀 구성원들 간에 원만한 의사전달이 이루어지려면 다음을 주의해야 한다.

- 사람을 존중하고 있는 그대로 받아들인다.
- 함께 시간을 보내고 일대일로 대화한다.
- 상대방의 관점에서 말을 적극적으로 경청한다.
- 침착하고, 편안하고, 개방적이고, 친절하며, 남에게 관심을 보인다.
- 이해적이고 협조적이어야 한다.
- 긍정적 태도를 가져야 한다.
- 바디랭귀지를 관찰한다.
- 유머감각을 가진다.
- 대화 중재자를 가진다.

6. 팀 창의력 향상을 위한 분위기 조성

회사나 팀의 분위기는 구성원들의 창의력에 큰 영향을 미친다. 구성원들의 창의력을 극대화하기 위하여 사내의 분위기를 조성하는 방법들을 몇 가지 소개한다.

1) 실수를 용납하고 도전을 격려한다.

독창적인 아이디어나 새로운 기술은 기존의 방법을 거부하고 새로운 접근으로 시도했을 때 얻어진다. 남들과 다른 관점에서 사물을 보는 독특한 안목, 아무도 가지 않은 길을 가보겠다는 도전적 자세는 어느 누구도 예상하지 못한 새로운 결과를 가져다준다. 물론 이러한 도전의 결과가 실패로 나타날 수도 있다. 그렇다고 실패를 두려워하기만 하다가는 아무 것도 얻을 수 없다. 어쩌면 성공한 사람은 남들보다 더 많은 실패를 경험했던 자인지도 모른다. 아예 도전해보지도 않은 사람은 물론 실패할 일도 없겠지만 영원히 성공을 경험하지 못하게 될 것이다. 실수를 책망하지 않는 환경, 실수를 했을 때에도 격려를 아끼지 않는 분위기 속에서 성공을 향한 도전은 가능해진다.

2) 회사 내의 규정이나 규칙을 최소화한다.

자유는 사람들에게 다양하게 생각하는 사고력과 자발적으로 과업을 수행하고자 하는 동기를 제공한다. 회사나 팀에서 많은 규정이나 통제로 속박하는 경우, 직원들은 정해진 방식에 따라 기계적으로 움직일 뿐 스스로 생각하거나 자발적으로 일하려고 하지 않는다. 정해진 시간에 회사에 출근해야 하고, 두발과 의상은 정해진 원칙을 지켜야 하며, 업무는 지정된 양식을 따라 수행해야 한다고 생각해보자. 직원들은 획일적으로 일사분란하게 움직일지는 몰라도 변화에 적응하려고 나름대로 노력하지는 않을 것이다. 오랫동안 시행해 왔던 규정이나 규칙들도 정기적으로 검토하여 최소화하라. 만약 꼭 필요한 규정이나 규칙이 있다면 직원들이 함께 모여 토의하여 결정하도록 하라. 이처럼 자율적인 방식으로 회사나 팀을 운영한다면 자발적이고 창의적인 분위기가 유지되고 업무 성과는 높아질 것이다.

3) 구성원들 간에 서로 신뢰하는 분위기를 만든다.

조직에서 신뢰는 구성원들을 하나로 묶는 응집력의 기반을 제공한다. 구성원들이 서로 신뢰하지 못한다면 그 팀이나 조직은 와해될 수밖에 없다. 구성원들이 팀이나 조직을 신뢰할 수 있을 때 자율성을 가지고 자발적으로 업무를 수행하게 된다. 또한 구성원들 상호간에 신뢰가 있을 때 원활한 의사소통이 가능해진다. 때로 구성원들 간의 갈등이 생긴다 해도 쉽게 해결의 실마리를 찾을 수 있다. 조직 내의 신뢰는 구성원들에게 회사의 정보를 투명하게 공개하고 수시로 구성원들의 의견을 수렴하면서 업적에 따른 공정한 보상을 제공할 때 생겨난다. 구성원들 간에 서로의 행복에 관심을 가지고 적극적으로 협력하는 태도가 필요함은 두말할 필요가 없다. 신뢰가 바탕이 되었을 때 상사와 부하직원은 친구가 되고 동료들은 서로 마음을 열고 대화할 수 있다. 이같은 원활한 의사교환과 정서적인 안정감을 바탕으로 조직과 팀 내에는 창의적인 분위기가 형성된다.

4) 구성원들 간의 차이점을 아이디어로 승화시킨다.

다양한 사람들로 구성된 조직이나 팀 내에서는 동일한 문제를 서로 다른 관점에서 보고 해석하는 일이 생겨난다. 이런 차이는 구성원들 상호간에 긴장을 유발하며 갈등의 요인이 되기도 한다. 그렇다고 해서 모든 구성원들이 동일하게 생각하고 행동한다면 그들로부터 다양한 아이디어를 기대할 수 없을 것이다. 따라서 서로 다른 관점에서 출발한 사고의 차이와 다른 지식과 경험으로 인한 의견충돌은 무조건 피할 것이 아니라 적극적으로 활용하여 창의적인 아이디어로 승화시킬 필요가 있다. 만일 집단 내에 반대의견이 존재하지 않는다면 모임의 분위기는 경직되었거나 편향되었을 가능성이 농후하다. 이런 분위기에서 얻어진 결정은 집단사고와 같이 잘못될 가능성이 커지게 된다. 논에서 메기와 함께 키운 미꾸라지들은 그렇지 않은 미꾸라지들보다 더 튼튼하고 번식력이 높다고 한다. 메기를 피해 도망치면서 더 강해진 것이다. 이와 마찬가지로 조직 내에서 구성원들의 차이점으로 인한 갈등과 의견충돌은 종종 조직을 활성화시켜 급변하는 환경에서 살아남게 하는 원동력이 되기도 한다.

5) 즐거움과 유머가 넘친다.

유머는 사람들 간의 관계에서 윤활유 역할을 한다. 유머가 있는 사람은 편안하며 친근감을 준다. 그래서 잘 웃기는 사람들, 유머를 즐기는 사람들 주위에는 늘 많은 사람들이 모여든다. 회사에서도 유머는 필요하다. 직장의 분위기가 경직되어 있으면 업무의 능률은 떨어진다. 모임에서 한 마디의 유머는 딱딱한 분위기를 일시에 화기애애한 분위기로 변화시킨다. 얼마 전 삼성경제연구소에서 조사한 바에 의하면 기업체의 CEO 가운데 80%가 유머감각이 있는 직원을 우선적으로 채용하기를 원한다고 하였다. 즐겁고 유쾌한 분위기에서 융통성과 상상력과 창의력은 생겨난다. 직원들이 즐거운 마음으로 회사에 나오고 싶은 신바람 나는 직장문화를 만들어야 한다.

미국의 사우스웨스트항공사는 유머를 중시하는 Fun경영으로 유명하다. 이 회사에서는 유머감각이 있는 사람들을 우선적으로 채용하고 있다. 또한 켈러허 회장을 비롯하여 전 직원들은 유머를 구사하며 회사를 즐겁게 만들려고 노력하고 있다. 그 결과 이 회사는 미국 교통부에서 수여하는 트리플크라운 상을 11번이나 수상하였다. 트리플크라운상은 최우수 정시운항률, 최소승객불만, 최소가방분실을 충족시킨 항공사에게 수여하는 상이다.

연습 문제

3.1 요즘 팀제를 도입하는 회사가 늘어나고 있다. 팀은 다양한 사람들로 구성하는 것이 효과적이라고 한다. 그 이유를 대뇌우성모형을 근거로 설명하라.

3.2 당신은 뇌의 사분면에서 어떤 성향을 가지고 있는가?

3.3 다음의 인물들은 뇌의 사분면에서 어떤 성향을 가지고 있다고 생각되는가?

1) 뉴턴

2) 에디슨

3) 마더 데레사

4) 피카소

5) 이순신

6) 이퇴계

7) 김정일

3.4 <표 3-1>을 참조하면서 당신의 경우 상대방의 어떤 태도가 특히 짜증나게 하는지 생각해 보라.

제4장 창의력 훈련

1. 지능과 창의력

하버드 대학의 심리학 교수 가드너(H. Gardner)는 "아무리 지능지수가 높아도 창의력이 없으면 진정한 천재라고 부를 수 없다."고 말했다. 여기서 천재란 기존 개념을 무너뜨리고 새로운 세계를 구축하는 탁월한 창의력이 있는 사람을 가리킨다. 그는 이러한 창의력을 소유한 인물로 일곱 사람을 예로 들었다. 물리학자 아인슈타인, 심리학자 프로이트, 미술가 피카소, 음악가 스트라빈스키, 시인 엘리어트, 인권운동가 마하트마 간디, 무용가 마샤 그레이엄이 그들이다.

1.1 지능과 성공

1985년 문교부에서는 취학 이전의 영재들을 조사하였다. 전국에서 3세부터 6세까지의 영재 144명이 선발되었다. 세살 이전에 한글과 숫자를 깨치거나 천자문을 줄줄 외워 주위를 놀라게 했던 아이들이었다. 그 후 15년이 지난 2001년에 어느 신문사에서 그들을 추적 조사하였다. 그 결과는 의외였다. 18세에서 21세가 된 그들에게 특출한 모습은 전혀 찾아볼 수 없었다. 이들 중에는 학교생활에 제대로 적응하지 못했거나, 고등학교만 겨우 졸업한 사람, 그리고 지방 전문대학에 진학한 사람들도 다수 포함되어 있었다.

미국의 심리학자 펠드만(D. Feldman) 박사도 유사한 연구를 진행한 적이 있다. 네 살부터 6살까지 IQ 160이상이었던 수백명의 영재들을 대상으로 30~40년 후의 생활을 조사한 그는 이렇게 결론내렸다. "성인이 된 영재들은 모두 평범한 삶을 살고 있었다. 그들 중 어느 누구도 뛰어나게 성공한 사람을 찾을 수 없었다. 성공과 IQ는 전혀 상관이 없다."

왜 이런 결론이 나오게 되었을까? 성공은 IQ만으로 이루어지는 것이 아니기 때문이다.

1.2 연령에 따라 요구되는 지능의 요소

심리학자 스텐버그(R. Sternberg)는 사람의 지능이 요소적 지능, 경험적 지능, 상황적 지능의 3가지 능력으로 이루어졌다는 지능의 3원론을 주장하였다. 요소적 지능이란 논리적 유추를 통하여 추상적으로 사고하는 능력을 의미한다. 소위 학교 공부를 잘하는 학생들에게서 높게 나타나는 IQ가 '학업지능'에 해당하는 것이다. 경험적 지능은 관련되지 않은 사실들을 조합하여 새로운 방법을 생성하는 능력으로 '창의적 지능'을 가리킨다. 마지막으로 상황적 지능은 변화하는 환경에 적응하고 주어진 상황을 최적화하는 능력으로 '실용지능'이라고 불린다. 이들 3가지 지능은 각각 분석력, 창의력, 적응력으로 말할 수 있는데 <그림 1-3>에서 보는 바와 같이 연령에 따라 사회에서 요구되는 각 지능의 요소에 대한 요구 정도는 달라진다.

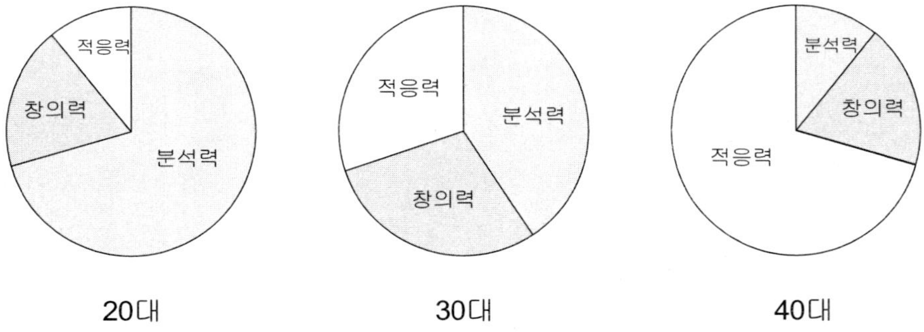

<그림 4-1> 연령에 따른 지능 요구의 변화

대체로 20대까지는 학습에 주력하게 되므로 현상을 이해하고 논리적으로 추론하는 분석력을 크게 필요로 한다. 그러다가 30대에 접어들게 되면 배운 지식

을 활용하여 주어진 문제를 해결해야 할 필요성이 많아진다. 따라서 분석력은 줄어들고 창의력과 적응력이 상대적으로 늘어나게 되면서 분석력, 창의력, 적응력이 상호간에 균형을 지니게 된다. 더 나아가 40대 이후가 되면 변화하는 상황에 따라 통합적인 관점에서 배운 것을 실천하고 현실적 문제들을 최적화하는 적응력을 가장 필요로 하게 된다. 이 시기에는 20대에 가장 많이 필요로 했던 분석력이 오히려 가장 적게 요구되고, 환경에 적절히 대처하는 적응력이 가장 크게 요구된다는 것을 알 수 있다.

최근에는 20대의 신입사원을 선발할 때 분석력보다는 창의력을 중시하는 경향이 두드러지게 나타나고 있다. 아울러 조직에서의 팀웍을 고려하여 성품과 관련된 감성지수(EQ, Emotional Quotient)를 평가항목에 크게 반영하는 경향도 증가하고 있다.

학교와 사회에서 문제해결의 차이

학창시절에는 잘 정의된 문제를 해결하는 방법을 배운다. 교재나 시험지에 제시된 문제들을 풀기 위해 필요한 정보들은 친절하게 모두 주어져 있다. 또한 각 문제마다 정확히 맞아 떨어지는 정답은 반드시 존재한다. 심지어 정답을 도출해내는 방법이 딱 하나밖에 없는 경우도 많이 있다. 소위 공부 잘한다는 학생들은 이런 문제들을 풀어내는데 뛰어난 재능을 지니고 있다.

그러나 사회나 직장에서 요구하는 지적 능력은 학교에서 배우는 학습능력과는 완연히 다르다. 우리가 사회에서 생활하면서 해결해야 하는 문제들은 우선 문제 자체가 분명하지 않다. 예를 들어 회사의 경영악화나 가족 내의 갈등을 해결하려고 할 경우 내재된 문제의 핵심을 올바르게 찾아내는 일이 급선무다. 핵심 문제를 정확히 끄집어내기도 쉽지 않지만 문제를 발견했다고 해도 문제를 해결하는 일은 결코 만만하지 않다. 문제 해곁을 위한 정보가 주어지지 않았으므로 두루 다니며 필요한 정보를 수집해야 한다. 그렇다고 해서 필요한 정보를 다 얻을 수 있다는 보장이 있는 것 또한 아니다. 더욱 심각한 차이점은 현실 세계에서 발생하는 문제들은 학교에서의 시험 문제와는 달리 정답이 아예 존재하지 않는다는 것이다. 정확히 맞아떨어지는 해결책이 없으니 적당한 수준에서 문제를 해결해야만 한다. 현실세계의 문제들을 100% 완벽하게 해결하려는 것은 매우 비효율적이다. 부딪힌 문제들은 그때마다 적당한 선에서 해결하고 넘어가야 한다. 해결해야 할 다른 중요한 문제들이 산적해 있기 때문이다.

1.3 지능과 창의력

IQ점수로 대표되는 지능은 수렴적 사고인 추리력을 강조한다. 이는 확산적 사고를 강조하는 창의력과 측정방법에서부터 차이가 난다. 그럼에도 불구하고 IQ검사점수는 창의력검사점수와 어느 정도 상관이 있는 것으로 보고되었다. 즉 지능지수가 낮은 사람들보다는 지능지수가 높은 사람들에게서 창의력이 뛰어난 사람들을 많이 발견할 수 있다는 것이다. 하지만 어느 정도 이상 지능지수가 높은 사람들이 모인 집단 내에서는 지능과 창의력의 상관관계가 그다지 크지 않은 것으로 알려졌다. 다시 말하여 지능이 높은 사람 중에도 창의력이 매우 낮거나, 혹은 보통 수준의 지능을 가지고 있는데도 창의력이 뛰어난 사람이 상당수 있다는 것이다.

일반적으로 지능은 20세를 전후하여 가장 완숙하고 그 이후에는 점차 하향곡선을 그리게 된다. 하지만 창의력은 30세 이후까지 계속하여 서서히 발달하며 그 이후에는 매우 완만한 하향곡선을 보이게 된다. 하지만 자기 분야에서 전문적인 업적을 쌓고 소위 성공한 사람들의 경우에는 60대의 노년기에 접어들어도 창의력이 전혀 감소되지 않는다고 한다.

스틸(J. Still)은 인간의 정신적 능력과 나이의 관계를 조사한 적이 있다. 특히 그는 소위 '성공한 사람'과 '성공하지 못한 사람'의 경우에 있어 정신적 능력의 차이가 크다는 사실을 강조하였다. <그림 4-2>에서 보는 바와 같이 성공한 사람은 여러 가지 정신적 능력을 발휘하면서 고령에 이르기까지 그 능력을 지속적으로 보존하고 있다. 그에 반하여 성공하지 못한 사람은 30세를 넘기면서 그의 전체적인 정신능력은 점차 퇴행현상을 보이게 된다. 한 가지 유의할 내용은 연령대에 따라 최고조에 이르는 정신능력의 유형이 다르다는 점이다. 예컨대 기억력은 20대에 최고에 도달하고, 이해력과 상상력은 20~40세 때에, 그리고 창의력은 40~60세 사이에서 절정에 이른다고 한다. 마지막으로 60대 이후에는 판단력이 최고조에 달하는 것으로 알려져 있다.

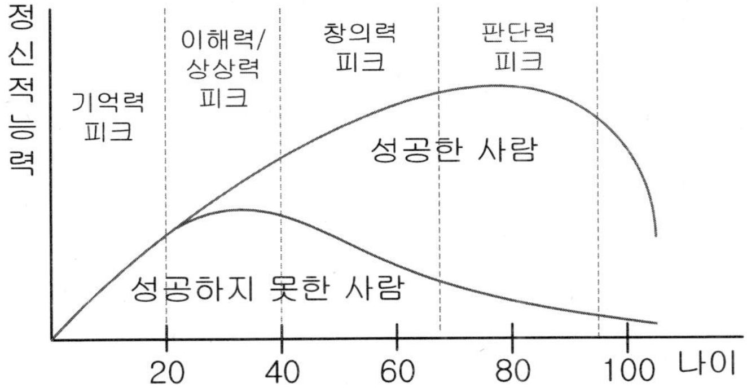

<그림 4-2> 연령에 따른 정신적 능력의 변화

1.4 창의적인 사람의 특성

매키논(D. MacKinnon)과 몇몇 학자들은 창의적인 사람들에 관하여 연구하였다. 그들이 창의적인 사람들에게서 발견할 수 있었던 특성들을 열거하면 다음과 같다.

- 틀에 박힌 양식을 싫어한다.
- 보통 이상의 지능을 가진다.
- 언어지각력이나 공간지각력이 높다. 혹은 두 가지가 다 높을 수도 있다.
- 기억력과 이해력이 뛰어나고 삶의 경험을 잘 활용한다.
- 예리한 관찰력과 분별력을 가지고 있다.
- 통제를 거부하고 자기표출의 의욕이 강하다.
- 새로운 경험에 대하여 개방적이다.
- 스스럼없이 자신의 감정과 느낌을 잘 표현한다.
- 어떤 일에 대하여 판단하는 것보다는 감지하는 것을 더 선호한다.
- 지성과 감성을 함께 지니고 있다.
- 독립적으로 판단하고 사고하는 경향이 있다.
- 하찮은 일에 무관심하고 의미에 관심을 둔다.
- 도전적이며, 애매하고, 복잡한 일을 좋아한다.
- 유머감각이 뛰어나다.

• 자기 독단, 자기 수용, 내성적이며, 대담하고, 지략이 풍부하다.

최근 이화자(2002)는 많은 학자들의 연구를 종합적으로 검토하여 창의적인 사람들에게서 나타나는 성격특성을 다음의 8가지로 정리하였다.

• 모험심: 쉬운 일보다 어려운 일을 더 좋아한다.
• 인내심: 일단 일을 시작하면 해결할 때까지 붙잡고 늘어진다.
• 독립심: 간섭받는 것을 싫어하며 자신의 방법을 고집한다.
• 자신감: 자신의 판단을 옳다고 생각하며 실패를 두려워하지 않는다.
• 호기심: 새로운 일에 관심이 많고 주의 깊게 관찰한다.
• 유머: 재치와 유머로 사람들을 잘 웃기며 이를 즐긴다.
• 융통성: 정해진 틀에 매이는 것을 싫어하며 다른 방식을 시도한다.
• 상상력: 기발한 생각을 하거나 엉뚱한 행동을 자주 벌이곤 한다.

2. 창의력을 위한 사고와 생활 습관

창의적 아이디어는 좌뇌와 우뇌의 유기적인 협력으로 얻어진다. 또한 뇌와 우리의 생활은 상호 영향을 주고받는다. 즉 뇌의 활동은 우리의 사고와 생활에 영향을 미치고 우리의 사고와 생활은 뇌에 영향을 미치게 된다. 따라서 창의력을 높이려 한다면 창의적인 방법으로 생각하고 생활하는 태도가 중요하다. 창의적인 사람들은 창의적으로 사고하고 생활한다. 이들의 습관을 배워 몸에 익힐 때 우리의 창의력을 높아지게 된다.

2.1 문제를 분명하게 정의하라.

앞서 1장에서 이미 언급했듯이 문제는 해답의 다른 모습이다. 따라서 문제를 명확하게 정의하는 것은 매우 중요하다. 문제를 올바르게 잘 정의한다면 해답은 쉽게 얻어질 수 있다. 문제가 명확하지 않으면 아이디어는 절대로 떠오르지 않는다.

아르키메데스가 왕관에 은이 섞였는지를 확인하라고 왕으로부터 명령을 받았을 때 만일 '왕관에 은이 섞였는지 여부를 어떻게 알 수 있을까?'라는 질문만 붙잡고 매달렸다면 문제를 해결하지 못했을 것이다. 그가 공중목욕탕에서 "유레카!"를 외치며 벌거벗은 채 뛰어나갈 수 있었던 것은 왕의 명령을 다른 문제로 변환시켰기 때문이다.

아르키메데스가 생각했던 내용을 추론해보자. 왕관에 은이 섞이면 어떤 차이가 발생하는가? 은은 금보다 가볍다. 그렇다면 은이 섞인 왕관은 순수한 금관과 무게는 같지만 부피는 더 커지게 될 것이다. 여기까지 생각이 이르면 문제는 새롭게 바뀌게 된다. 복잡한 모양으로 생긴 왕관의 부피를 어떻게 측정하느냐 하는 것이다. 그 문제로 고심하던 아르키메데스가 공중목욕탕의 욕조에 들어가는 동안 물은 욕조 밖으로 흘러넘쳤다. 그 순간 깨달음의 통찰이 유성처럼 그의 머릿속을 스쳐지나갔다. 물에 잠겨있는 그의 몸의 부피만큼 물은 욕조 밖으로 넘쳐난 것이다. 따라서 복잡하게 생긴 왕관의 부피는 왕관을 물에 담갔을 때 넘친 물의 양으로 측정할 수 있다. 이처럼 문제를 올바로 해결하려면 문제를 정확하게 정의하는 것이 무엇보다 중요하다.

이런 재치있는 이야기도 있다. 두 남자가 아프리카 밀림을 걷고 있을 때 갑자기 치타와 마주치게 되었다. 한 남자가 도망치려고 하였다. 다른 남자가 속삭였다. "도망간다고 무슨 소용이 있겠는가?"

남자는 멀리 도망가면서 소리쳤다. "나는 자네보다만 더 빨리 도망가면 된다네."

그 남자는 위기 속에서 살아남는 방법이 치타와의 경쟁이 아니라 친구와의 경쟁인 것을 알았던 것이다.

문제 해결을 위한 최상의 충고는 문제를 어느 한편으로만 지나치게 집중하여 생각하지 말라는 것이다. 올바른 해답을 찾아내려면 문제를 전반적으로 생각하며 여러 방향에서 접근할 줄 알아야 한다. 문제를 다양한 관점에서 살피며 적절한 질문을 만들어내는 것이 문제 해결의 아이디어를 얻는 비법이다.

2.2 자신감을 가지고 문제와 씨름하라.

현대그룹을 일으켜 세운 고 정주영 회장은 불도저라는 별명이 있었다. 이는 그가 한번 마음먹은 사업은 무섭게 밀어붙이는 특유의 추진력 때문에 붙여진 것이다. 그는 사람들이 대부분 조금만 어렵다 싶으면 제대로 해보지도 않은 채

'불가능하다'며 미리 포기한다고 말했다. 그런 사람들이 보기에 어떠한 모험도 마다하지 않고 도전하는 정회장이 황당하고 무지하게 보였기에 불도저라고 불렀으리라. 그는 간단히 해결할 수 있는 방법이 있는데도 안된다면서 아까운 시간과 돈을 낭비하는 사람들이 가장 답답하다고 했다.

정회장은 부하직원들을 야단칠 때 종종 "빈대만도 못한 사람"이라고 말했다고 한다. 부두에서 노동자 생활을 하던 시절 그는 밤마다 물어뜯는 빈대들과 전쟁을 치러야 했다. 몸에 기어오르는 빈대를 피하기 위해 큰 나무책상 다리 밑에 물그릇을 놓고 그 위에서 잠을 잤다. 효과 만점이었다. 두 다리를 쭉 뻗고 편안하게 잠을 잘 수 있었다. 하지만 잠시뿐이었다. 며칠 지나자 빈대들이 다시 물어뜯는 것이었다. 어떻게 된 일인가? 그는 자다 말고 일어나 불을 켜고 살펴보았다. 책상으로 기어 올라갈 수 없었던 빈대들이 이제는 벽을 타고 천장으로 올라가 책상으로 떨어지는 것이었다. 기상천외한 일이었다. 그 후부터 정회장은 "빈대도 머리를 쓰는데 하물며 사람이 해결하지 못할 일은 없다."는 말을 부하직원들에게 자주 하게 되었다고 한다.

로봇을 만드는 어느 벤처회사에서는 심리학자들에게 의뢰하여 연구개발부 직원들 가운데 창의력이 있는 직원들과 그렇지 않은 직원들 간에 차이를 조사하였다. 심리학자들은 직원들의 학력에서부터, 관심사, 심지어 좋아하는 색깔에 이르기까지 다양한 분야의 내용을 설문으로 조사하였다. 조사를 마친 후 그들이 발견했던 가장 중요한 차이점은 다음의 내용이었다. 창의력이 있는 사람은 자신이 창의력이 있다고 생각하고, 창의력이 없는 사람은 자신이 창의력이 없다고 생각한다. 바로 이것이다. 스스로 자신을 어떻게 생각하고 있는가? 창의력이 있다고 생각하는가? 문제에 부딪혔을 때 충분히 해결할 수 있다고 생각하는가? 이 물음에 대하여 "그렇다."라고 자신있게 대답할 수 있다면 그 사람은 문제를 해결해내는 창의적인 능력이 있는 것이다. 이처럼 자신감은 창의력을 발휘하는데 있어 중요한 원동력이 된다.

어떤 문제든지 해결할 수 있다고 믿고 자신있게 도전하는 사람에게는 길이 열리게 마련이다. 이러한 자신감은 우뇌를 활성화하여 다양한 아이디어를 찾을 수 있게 한다. 또한 쉽게 포기하지 않는 끈질긴 집념의 원천이 된다. 이와 반대로 자신감이 없는 사람은 작은 어려움만 있어도 하던 일을 중단하고 뒤로 물러선다. 문제를 해결하려 하기 보다는 문제해결이 불가능한 이유를 찾는다. 실패할 수밖에 없는 핑계거리를 늘어놓기 일쑤다. 결국 주어진 문제를 해결하느냐 해결하지 못하느냐 하는 것은 자신감에 우선적으로 달린 것이다. 마음가짐이 문제해결을 좌우한다는 말이다.

자신감을 무너뜨려 창의력을 약화시키는 대표적인 요인들로는 실패에 대한 강한 두려움, 타인을 의식하는 마음, 아이디어에 대하여 부정적으로 비판하는 주위 사람들이 있다. 우젝(T. Wujec)은 '다섯 개의 별'이라는 책에서 회사 내에서 창의성을 죽이는 30가지 말들을 소개하고 있다.

"일이 너무 많아."
"해본 일이 아닌데."
"보트를 흔들지 마라."
"꿈 깨라. 꿈에서 깨어나 현실을 보라."
"전에 해보았던 거잖아."
"좋은 지적이군. 하지만.."
"너무 비싸군."
"너나 잘 해."
"시간이 없네. 그려."
"좋은 아이디어. 하지만 가능할까?"
"사람들이 그것을 살까?"
"네가 상관할 바가 아니야."
"결코 그 회사를 따라잡지 못할 걸."
"당신은 그 한계를 벗어 날 수 없어."
"예산이 부족해."
"그대로 있어."
"너무 앞서 나가고 있군."
"너무 진보적이잖아."
"그것만으로 수지가 맞을까?"
"늙은 개에게 새로운 기술을 가르칠 수 없어."
"일할 수 없어."
"그 아이디어는 다음으로 미뤄."
"우리는 늘 그렇게 해왔어."

"너무 너무 힘들어."

"경영이 문제라니까."

"몽상가가 되지 말라니까."

"정말 미치겠군. 또 그 아이디어야."

"우리는 웃음거리 얼간이가 될거라구."

"그것은 어디서 조사한 거야?"

"전에는 그것 없이도 잘 살았다네."

이런 말들과는 정반대로 사람들에게 자신감을 불어넣어 창의력을 증진시키고 회사 내에 창의적 분위기를 조성하는데 도움을 주는 말들도 있다. 다음의 내용들을 눈여겨 살펴보라.

첫째로, 격려와 칭찬을 아끼지 않는다.

"조금만 더 하면 되겠군. 열심히 해보게."

"상당히 좋은 아이디어군. 효과가 기대되네."

"창의력은 나이나 학력에 관계없는 거라네."

"지금 아주 잘 진행되고 있네."

"불가능하다는 생각은 아예 떨쳐버리게."

둘째로, 일단 시도하도록 유도한다.

"내가 책임을 질 테니 염려하지 말고 할 수 있는 데까지 해 보게."

"비용문제는 걱정 말고 한번 해보게나."

셋째로, 기대를 보인다.

"그것도 해냈으니 이것도 잘 할 수 있을 걸세."

"이 일에 관한한 자네를 믿고 있네."

마지막으로, 협조한다.

"이런 관점에서 달리 생각해 보는 것은 어떨까?"

"그 생각 그럴 듯한데, 한번 같이 생각해 보세."

성장 발전하는 회사는 창의적인 분위기를 조성하여 직원들의 창의력을 극대화시키려고 노력한다. 직원들이 비록 실패하더라도 그 실패를 통하여 경험을 쌓으며 문제해결에 가까이 접근하도록 유도한다. 실패를 두려워하지 않는 마음이 있을 때 끊임없이 새로운 방법은 시도되며 결국 문제해결의 방법을 발견하게 된다. 문제해결을 경험할 때 직원들은 성취감을 맛보게 되며 자신감과 즐거움으로 회사업무에 몰입한다.

IBM창설자인 왓슨(T. Watson)이 회장으로 있을 때의 일이다. 한 간부가 위험부담이 큰 사업을 시도하였다가 천만달러가 넘는 엄청난 손실을 가져왔다. 왓슨에게 불려 들어온 그 간부는 의기소침한 표정으로 물었다. "저의 사표를 원하시는 거죠?"

그러자 왓슨은 당치도 않다는 표정을 지으면서 대답했다. "지금 농담하는건가? IBM은 자네의 교육비로 무려 천만달러나 투자했단 말일세."

자신감을 잃으면 뇌가 축소된다.

자신감과 자존감이 낮은 사람은 뇌가 축소되면서 기억력, 학습능력 같은 뇌의 기능이 저하된다는 연구결과가 나왔다. 캐나다 맥길대학의 소니아 루피엥 박사는 영국 런던에서 열린 왕립학회학술회의에서 이 같은 연구보고서를 발표했다고 BBC인터넷판이 보도했다. 루피엥박사는 노인 92명을 대상으로 15년간에 걸쳐 뇌조영과 뇌기능 테스트를 실시하였다. 그 결과 자신감이 결여된 사람들이 자신감이 강한 사람들에 비해 뇌의 크기가 20% 정도 작았고 기억과 학습능력도 현저히 떨어졌다고 밝혔다.

루피엥박사는 부정적인 생각을 지닌 사람이라도 심리치료를 통하여 생각하는 방식을 바꾸도록 가르치면 뇌기능의 저하를 회복할 수 있을 것으로 믿는다고 밝혔다. 또한 일부 동물실험과 임상실험 결과도 이를 증명하고 있다고 말했다. 나이를 먹으면서 기억력이 떨어질 것이라는 두려움은 자기충족적 예언일 수 있다. 이러한 불안은 부정적인 생각을 갖게 하고 이는 다시 뇌기능저하로 이어진다고 루피엥박사는 설명했다. 즉 무언가를 잃게 되는 것이 정상이라고 생각하게 되면 잃는 것을 되찾기 위한 노력을 하지 않게 된다는 것이다.

이 연구결과에 대해 켐브리지 대학의 펠리시어 후퍼트 박사는 일상생활에서 긍정적인 것들에만 신경을 쓰고 어려운 일이 있을 때도 작은 즐거움을 찾아 즐기는 것이 중요하다고 논평했다. (연합뉴스, 2003. 11/21)

2.3 긍정적으로 생각하라.

비관적이고 부정적인 감정은 사고를 편협하게 만들며 문제에 대한 해결의욕을 저하시킨다. 반면에 낙관적이고 긍정적인 생각은 문제에 대한 해결 가능성을 찾게 하고 도전에 대한 열정을 불러일으킨다. 아무리 힘들고 불행한 일이 있어도 긍정적으로 해석하고 해결책을 찾으려고 노력하면 반드시 극복할 수 있는 방안이 나오게 된다. 많은 경우에 위기는 불행한 얼굴을 하고 우리 앞에 모습을 나타낸다. 하지만 긍정적인 관점으로 바라보는 사람에게 위기는 새로운 기회의 다른 모습일 뿐이다.

에디슨은 9,000번 이상 실패를 거듭한 후에야 비로소 전구를 발명하였다. 어느 날 인터뷰하던 기자가 그 많은 실패에 대하여 어떻게 생각하느냐고 물었을 때 그는 대답했다. "실패라니요. 나는 한 번도 실패한 적이 없습니다. 단지 성공에 이르지 못하는 잘못된 길들을 찾아냈을 뿐입니다."

실패는 성공에 이르지 못하는 잘못된 길에 불과하다. 실패했다고 포기하지 말라. 그 길에서 돌이켜 성공을 향한 다른 길을 찾아나가라. 실패가 있기 때문에 결국 성공에 이를 수 있는 것이다. 이처럼 매사에 긍정적으로 생각하며 살아가는 사람은 실패를 겪는다고 해서 좌절하지 않는다. 그는 실패를 성공으로 인도하는 디딤돌로 여긴다. 다른 방법을 찾아 계속해서 도전한다. 성공할 때까지. 이것이 성공에 이르는 비결이다.

조그마한 접착성 종이쪽지인 포스트잇. 보고서의 가장자리나 전화기에 붙여두어 어떤 사실을 기억나게 하는 3M사의 히트상품이다. 실버(S. Silver)는 새로운 접착제를 연구하던 중 우연히 잘 붙지 않는 접착제를 만들게 되었다. 접착제가 제대로 붙지 않으니 잘못 만들어진 실패작이었다. 그러나 3M사는 혹시나 하는 생각으로 특허출원해 두었다.

이 제품의 쓰임새를 처음 인식한 것은 회사 동료인 프라이(A. Fry)였다. 그는 찬송가에서 다시 찾고 싶은 페이지마다 종이쪽지들을 끼워두곤 하였다. 어느 날 교회에서 찬송가를 집어 올리는 도중 끼워놓은 종이쪽지들이 쏟아져 흩어졌다. 떨어진 쪽지들을 주워 올리면서 머리속에 스쳐지나가는 생각이 있었다. 잘 붙지 않는 접착제를 페이지를 표시하는 용도로 사용하면 어떨까? 5년 전에 개발되었으나 아무도 사용하지 않았던 제품의 용도를 발견하게 된 것이다. 그 후

3M사는 포스트잇으로 인하여 천문학적인 매출을 올리게 되었다. 붙지 않는 접착제를 포스트잇으로 다시 태어나게 한 것은 실패작을 특허출원한 3M사와 그 용도를 찾아낸 프라이의 긍정적이고 적극적인 사고 때문이다.

손잡이가 있는 커피잔은 보통 바닥이 평평한 모양을 갖는다. 만일 누군가가 원뿔 모양으로 생긴 커피잔을 제안했다고 가정해보자. 밑이 뾰족한 커피잔에 대하여 당신은 어떻게 생각하겠는가?

"한심하군."

"이건 테이블에 올려놓을 수도 없잖아."

"똑바로 세울 수도 없는 이런 커피잔을 어디에 쓸 수 있겠어."

그러나 이렇게 생긴 커피잔을 이번에는 긍정적인 관점에서 생각해보자. 어떤 경우에 뾰족한 커피잔이 평평한 커피잔보다 유용하겠는가? 끝이 뾰족한 커피잔은 테이블에 앉아서 커피를 마시는 일반적인 상황에서는 전혀 쓸모없다. 하지만 해안가 모래백사장에 앉아 주문한 커피를 마신다고 생각해 보라. 모래바닥에 꽂아 세울 수 있는 원뿔모양의 유리잔은 밑면이 평평한 커피잔보다 더 유용할 수 있다. 좀 더 생각을 넓혀 보자. 테이블 한 구석에 작은 구멍을 만들어 놓고 뾰족한 커피잔을 끼워 고정시킨다면 고속버스나 비행기와 같이 좁고 흔들리는 곳에서는 더없이 편리할 것이다. 이들 외에도 끝이 뾰족한 커피잔이 유용한 상황을 얼마든지 생각해 낼 수 있을지 모른다.

고대 그리이스 철학자 헤라클레이토스가 남긴 경구 중에는 다음과 같은 말이 있다. "한계가 지혜를 낳는다."

이는 한계 상황에 봉착했을 때 돌파구를 찾아내는 지혜가 생겨난다는 의미다. 즉 문제가 없으면 아이디어가 생겨나지 않는다는 말과 맥락을 같이 한다. 시인들도 자유시를 쓸 때보다 정해진 운율에 맞춘 정형시를 쓸 때 더 많은 영감을 얻는다고 한다. 시인 프로스트(R. Frost)는 말했다. "자유시를 쓰는 것은 네트를 걸치지 않고 테니스를 치는 것과 같다."

2.4 다르게 생각하라.

개그맨 전유성은 기발한 아이디어로 유명하다. 그가 사람들에게 늘 강조하는 말은 "남들이 생각하지 못하는 것을 생각하라."는 것이다. 출강하는 대학에서 창의력에 관하여 가르칠 때 그는 학생들에게 질문을 하나 던져놓고 떠오르는 생각을 빈 종이에 채워나가도록 시킨다. 예를 들어 "손톱하면 다른 어떤 단어가 떠오르는가?" 이 질문을 들은 학생들은 생각나는 단어들을 종이에 모두 적기 시작한다. 매니큐어, 고양이, 두드러기, 기타줄, 등등.. 그런 다음 한 사람씩 돌아가면서 써놓은 단어들을 발표한다. 나머지 학생들은 같은 단어가 나올 때마다 종이에서 하나씩 지워나간다. 이런 식으로 발표하다 보면 지워지지 않은 채 종이에 남는 단어는 몇 개 되지 않는다. 지워지지 않은 단어가 몇 개나 남아있는지, 그리고 그 남은 단어가 질문과 관련이 있는지 여부에 따라 창의력 수준을 살필 수 있다는 것이다.

수학자 가우스(K. Gauss)가 8살 때의 일이다. 선생님은 잠시 쉴 틈을 얻기 위하여 어린 학생들에게 1부터 100까지 더하는 문제를 내주었다. 그는 아이들이 이 문제의 답을 구하려면 상당한 시간이 걸릴 것으로 생각했다. 그런데 어린 가우스는 문제를 보자마자 곧바로 5,050이라고 정답을 말하여 선생님을 놀라게 했다. 보통의 아이들 같으면 1 + 2 + 3 + ... 이렇게 계속 더해나가는 방식으로 답을 찾으려 했을 것이다. 그러나 가우스는 1 + 100 = 101, 2 + 99 = 101, 3 + 98 = 101... 으로 생각하여 결국 101 × 50 = 5,050의 정답을 찾아내었던 것이다. 다른 방법으로 해결책을 찾으려 하라. 그런 개방된 사고가 발상의 전환을 자극하여 창의적 아이디어를 이끌어낸다.

다르게 생각한다는 것은 일종의 생활습관이다. 평소 남과 다르게 생각하고 또 그렇게 생각하려고 의식적으로 노력하는 일이다. 하지만 전통적으로 우리나라 사람들은 '모난 돌이 정 맞는다.'고 하여 남과 다르게 생각하거나 행동하는 것을 금기시하는 경향이 있었다. 하지만 창의력을 중요시하는 21세기에서는 그런 획일화된 사고와 행동의 습관을 벗어던져야 한다. 이제는 남과 다르지 않으면 살아남을 수 없는 시대가 되었다. 치열한 경쟁 속에서 모난 돌이 더 진가를 발하게 된 것이다.

남과 다르게 생각하려면 무엇보다도 해결방법이 한가지라는 생각을 버려야 한다. 보다 새롭고 다양한 방법으로 남과 다른 해결책을 찾으려 하는 적극적인 자세가 필요하다. 남과 다르게 생각하는데 도움을 주는 유용한 접근방법들을 정리하면 다음과 같다.

첫째, 고정관념에서 벗어난다.

- 습관이나 관습에서 자유로우라.
- 당연하다고 생각한 것을 의심하고 '왜?'라고 질문을 던져라.
- 다른 방법을 찾아 적극적으로 시도해 보라.

둘째, 숨겨진 가정과 제약에 초점을 맞춘다.

- 문제에 숨겨진 가정이 있는지 살피고 없애라.
- 문제의 해결과정에서 무시된 변인들을 찾아 활용하라.
- 문제의 제약을 찾아내 제거하라.

세째, 역발상을 시도한다.

- 문제를 역으로 생각해 보라.
- 문제의 상황을 역이용하라.

넷째, 문제 자체를 변화시킨다.

- 문제를 아예 제거해 보라
- 주어진 문제를 다른 문제로 바꾸거나 재구성해보라.
- 문제의 상황을 바꾸어 보라.

1) 고정관념에서 벗어나라.

창의력에 있어서 가장 큰 장애요인은 고정관념이나 혹은 선입관이다. 사람은 일단 고정관념에 사로잡히게 되면 다른 가능성을 전혀 생각하지 못하게 된다. 그가 생각한 방법 외에 다른 길은 아예 보이지 않는다. 좌우를 살피지 않은 채 앞만 바라보고 간다. 한 마디로 꽉 막힌 사람이 된다. 우리는 사람을 대할 때나 일을 할 때 두루두루 살피며 여유를 가지고 행하는 것이 필요하다. 여러 가지 다양한 방법으로 유연하게 생각할 수 있는 융통성이 창의력을 이끌어낸다.

한 여행객이 짚을 가득 실은 수레를 끌고 국경지대에 나타났다. 그를 본 국경수비대 병사들은 의심이 생겨났다. 짚에는 관세가 부과되지 않지만 짚단 속에 무언가 숨겨져 있는 것 같았기 때문이다. 병사들은 짚단 속을 샅샅이 뒤져보았지만 아무 것도 발견할 수 없었다. 미심쩍었지만 여행객을 보내줄 수밖에 없었다. 며칠 후 그 여행객은 수레에 이번에는 거름을 잔뜩 싣고 나타났다. 또다시 의심이 생긴 병사들이 거름더미를 뒤졌지만 결과는 마찬가지였다. 이후 똑같은 일은 계속해서 반복되었다. 여행객은 수레에 땔나무, 자갈, 거름, 짚 등을 번갈아 실어 날랐고, 병사들은 수상한 밀수품을 찾을 수 없었다.

여행객은 왜 쓸모없는 것들을 열심히 실어 날랐을까? 여행객이 밀수를 하고 있다면 왜 물증은 나타나지 않는 것일까? 이런 이야기를 들은 적이 있다면 정답을 알고 있을 것이다. 들은 적이 없다고 해도 상관없다. 이야기의 정황을 살펴보면 여행객이 밀수한 물건이 무엇인지 쉽게 간파할 수 있기 때문이다. 이때 문제에 대한 답을 발견하려면 수레에 실린 것만이 밀수품일 것이라는 고정관념을 버려야 한다.

우리는 고정관념에 사로잡혀 한 가지 가능성만 당연하게 생각하고 다른 가능성을 전혀 생각하지 못하는 예를 얼마든지 찾을 수 있다. <그림 4-3>을 보라. <그림 4-3(a)>를 보게 되면 우리는 <그림 4-3(b)>와 같이 두 개의 동그라미가 일부 겹쳐진 것으로 생각하게 마련이다.

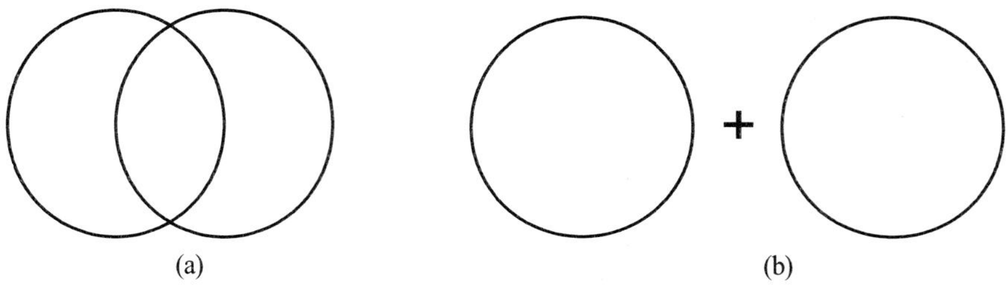

<그림 4-3> 겹쳐진 두개의 동그라미

그러나 <그림 4-3(a)>가 두 개의 동그라미가 일부 겹쳐진 것으로만 생각하는 것은 우리의 고정관념이다. 동일한 그림은 다른 조합으로도 만들어낼 수 있다. <그림 4-4>를 보라. 이 그림에서는 동그라미가 아닌 다른 도형을 조합하여 <그림 4-3(a)>를 만들어내고 있다. 그 밖에도 얼마든지 다른 다양한 도형의 조합을 생각할 수 있다. 이처럼 창의적 아이디어는 동일한 내용을 남과 다른 관점에서 보는 사람들에 의하여 얻어질 수 있다. 우리는 누구나 자신도 모르게 지니고 있는 고정관념이 있다. 평소에 다르게 생각하는 유연한 사고를 훈련하여 습관화함으로 그런 고정관념에서 해방되어야 한다.

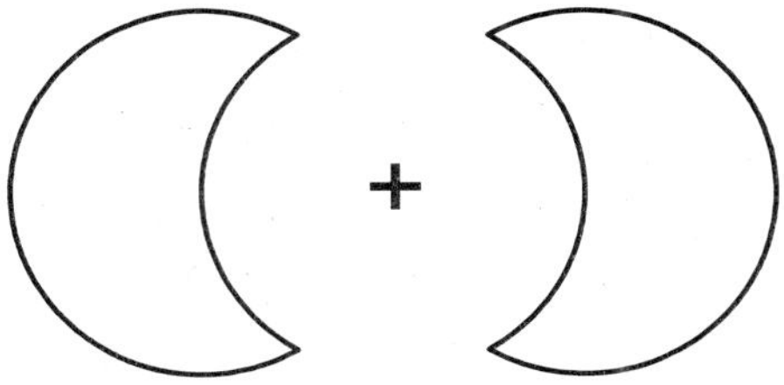

<그림 4-4> 다른 관점에서 본 도형의 조합

화가의 분노

가난한 무명 화가가 있었다. 그는 집 근처의 빵집에서 가장 싼 식빵을 가끔 한 보따리씩 사가곤 했다. 그가 굶주리며 어렵게 지내고 있다는 사실을 알고 있는 빵집 점원아가씨는 어느 날 식빵에 버터를 듬뿍 발라 화가 몰래 넣어주었다. 다음 날 화가는 화난 얼굴로 빵집에 나타나 크게 소리쳤다. "당신이 내 작품을 망쳤소!"

놀란 점원아가씨가 그 이유를 물었다. 그가 식빵을 사갔던 것은 먹기 위해서가 아니었다. 전람회에 제출하기 위해 심혈을 기울이고 있던 목탄화의 지우개로 쓰기 위해서였다. "버터가 발라진 식빵으로 그림을 지우는 바람에 작품에 얼룩이 생겼단 말이요."

빵집 아가씨는 착한 마음에서 한 일이었지만 결과적으로 화가의 작품을 망치고 말았다. 식빵은 단지 먹기 위한 음식이라는 고정관념 때문에 일어난 일이었다.

2) 다른 방법을 찾아 시도하라.

어떤 일이든지 당연한 것으로 생각하지 않는 태도는 다르게 생각하는 생활습관을 얻는데 있어서 매우 효과적이다. 사소한 것이라도 의문을 품고 그것이 과연 최선이고 가장 효과적인 해결방안인지 생각하라. 끊임없이 '왜?'라는 질문을 던져보라. 주어진 일들을 당연하게 받아들이는 것은 새로운 아이디어를 얻는데 있어 경계해야 할 큰 장애물이다. 다양한 관점으로 생각하고 다른 방법으로 시도하는 것은 의외의 좋은 결과를 가져오기도 한다.

미국의 포스베리(D. Fosbury)는 높이뛰기 선수였다. 1960년대까지 높이뛰기 코치들은 선수들에게 정면을 보면서 가로대를 향해 돌진하라고 지도했다. 이는 심리적으로 안정될 뿐만 아니라 뛰어오던 탄력을 십분 활용할 수 있는 방법으로 여겨졌기 때문이다. 그러나 포스베리는 몸을 비틀어 등으로 가로대를 넘는 새로운 기술을 선보였다. 사람들은 그를 비웃었다. 타임지에서는 가장 웃기는 높이뛰기 방법이라고 혹평하기도 했다. 그러나 포스베리는 연습을 거듭한 끝에 1968년 멕시코 올림픽에서 세계신기록을 세우며 금메달을 목에 걸었다. 이후 육상계에서는 그의 배면도약법을 '포스베리법'으로 부르게 되었다. 현재 전 세계 높이뛰기 선수들은 모두 배면도약법을 사용하고 있다.

<그림 4-5> 등으로 가로대를 넘는 높이뛰기 선수

<그림 4-6>은 캐나다 출신의 건축설계사인 게리(F. Gehry)에 의하여 설계 건축된 체코 프라하에 있는 네델란드 국립보험회사의 빌딩이다. 통상적으로 쌍둥이 빌딩은 균형과 대칭이 생명이다. 그러나 게리는 그러한 통념을 과감하게 파괴하고 일견 불안정해 보이기까지 하는 이 빌딩을 건축하였다. 미국의 Time지는 이 빌딩을 1996년도 최고의 디자인 건축물로 선정하였다. 이 빌딩은 체코 프라하의 명소가 되어 현재까지도 수많은 사람들의 발걸음을 멈추게 하고 있다.

<그림 4-6> 프라하의 네델란드 국립빌딩

중국 북송시대에 사마광이라는 아이가 있었다. 어느 날 함께 놀고 있던 한 아이가 그만 물이 가득 차있는 큰 항아리에 빠져버렸다. 마침 그 곳에 어른들은 없었다. 함께 놀던 다른 아이들이 어떻게 해야 할지 몰라 당황해 하고 있었다. 그러자 사마광은 큰 돌로 항아리를 깨뜨리고 물에 빠진 아이를 구해냈다. 급박한 상황에서 다른 방법을 착안해냈던 그 기지가 죽을 뻔했던 아이를 구했던 것이다.

똑같은 대상이라도 다른 관점에서 보고 생각하게 되면 다양한 관찰과 해석이 가능하게 된다. 우리 속담에 "지렁이도 밟으면 꿈틀거린다."는 말이 있다. 아무리 힘이 없는 사람이라고 해도 지나치게 억압당하면 저항하게 된다는 내용을 담고 있다. 하지만 이 속담을 다른 관점에서 생각한다면 전혀 다른 해석도 가능해진다. 지렁이를 밟았는데 여전히 꿈틀거리는 이유는 무엇일까? 지렁이를 제대로 밟아 죽이지 않았기 때문이라고 대답할 수도 있다.

늘 먹던 음식만 먹고, 같은 유형의 옷만 입으면서 변화를 기피하는 사람들에게는 발상의 전환이 쉽지 않다. 때로는 콜라와 커피를 섞어 마시거나 한복과 양복을 함께 입는 파격적인 생활태도로 상식이나 습관을 초월할 때 창의력은 증대된다.

3) 불필요한 가정이나 허구적 제약을 찾아 제거하라.

문제를 해결하는 과정에 불필요한 가정이나 허구적 제약이 추가되는 경우가 있다. 문제가 잘 풀리지 않는 경우 이러한 허구적 제약이나 가정들이 존재하는지 살피는 것도 좋은 방법이다. 문제의 해결을 어렵게 하는 제약을 찾아 제거한다면 의외로 남들이 생각하지 못한 획기적인 아이디어를 얻을 수 있다.

탐험가 콜럼버스는 그를 시기하는 스페인 대신들에게 계란을 주고 한쪽 끝으로 세워보라고 말했다. 대신들은 여러 번 시도했지만 다들 실패하였다. 그러자 콜럼버스는 계란의 한쪽 끝을 깨뜨리고 세워보였다. 대신들은 그렇게 세운다면 누군들 못하겠냐고 항의했다. 그러자 콜럼버스는 소리쳤다. "다른 사람을 따라 하는 것은 누구든지 할 수 있는 일이오."

그들은 달걀을 깨서 세우면 안 된다고 필요 이상으로 가정했던 것이다.

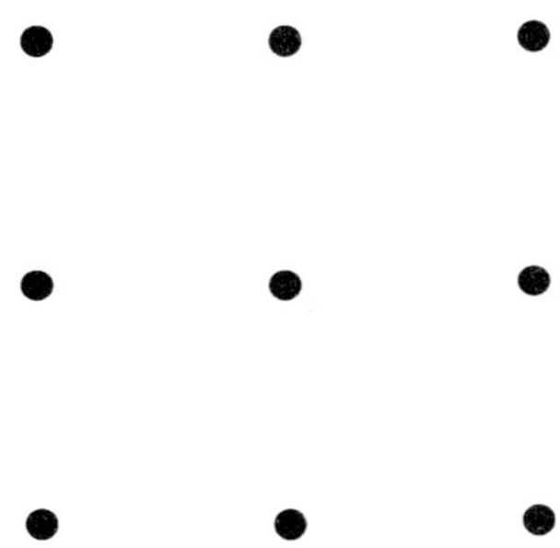

연필을 종이에서 떼지 말고 4개의 연결된 직선을 사용하여 오른편에 주어진 아홉 개의 점을 모두 지나도록 해보라. 이 문제를 처음 접했다면 그 방법을 찾기가 쉽지 않을 것이다. 자신이 의식하지 못하는 불필요한 허구적인 가정이 머릿속에 있기 때문이다. 먼저 그 허구적 가정을 발견해 내는 것이 중요하다. 그 가정만 바르게 인식한다면 주어진 문제의 해답을 찾는 것은 크게 어렵지 않다. 이 문제에 관하여 우리가 품고 있는 허구적인 가정은 그 한 가지뿐만이 아니다. 여러 많은 가정들이 있다. 이런 가정들을 찾아 제거한다면 3개 이하의 연결된 직선을 가지고도 주어진 아홉 점들을 모두 연결할 수 있을 것이다.

어느 회사에서 직원 단합대회 중 종이비행기 날리는 게임을 하였다. 먼저 직원들에게 종이를 한 장씩 나누어주고 비행기를 만들게 하였다. 그리고 약간 떨어진 바닥에 목표지점을 정해놓고 그 목표를 향하여 비행기를 날리게 하였다. 물론 목표지점에 가장 가까이 비행기를 날려 도착시키는 사람이 이기는 게임이다. 직원들은 종이비행기를 접고 한 사람씩 신중하게 날려 보았다. 하지만 목표지점 가까이에 종이비행기를 날려 도달하게 하는 일은 생각만큼 쉬운 일이 아니다. 날려진 비행기는 의도와는 달리 대부분 엉뚱한 곳에 떨어졌다.

직원 중 한 사람은 나누어준 종이로 비행기를 접는 대신 공처럼 동그랗게 말아서 던졌다. 그것은 목표지점에 가장 가깝게 도달했다. 그러자 다른 사람들은 그것이 종이비행기가 아니라고 항의했다. 과연 그들의 주장이 정당한 것일까? 종이비행기는 반드시 날개가 있어야만 할까? 이는 마음속에 정해놓은 허구적인 가정에 불과하다. 실제로 공 모양으로 생긴 비행기를 만들 수 있을지도 모른다. 이 게임에서 요구하는 것은 목표지점에 가까이 도달하는 것이다. 종이비행기의 생김새는 중요하지 않다.

4) 문제 내의 제약을 찾아내어 도전하라.

우리가 해결해야 할 문제들은 많은 제약을 품고 있다. 이 제약들을 만족하면서 가장 좋은 방법을 찾으려는 것이 문제해결의 목표다. 이러한 제약 가운데는 바로 앞에서 소개한 대로 불필요한 허구적 제약도 상당수 존재한다. 이들은 찾아서 제거하면 되지만 실제로 제약이 존재하고 있다면 우리는 이를 만족시키면서 문제를 풀어가야 한다. 여기서 한 가지 기억할 점이 있다. 주어진 제약에 대해서는 어떻게 할 수 없다고 생각하는 것이다. 그래서 누구도 감히 그 제약에 도전할 엄두를 내지 못한다. 이것 역시 고정관념일 수 있다. 과연 이 제약들은 철옹성같이 무너지지 않는 것일까?

결코 그렇지 않다. 세상이 흐름에 따라 우리의 모든 것들은 끊임없이 변하기 때문이다. 세상에 영원불변한 것이 없듯이 과거에 불가능했던 제약도 시간이 지남에 따라 해결 가능한 것으로 바뀔 수도 있다. 어릴 때 밧줄에 다리를 묶어 나무에 고정시켰던 아기 코끼리는 자라서 덩치 큰 어른 코끼리가 되어도 밧줄에 다리를 묶어 고정시키면 꼼짝하지 못한다고 한다. 어렸을 적에 다리를 묶였던 기억이 코끼리에게 불가능한 제약으로 머릿속에 각인되었던 것이다. 우리에게도 이렇듯 각인된 제약이 없는지 살펴보아야 한다. 예전에는 불가능했지만 지금은 가능할 수도 있다. 과감하게 제약을 향하여 도전장을 내밀 필요가 있다.

일본의 고속열차인 신칸센은 기존의 제약을 과감히 타파하여 성공한 훌륭한 사례다. 당시 열차를 설계할 때 사람들은 기관차가 객차를 끌어야 하는 것으로 생각했다. 또한 험한 지형을 만나면 우회하여 철로를 부설하였다. 그러나 신칸센을 개발할 때는 이러한 제약을 과감히 파괴하였다. 신칸센은 모든 객차에 전기가동엔진을 장착하였다. 그리고 철로를 직선으로 부설하기 위하여 험한 지형을 만나면 산을 무너뜨려 평평하게 만들거나 아니면 터널을 뚫었다. 기존의 상식을 뛰어넘은 신칸센은 이전에 62시간 걸리던 오사카와 도쿄 구간을 단 3시간 10분 만에 주파하였다.

어느 대규모 완두콩 재배농장에서는 추수 때마다 초비상에 들어간다. 많은 인력과 장비를 동원하여 밤낮 없이 작업하지만 여전히 일손이 부족하였다. 미처 따지 못한 콩들은 품질이 저하되어 경제적으로 막대한 손실을 입게 된다. 농장에서는 올해도 이 문제를 해결하기 위하여 더 좋은 기계를 도입하고, 더 많은 일꾼을 동원하고, 효과적으로 수확하는 기술을 가르치고, 야근을 시키는 등 다양한 방법을 계획하고 있다.

그러나 여기서 그들이 검토하지 못한 것이 있다. 현재 그들이 안고 있는 문제의 근원적인 제약이 무엇인지 살펴보지 않은 것이다. 왜 이들이 많은 비용을 들여 힘들게 작업해야 하는가? 그것은 추수기간이 짧기 때문이다. 이것이 이 농장이 가지고 있는 문제의 근본적인 제약이다. 지금까지는 짧은 추수기간이라는 제약에 대하여 어쩔 수 없다고 단념해 왔다. 하지만 이 제약을 완화시켜 추수기간을 늘릴 수만 있다면 적은 비용으로 쉽게 추수할 수 있게 될지도 모른다. 독자들은 완두콩의 추수기간을 늘일 수 있는 방법을 한번 생각해 보기 바란다. 만약 그 방법을 찾을 수 없다면 예전의 방법대로 밤낮없이 바쁘게 작업을 해야 할 것이다.

5) 역발상을 시도하라.

역발상이란 거꾸로 혹은 반대로 뒤집어서 생각하는 것이다. 주어진 문제를 반대로 생각할 때 의외로 좋은 아이디어를 얻게 되는 일은 자주 있다. 폴란드의 천문학자 코페르니쿠스(N. Copernicus)는 당시 태양을 포함한 모든 행성들이 지구를 중심으로 돌고 있다고 믿었던 사람들의 상식에 의문을 품었다. 그는 태양이 지구 주위를 도는 것이 아니라 지구가 태양을 중심으로 돌아가는 것이 아닐까 생각하였다. 이는 역발상이었다. 그는 연구를 거듭한 끝에 기존의 천동설을 뒤엎고 지동설을 발표하였다. 그의 지동설은 천문학뿐만 아니라 다른 학문들과 사람들의 일상생활에 이르기까지 도처에 큰 변화를 끼쳤다.

초기에 천연두를 연구하던 사람들은 천연두에 걸린 사람을 중심으로 천연두 치료법을 연구하였다. '사람들이 왜 천연두에 걸리는가?' 그러나 제너(E. Jenner)

는 천연두에 걸린 사람이 아니라 천연두에 한 번도 걸리지 않은 사람들을 대상으로 연구하였다. 그는 목축장에서 일하는 사람들이 천연두에 걸리지 않는다는 사실을 발견하고 '목축장에서 일하는 사람들은 왜 천연두에 걸리지 않는가?'하는 문제를 가지고 연구하였다. 다른 연구자들과 반대로 생각했던 그의 연구로 말미암아 우두접종은 발견되었고, 천연두로부터 수많은 사람들의 생명을 구하게 되었다.

역발상에 의한 사례들은 우리 주위에서 흔하게 찾아 볼 수 있다. 보통 김밥은 김을 외피로 사용하여 내용물인 밥을 둘러싸고 있다. 하지만 누드김밥은 그 반대다. 김이 안으로 말려 들어가고 밥이 바깥에 드러나 있다. 뷔페식당도 역발상의 예다. 보통 음식점에서는 손님이 들어와 자리에 앉아 주문하게 되면 종업원들이 음식을 가져온다. 하지만 뷔페식당에서는 손님이 이동하여 원하는 음식을 가져와 먹는다.

문제해결을 위하여 상황을 역이용하는 것도 역발상으로 생각할 수 있다. 메사추세츠 주에 있는 딘 주니어 칼리지(Dean Junior College)는 직장인들을 위한 정규대학과정을 개설하였다. 그런데 예상 외로 개설된 과정에 지원자가 거의 없어 대학은 큰 고민에 빠지게 되었다. 당시 대부분 기차를 이용하여 통근을 하던 직장인들에게 대학 정규과정은 무리였던 것이다. 문제에 봉착한 대학은 새로운 방법을 모색하였다. 보스턴을 오가는 통근기차 내에서 강의하는 수업을 기획하였다. 예상보다 많은 직장인들이 대학에 등록하였다. 출퇴근시간을 활용하여 대학과정을 이수할 수 있었기 때문이다. 그들은 주중에는 통근기차에서 수업을 들었고 주말에만 시험을 치르기 위하여 학교에 갔다.

6) 문제의 제거를 시도한다.

문제를 해결하려고 노력하는 대신 문제 자체를 제거하는 방법을 찾아 시도할 때 기상천외한 아이디어를 얻기도 한다. 문제 자체를 제거하는 것은 최상의 아이디어라고 말할 수 있다. 그 문제와 관련해서는 더 이상의 개선을 추구할 필요가 없기 때문이다.

전화기에서 송수화기와 몸체를 잇는 연결선은 많은 개선이 이루어져왔다. 처음 송수화기와 몸체는 일반 전기줄같이 평범하게 생긴 선으로 연결되어 있었다. 이는 사용하는데 상당히 불편했다. 연결선이 짧으면 송수화기의 이동이 제한되었고, 연결선이 길어지면 늘어진 선을 관리하기가 곤란했다. 이 문제점을 개선한 것이 오늘날 일반 전화기에서 흔히 볼 수 있는 코일 모양의 연결선이다. 코일 연결선은 전화기를 사용할 때는 여유있게 늘어났다가 사용하지 않을 때는 줄어들어 매우 편리했다. 그러나 이 역시 불편한 점이 남아 있었다. 전화기를 오래 사용하다 보면 코일 모양의 연결선이 자체적으로 꼬여 엉키기 때문이었다. 이런 꼬임의 문제를 방지하는 전화기들이 몇몇 출시되기도 하였다. 하지만 연결선에서 발생할 수 있는 모든 문제점들을 근원적으로 해결한 제품이 나타났다. 연결선을 아예 제거해 버린 무선전화기가 개발된 것이다.

가성소다를 제조하는 어느 회사에서는 원료저장탱크의 지붕이 자주 부식되어 이를 교체하는 방안을 모색하고 있었다. 부식이 덜 일어나는 재료를 사용하여 뚜껑을 만드는 방법, 부식 방지 페인트를 사용하는 방법 등 여러 방안들이 거론되었다. 이 때 참석자 중 한 사람이 뜻밖의 질문을 던졌다. “원료저장탱크에 지붕이 꼭 필요합니까?”

어느 누구도 그런 의문을 가져 본 적이 없었다. 당연히 필요한 것이라고 생각했기 때문이다. 저장탱크에 지붕이 없으면 눈비가 들어가 원료가 희석될 수 있었다. 흙먼지같은 이물질이 탱크 안에 들어갈 수도 있었다. 하지만 원료는 정제과정을 지나게 되므로 사용하는 데 전혀 지장이 없었다. 그 회사에서는 원료저장 탱크의 지붕을 없애기로 결정하였다.

2.5 많은 정보를 수집하라.

창의적 아이디어는 낡은 정보들의 새로운 조합이라는 말이 있다. 많은 정보를 가지고 있는 것이 창의력을 얻는데 있어 크게 도움이 된다는 점을 강조한 말이다. 다양한 정보를 많이 소유한 사람일수록 창의적 아이디어를 창출할 가능성은 더 커진다. 날마다 새로운 것을 살피려고 하고 미처 알지 못했던 세계를 경험해 보려고 노력하라. 똑같은 대상을 보더라도 다른 관점과 마음가짐으로 바라보아라. 이전에 전혀 느끼지 못했던 새로운 의미와 감동으로 마음에 와 닿게 될 것이다. 우리의 생활 속에서 보다 많은 정보를 얻기 위한 습관과 방법으로는 다음과 같은 것들이 있다.

- 새로운 것에 늘 호기심을 가지고 관찰하라.

- 다양한 사람들과의 자주 대화하고 특히 경청하라.
- 여러 분야의 책을 많이 읽고 곰곰이 생각하라.
- 낯선 곳으로 여행을 떠나라.
- 필기구를 늘 지참하고 생각이 떠오를 때마다 기록하라.

정규교육과 창의력의 장애

이상하게 들릴지 모르겠으나 체계적인 지식을 받지 못한 사람이 창의적으로 생각하는 데는 더 유리할 수도 있다. 교육과 훈련과정을 통하여 전문적인 지식을 배우게 되면 수많은 가정들이 주입되어 자칫 선입견으로 사고가 굳어질 수 있기 때문이다.

이태리의 말코니는 자신이 발명한 무선기의 출력을 높여 대서양 너머로 무선전파를 전송하는 아이디어를 생각해 냈다. 하지만 당시의 전문가들은 말코니의 그런 생각을 비웃었다. 전파는 직진하는 성질을 가지므로 지표면을 따라가지 않고 지구 밖 우주공간으로 사라지게 될 것이라는 주장이었다. 당시의 과학지식에서 판단할 때 전문가들의 주장은 옳았다. 그러나 말코니는 자신의 신념을 굽히지 않았다. 강력한 송신기와 성능이 좋은 수신기 개발에 몰두한 끝에 결국 1895년 장거리 무선통신에 성공하였다.

어떻게 이런 불가능한 일이 가능하게 되었을까? 당시에는 대기권 상층에 전리층이 존재한다는 사실을 알지 못했다. 우주로 향했던 말코니의 무선전파는 지구를 둘러싼 전리층에서 반사되어 지구 저편으로 되돌아왔던 것이다. 말코니가 당시의 과학적 지식을 그대로 믿고 따랐다면 무선통신 개발에 도전하지 못했을 것이다. 그는 알려진 지식을 무시하고 감각적으로 도전하여 누구도 예상하지 못한 놀라운 결과를 얻어냈다.

이런 점에서는 초등학교조차 제대로 마치지 못한 고 정주영 회장을 빼놓을 수 없다. 그는 체계적인 정규 교육을 받지 못했다. 하지만 번뜩이는 그의 아이디어는 박사학위를 가진 회사 내의 전문가들조차 손들었던 많은 난제들을 해결하곤 하였다. 사람들은 학교 교육을 제대로 못 받은 그가 어떻게 그 같은 아이디어를 낼 수 있을까 의아스러워한다. 그의 뛰어난 아이디어는 젊어서부터 일선 현장에서 쌓았던 다양한 경험들이 밑거름이 되었을 것은 두말할 필요도 없다. 하지만 정규 교육을 제대로 받지 못했다는 사실도 그의 창의력에 어느 정도 일조를 한 것은 아니었을까?

2.6 열정적인 집념을 지니라.

창의적 아이디어를 얻기 위해 우뇌를 작동시키려면 그 이전에 문제해결을 위한 충분한 좌뇌의 활동이 있어야 한다. 이는 문제해결의 영감을 얻을 때까지 자신의 모든 에너지를 다 쏟아 넣는 열정적인 노력이 있어야 한다는 것이다. 미국의 발명가 에디슨(T. Edison)은 "천재란 1퍼센트의 영감과 99퍼센트의 땀으로 이루어진다."고 말하였다. 역설적인 이야기처럼 들리지만 창의적 사고는 창의적이지 않은 99퍼센트의 노력의 결과로 나타난다는 말이다.

독일의 시인 괴테(J. Goethe)는 이를 다음과 같이 형상적으로 표현했다. "아무리 애를 써도 전혀 생각이 떠오르지 않는 것만큼 최악의 고통스런 상황은 없다. 생각은 순간적으로 떠오르게 된다. 그러나 내가 열심히 노력하며 찾지 않으면 생각은 절대 그 모습을 드러내지 않는다. 나는 문제를 해결하기 위하여 심혈을 기울인다. 그렇지만 해결방안은 떠오르지 않는다. 그러다가 지쳐 모든 것을 포기하게 되면 그때서야 생각은 슬며시 내 앞으로 나타난다. 하지만 내가 힘써 노력하며 문을 열어놓지 않았다면 그 생각이 어찌 문 안으로 들어오겠는가?"

문제해결의 아이디어를 얻으려 한다면 문제를 붙들고 끝까지 늘어져야 한다. 세상의 그 무엇도 집요함을 당할 수는 없다.

열정적인 집념은 시간적으로 제한을 받을 때 더욱 강화되기도 한다. 예를 들어 마감일이 임박했을 때 문제 해결의 아이디어가 쏟아져 나오는 것은 자주 경험하는 일이다. 사실 시간의 한계를 정하지 않으면 문제에 깊이 몰두하지 않게 되어 아이디어는 잘 나오지 않는 경향이 있다.

1840년 미국의 발명가 헌트(W. Hunt)는 헤스터라는 여인을 사랑하고 있었다. 그는 용기를 내어 그녀의 아버지를 찾아갔다. 그러나 그녀의 아버지는 헌트가 가난하다는 이유로 결혼을 거절하였다. 헌트가 집요하게 결혼을 간청하자 헤스터의 아버지는 조건을 내걸었다. 열흘 내에 천 달러를 벌어오라는 것이었다. 당시 천 달러는 집 한 채 값에 해당하는 큰 돈이었다. 이런 거금을 어떻게 10일 안에 벌어올 수 있을까? 암담해 하던 헌트의 머릿속을 스쳐가는 생각이 있었다.

그 무렵 미국인들은 부활절 같은 행사 때에 바늘 모양의 일자형 핀으로 리본을 꽂았다. 하지만 바늘 모양의 핀은 제대로 고정되지 않았으며, 포옹하는 경우 자칫 바늘에 찔리는 위험까지 있었다. 헌트는 사람들이 안전하게 사용할 수 있는 핀을 만들겠다고 생각했다. 밤낮 연구에 몰두했던 헌트는 9일째 되던 날 안전핀을 완성하였다. 그는 특허출원을 마치기 무섭게 근처 리본가게에 특허권을 1천 달러에 팔았다. 그리고 당당하게 결혼을 승낙받았다. 헌트의 특허를 사들였던 리본가게는 전 세계에 안전핀을 팔아 백만장자가 되었다.

당신도 마감시간을 정해놓고 일해보라. 그 마감시간이 집중력을 발휘하게 하여 놀라운 성과를 가져다 줄 것이다.

창의력의 요소

그리스 신들 가운데 최고 지배자인 제우스는 비, 번개, 눈, 우박과 같은 날씨를 맡아 다스리는 신이다. 제우스는 기억의 여신인 므네모시네와 결혼하여 아홉 명의 뮤즈를 낳았다. 뮤즈는 미술, 음악, 문학과 같이 다양한 창의적 활동을 담당하는 여신들이다. 기억을 상징하는 므네모시네와 힘을 상징하는 제우스가 만나 창의력을 상징하는 뮤즈가 탄생한 것이다. 뮤즈 탄생의 신화는 창의력이 지식과 정보의 기억과 내적 동기부여의 강력한 힘이 결합할 때 생겨나는 것임을 말해준다.

2.7 몸과 마음을 편안하게 하라.

창의적 아이디어는 억지로 짜내는 것이 아니라 제 발로 찾아오는 것이다. 좌뇌에서 의식적으로 노력하여 수집한 정보들을 기초로 하여 무의식적으로 우뇌가 활동할 때 아이디어는 자연스럽게 떠오른다. 따라서 어떤 문제에 깊이 몰두했는데도 별다른 해결책이 떠오르지 않는다면 잠시 쉬면서 그 문제를 우뇌에 맡기는 것이 최선책이다. 필자는 잘 해결되지 않는 문제가 있을 때마다 머리도 식힐 겸 아이디어를 얻기 위하여 산책을 나서곤 한다. 문제를 잠시 잊어버리고 편안하게 산책을 즐기다 보면 어느 순간 문제 해결에 필요한 아이디어가 머리를 내밀고 나올 때가 많다. 이들은 책상에 앉아서 고민하며 골똘히 생각할 때는 전혀 떠오르지 않던 내용들이다. 이처럼 참신한 아이디어가 필요할 경우 우뇌가 활동할 수 있도록 몸과 마음을 편안하게 환경을 조성할 필요가 있다. 산책하거나, 잠을 자거나, 묵상하거나, 사람들과 대화하거나, 목욕하는 일들은 우뇌를 활성화시키는 대표적인 방법들이다.

2.8 우연한 일에 관심을 가져라.

창의적인 사람들은 일반 사람들보다 호기심이 많다. 따라서 남들이 당연시하거나 무심코 지나치는 일에 의문을 품고 해답을 찾아내곤 한다. 그들은 문제를 해결하는 능력 이전에 문제를 발견해내는 능력이 탁월한 사람들이다.

독일의 물리학자 뢴트겐(W. Röntgen)은 음극선 실험을 하면서 스크린 변두리에 나타나는 특이한 녹색 빛에 주목하였다. 다른 과학자들도 그 녹색 빛을 보았다. 하지만 그런 현상이 음극선에 대한 기존 지식에 잘 맞지 않으므로 그냥 무시하고 지나쳤다. 뢴트겐은 그 녹색 빛에 관심을 가지고 연구하였다. 그 결과 그 녹색 빛이 새로운 종류의 방사선이라는 사실이 밝혀졌고 X선으로 명명되었다. 이 업적으로 렌트겐은 노벨 물리학상의 수상자가 되었다.

페니실린은 영국의 세균학자인 플레밍(A. Fleming)에 의하여 발견되었다. 그가 배양하던 포도상구균의 배양기에 우연히 푸른곰팡이가 발생하였다. 배양기에 곰팡이가 생기게 되면 그 배양은 실패한 것으로 처리되어 배양기의 모든 내용물들을 폐기하는 것이 보통이다. 그러나 세심한 관찰력을 가졌던 플레밍은 푸른곰팡이 주위의 균들이 모두 죽어있다는 사실을 발견하였다. 그는 많은 연구와 실험을 통하여 푸른곰팡이로부터 페니실린을 추출하여 최초의 항생제를 개발하게 되었다. 한 의학자의 뛰어난 관찰력이 이후 수십만 사람들의 목숨을 구할 수 있게 된 것이다.

3. 창의력의 훈련방법

당신은 창의력을 선천적으로 타고나는 재능으로만 여기는가? 교육과 훈련은 창의력에 별반 도움이 되지 않는다고 생각하는가? 만일 창의력이 타고난 재능에 의해서만 얻어지는 것이라면 우리는 창의력을 위하여 아무 것도 노력할 필요가 없다. 이러한 주장을 하는 사람들은 모차르트, 아인슈타인, 미켈란젤로와 같은 천재적인 창의적 인물들을 예로 들곤 한다. 물론 이들처럼 창의력이 뛰어난 인물들의 경우 타고난 재능을 무시할 수는 없다.

그러나 이러한 사실이 창의력 훈련이 소용없다는 창의력훈련 무용론을 뒷받

침하지는 못한다. 그들의 주장은 우리는 아인슈타인과 같은 천재적인 과학자가 될 수 없으므로 과학을 배울 필요가 없다는 말과 다를 바 없는 것이다. 비록 천부적인 재능을 지닌 천재들에게는 못 미치겠지만 수학, 과학, 피아노, 바둑, 축구 등 모든 분야들을 배우고 훈련하는 것은 자신의 잠재된 기량을 표출시키고 발달시키는데 있어 상당히 유용하다. 창의력도 마찬가지다. 창의력을 훈련시킬 때 각 사람마다 결과는 다르게 나타나겠지만, 전체적으로는 어느 수준까지 창의력을 높일 수 있다. 이제부터 창의력 향상에 도움을 주는 여러 훈련 방법들을 소개한다.

3.1 관련이 없는 것들 간의 공통점을 찾는다.

창의력이 탁월한 사람들은 대부분 유머감각이 뛰어난 것이 특징이다. 유머와 창의력에는 공통점이 있기 때문이다. 유머의 내용을 살펴보라. 대부분의 유머는 관련이 없는 두 가지 이상의 내용들을 상대방이 예상하지 못한 방식으로 절묘하게 연관시키고 있다. 창의력도 마찬가지다. 누구나 쉽게 생각할 수 있는 수준으로는 창의력을 기대할 수 없다. 창의적인 사람들은 다양한 지식들을 조합하여 보통 사람들이 생각하지 못하는 새로운 연결을 찾는 능력이 뛰어난 사람들이다.

KBS TV에서 방영되는 개그콘서트라는 프로그램에는 한 때 '우격다짐'이라는 인기 코너가 있었다. 모 개그맨에 의하여 단독으로 진행된 코너였는데 방영되었던 개그 가운데 한 가지를 소개한다.

> [개그맨] "내 개그는 정화조야."
> [관객들] "왜?"
> [개그맨] "터지면 큰 일 나지!"
> [관객들] 폭소

여기서 개그와 정화조는 '터지면 큰일난다'는 공통점으로 연관되어 관객을 웃게 만들고 있다. 이는 관련 없는 두 대상을 의외의 방법으로 연결시킨 창의적 아이디어다. 이처럼 관련이 없는 내용들로부터 공통점을 찾게 하는 것은 사고를 유연하게 하고 창의력을 향상시키는데 도움을 줄 수 있다.

언젠가 학생들에게 '고양이'와 '김치'로부터 공통점을 찾아보라고 퀴즈를 낸 적이 있다. 여러 가지 대답들이 많이 나왔는데 그들 중에 대표적인 것들은 다음과 같다.

- 'ㄱ'자로 시작해서 모음 'ㅣ' 로 끝난다.
- 집에서 살지만 밖에 버려지기도 한다.
- 오래 될수록 늘어진다.
- 오래 내버려두면 고약한 냄새가 난다.
- 음식이다.
- 적응(조화)을 잘한다.
- 식사시간에만 친근하다.
- 10획이다.

창의력과 유머

창의력이 우수한 사람들은 대체로 유머감각도 뛰어나다. 창의력과 유머감각은 동일한 사고력을 기반으로 생겨나기 때문이다. 창의력은 관련 없는 정보들을 연관시켜 유익한 효과를 얻게 한다. 유머 역시 관련 없는 내용들을 연관시켜 사람들의 웃음을 유발한다.

창의력과 유머는 그 발상과정에 있어 공통된 특징이 있다. 첫째로, 유머는 마음에 여유가 있을 때 나오게 된다. 스트레스로 몸이 피곤하고 조바심으로 마음이 긴장된 상태에서는 유머가 나오지 않는다. 주위여건이 힘들고 업무마감 시한이 촉박해도 마음의 여유를 잃지 않는 사람은 늘 유머가 따르게 된다. 둘째로, 유머는 남과 다르게 생각하려는 사람의 전유물이다. 남과 다르게 생각하는 사람은 다른 사람들의 생각을 뛰어넘거나 반전시키는 능력을 가지고 있다. 아무도 예상하지 못한 말을 던질 때 주위 사람들은 웃음으로 화답하게 된다. 마지막으로, 유머는 긍정적인 사고를 지닌 사람에게 가능하다. 긍정적인 사고를 가진 사람은 따뜻한 마음과 밝은 태도 그리고 자신감이 있다. 이들은 대화를 할 때 상대방을 배려할 줄 안다. 상황이 어려워도 긍정적으로 문제를 바라보며 희망찬 방향으로 이끌어간다. 유머를 통하여 밝고 유쾌한 분위기를 만들어낸다. 이와 반대로 부정적인 사고를 가진 사람은 유머를 하기 어렵다. 억지로 시도하여도 그의 유머에는 부정적인 내용이 담겨져 있어 듣는 사람들의 마음을 상하게 만들기 쉽다. 마음의 여유, 남과 다르게 생각하려는 자세, 긍정적 사고, 이 세 가지 요소는 창의력과 유머의 공통점이다.

이제 소개할 링컨의 유머로부터 앞서 언급한 유머의 세 가지 요소를 찾아보자. 공화당 대통령 후보 지명을 위하여 치열한 토론을 벌였던 상원의원 라이벌 더글러스는 대통령 후보 합동회견 자리에서 링컨을 공격하였다.

"링컨은 말만 그럴 듯하게 하는 두 얼굴을 가진 이중인격자입니다."

링컨은 당황하지 않고 차분한 목소리로 응수하였다.

"더글러스 후보가 저를 가리켜 두 얼굴을 가진 사람이라고 몰아붙이고 있습니다. 하지만 잘 생각해 보시기 바랍니다. 제가 두 얼굴을 가진 사람이라면 오늘같이 중요한 날 왜 이렇게 못 생긴 얼굴을 가지고 이 자리에 나왔겠습니까?"

3.2 사물의 일부로 전체를 파악한다.

그림의 일부를 보여주고 전체가 어떤 그림인지 상상하게 하는 것 또한 창의력 발달에 도움을 준다. 이처럼 사물의 일부만 보고 전체의 모습을 파악하는 능력을 '패턴 인식력'이라고 한다. 많은 사람들 중에서 식구들의 얼굴을 쉽게 찾을 수 있는 것도 눈매, 코의 모양 등 얼굴 부분의 특징을 패턴으로 파악하여 얼굴을 기억하기 때문이다.

패턴인식력은 그림에만 적용되는 것이 아니다. 주변에서 일어나는 현상들도 패턴화하면 그 속에 숨어있는 일관된 흐름이나 다른 사람들이 미처 발견하지 못한 새로운 내용을 발견할 수 있게 된다. 이처럼 패턴인식력이 뛰어난 사람은 사건이나 상황이 매우 혼잡하더라도 다양한 관점으로 그 속에 숨겨있는 원리나 규칙을 잘 찾아내는 능력이 있다. 다음의 퀴즈를 풀어보라.

1 + 4 = 5, 1 + 3 = 6, 3 + 5 = 2 일 때 2 + 5는 얼마가 되겠는가?

여기서 계산식에 사용된 연산자 + 표시는 단순히 더하기를 의미하는 것이 아니라는 사실을 독자는 쉽게 눈치챘을 것이다. 그렇다면 주어진 문제 2 + 5의 해답을 구하기 위하여 앞서 주어진 3개의 관계식으로부터 공통적으로 적용되는 규칙을 찾아야 할 것이다. 어떤 규칙을 생각할 수 있겠는가? 가장 쉽게 찾을 수 있는 규칙은 계산식에 사용된 3개의 수치를 더할 때 모두 10이 된다는 사실이다. 따라서 2 + 5 = 3이 된다. 물론 독자들 중에서는 또 다른 규칙을 찾아낼 수도 있다.

창의력이 풍부한 사람은 사물을 패턴으로 인식하고 그 아이디어를 패턴으로 처리하는 능력이 뛰어나다. 창의적인 발상은 대개의 경우 순간적인 패턴으로 머리에 떠오르게 된다. 창의적인 사람들은 새로운 작품이나 발명을 할 때 아이디어의 작은 부분으로부터 하나의 패턴을 얻어 일을 추진해 나간다. 주어진 상황에서 패턴을 인식하게 되면 문제를 쉽게 이해할 수 있으며 앞으로 일어날 일을 미리 예측할 수 있다는 잇점이 있다. 우리가 자연현상에서 나타난 사실들을 근거로 하여 발견하게 되는 원리나 법칙이라는 것도 알고 보면 결국 패턴을 찾는 과정이다.

3.3 문제의 해결을 다른 관점에서 접근한다.

<그림 4-7(a)>는 꽃병처럼 보인다. 그러나 관점을 바꾸어 배경 위주로 보면 두 사람이 얼굴을 마주 보는 것 같기도 하다. 이처럼 주어진 문제를 어떤 관점에서 보느냐에 따라 전혀 다른 내용으로 보이기도 한다. 그 옆에 있는 <그림 4-7(b)>는 왼편으로 달려가는 토끼처럼 보인다. 그러나 그림을 시계방향으로 90도 돌려서 보게 되면 영락없이 서있는 오리의 모습으로 나타난다. 이처럼 약간 방향을 바꾸어 바라보는 지혜, 바로 거기에서 남들이 보지 못하는 것들을 보게 되고 남들이 생각해내지 못한 기발한 아이디어가 생겨난다.

(a)

(b)

<그림 4-7> 보는 관점에 따라 바뀌는 모양

국내에서 2001년에 개봉되었던 '달마야 놀자'라는 영화를 본 적이 있는가? 그 영화에서는 주지스님과 건달들 간에 깨진 독을 물로 채우는 시합 장면이 나온다. 건달들은 깨진 독에 물을 채우려고 온갖 수작을 다 벌인다. 일당 중 하나는 자신의 배로 독의 깨진 부분을 막고 물을 부어보기도 한다. 이 방법, 저 방법 동원해도 안 되니 아예 포기해 버리고 깨진 독을 연못 속에 던져버린다. 그러자 깨진 독에는 물이 가득 채워진다.

<그림 4-8> 영화 '달마야 놀자'의 한 장면

에디슨은 함께 일하는 연구원에게 전구의 부피를 계산해 달라고 부탁했다. 반나절쯤 지나 돌아왔을 때 연구원은 여전히 전구의 부피를 계산하느라 여념이 없었다. 그의 책상 위에는 수학공식이 적힌 종이들이 여기저기 널려 있었다. 에디슨은 왜 이렇게 오래 시간이 걸리느냐고 말하고는 단 몇 분 만에 전구의 부피를 구하였다. 에디슨은 어떤 방법을 사용했을까? 생각해 보라.

3.4 사물의 다른 용도를 찾는다.

이 세상에 존재하는 모든 사물은 그 나름의 고유한 용도가 있다. 예를 들어 망치는 못을 박기 위한 것이고, 연필은 글씨를 쓰기 위한 것이다. 하지만 망치를 못을 박는 데만 사용한다는 것은 일종의 고정관념이다. 망치를 못 박는 용도로만 사용한다는 생각에서 벗어나 다른 관점에서 생각해 보라. 망치의 여러 다양한 용도를 찾아낼 수 있을 것이다.

다음은 망치를 사용하여 할 수 있는 일들을 열거한 것이다. 조금 더 생각한다면 이들 외에도 얼마든지 다른 용도들을 추가할 수 있다.

- 극단 '난타'의 공연도구로 사용한다.
- 등이 가려울 때 등을 긁는데 사용한다.
- 옷을 걸어놓을 수 있는 옷걸이 대용으로 사용한다.
- 서류가 바람에 날아가지 않도록 눌러주는 용도로 사용한다.
- 한약재를 달일 때 사용한다.
- 절벽 오를 때 도구로 사용한다.
- 흙을 팔 때 삽 대신 사용한다.
- 호신용 무기로 지니고 다닌다.
- 골프에서 퍼터 대신으로 사용한다.

3.5 새로운 일을 호기심을 가지고 시도해본다.

지금까지 경험하지 못했던 일을 시도하는 것은 우리의 사고를 보다 다양하고 유연하게 만들어준다. 반복적이고 틀에 박힌 생활에서 벗어나 새로운 일을 해보기로 작정해 보라. 예를 들어 한 번도 가본 적이 없는 식당에 들러본다든가 아니면 먹어본 적이 없는 새로운 음식을 먹어보는 일을 시도해 보라. 집에서 직접 요리를 만들어 보는 것이나 아이들과 함께 장난감 놀이를 해보는 것도 장려할만하다. 매일 다니던 길을 바꾸어 다른 길로도 가보고 처음 만난 사람과 오래 이야기를 나누는 것도 좋은 일이다. 과감하게 헤어스타일을 바꾸거나 색다른 옷을 입고서 사람들의 반응을 살펴보는 것은 어떨까?

우리는 늘 생활하던 습관대로 살아가려고 한다. 익숙한 일은 더 이상 생각할 필요가 없으므로 편하기 때문이다. 하지만 그로 인하여 우리의 뇌는 고정관념에 사로잡히게 되고 우리의 사고는 제한된 지식의 범주 내에서 맴돌게 된다.

따라서 익숙해진 습관의 틀을 의도적으로 파괴하는 것은 다양한 경험을 통한 폭넓은 사고로 말미암아 창의력 개발에 큰 도움을 준다. 아예 책상 앞의 벽이나 혹은 눈에 잘 띄는 곳에 '매일 한 가지씩 새로운 일을 경험해 보자.'라고 적은 메모지를 붙여놓아 보라. 오래된 습관을 바꾸는 일은 매우 어려운 일이다. 상당한 집념과 인내가 없다면 얼마 지나지 않아 다시 예전의 생활로 되돌아가고 만다. 메모지에 적은 글은 이런 회귀현상을 방지하는 데 어느 정도 도움을 줄 수 있다.

새로운 일을 시도하지 않아도 새로운 것을 경험할 수 있는 방법이 있다. 그것은 늘 반복되는 동일한 사물과 일들을 다른 관점에서 살펴봄으로 이제까지 알지 못했던 새로운 깨달음을 얻는 것이다. 예를 들어 늘 만나는 주위 사람들이 말과 행동과 외모에서 지금까지 발견하지 못했던 새로운 점이 없는지 살펴보라. 얼마든지 찾을 수 있을 것이다. 이처럼 비록 새로운 일이 아니더라도 매일 만나고 접하는 주위환경에서도 다른 관점에서 좀 더 관심을 가지고 살펴본다면 새로운 발견과 경험은 얼마든지 얻을 수 있다.

3.6 만약의 상황에 대하여 상상해 본다.

대기권 오염으로 인하여 전리층이 파괴되어 태양으로부터 X선, 자외선 등 유해한 광선이 지구표면에 도달한다고 가정해 보자. 사람들의 생활에는 어떤 변화가 있겠는가? 의복은 어떤 변화가 있으며, 집의 구조는 어떻게 달라지겠는가? 여름철에 해안가에서 바캉스를 즐기는 사람들의 모습은 어떠하겠는가? 다소 현실과 동떨어진 이러한 상상은 이제까지와 다른 생각을 가능하게 하여 새로운 아이디어를 이끌어낸다. 사람이 짐승처럼 네 발로 걸어 다닌다면 어떻게 될까? 하루에 한번만 식사를 하게 된다면 우리 생활에 어떤 변화가 일어날까? 우리 손가락이 다섯 개가 아니라 단지 세 개만 있다면 어떤 일이 달라질까? 이런 생각은 익숙한 관습에서 탈피하여 새로운 관점에서 모든 사물을 볼 수 있게 한다.

만약 ...한다면 어떻게 될까? 이런 가상적 사고 자체가 실용적인 아이디어를 제공하는 것은 아니지만 다른 아이디어를 얻고 사고를 유연하게 하는데 디딤돌이 된다. 아인슈타인은 '내가 빛의 속도로 우주를 날아간다면 어떤 일이 일어날까?' 라는 질문을 던지고 그것을 생각하면서 상대성이론의 초기개념을 발견했다고 한다.

어떤 문제의 해결책을 실질적이고 논리적인 접근으로 찾으려 하면 오히려 해결책을 찾지 못할 경우가 있다. 이럴 경우 한 발짝 물러서서 '만약...라면 어떻게 될까?'하는 엉뚱한 질문을 던져보라. 전혀 생각하지 못한 관점에서 해결방안을 얻을 수 있다. 여러분이 환경부 직원이고 공중화장실에서 남성용 소변기 밖에 오줌 흘리는 문제를 해결하려고 한다고 가정해 보자. 소변기 바닥에 목표지점을 정해주고 그곳에 맞추도록 해 보자. 목표를 조준하여 맞추는 순간 칭찬이나 노랫소리가 나오게 하는 것도 한 방법이다. 축구공이나 벌레 모양의 스티커를 목표지점에 붙이거나 혹은 사람들이 싫어하는 인물의 얼굴을 붙여놓을 수도 있을 것이다.

연습 문제

4.1 공부를 많이 할수록 오히려 창의력에 방해를 받을 수도 있다고 한다. 왜 그럴까?

4.2 토너먼트 방식의 테니스 경기에 500명의 선수가 참가하였다. 우승자가 나오기까지 몇 번이나 경기를 치러야 하는가?

4.3 두 소년이 마주 보며 동시에 걸어가는 순간 한 소년에게 붙어 있던 파리는 두 소년 사이를 반복하며 왕복하기를 시작하였다. 두 소년이 만날 때까지 파리가 움직인 총거리를 구하라. 단 두 소년들의 걸음걸이 속도는 분당 25m, 파리의 비행속도는 100m, 그리고 처음 소년들이 출발할 때 100m 떨어져 있었다고 가정한다.

4.4 접시가 둥근 이유를 설명하라. 요즈음 접시는 세라믹 성형으로 압출되어 만들어지므로 임의의 형태로도 만들 수 있다.

4.5 부정행위를 할 수 없는 시설이 마련된 시험장에서 시험을 치렀다. 시험은 주관식 문제로만 출제되었다. 그런데 내용이 동일한 같은 답안지가 2장 발견되었다. 이 사건을 설명해 보라.

4.6 콜럼버스는 달걀의 한쪽 끝을 깨어 테이블에 세워놓았다. 이 방법 말고도 달걀을 세울 수 있는 방법들은 얼마든지 생각할 수 있다. 그 방법을 가능하면 많이 찾아 열거해 보라.

4.7 다음과 같이 연속된 4개의 관계식과 답이 주어져 있을 때 마지막 관계식의 답을 유추해 보라.

89 # 63 = 26, 39 # 18 = 21, 19 # 14 = 15, 13 # 4 = 8,
111 # 11 = ?

4.8 다음의 그림은 무엇을 그린 것인지 생각나는 대로 열거해 보라.

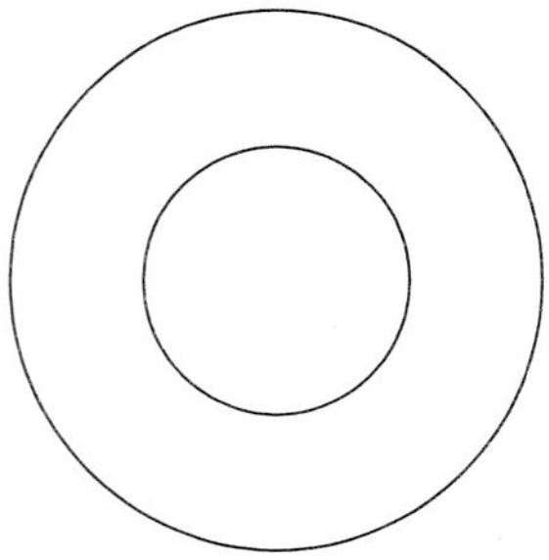

4.9 다음의 그림은 무의미한 조각들 같이 보인다. 그러나 보는 관점을 바꾸어보라. 의미있는 그 무언가가 나타나 보일 것이다.

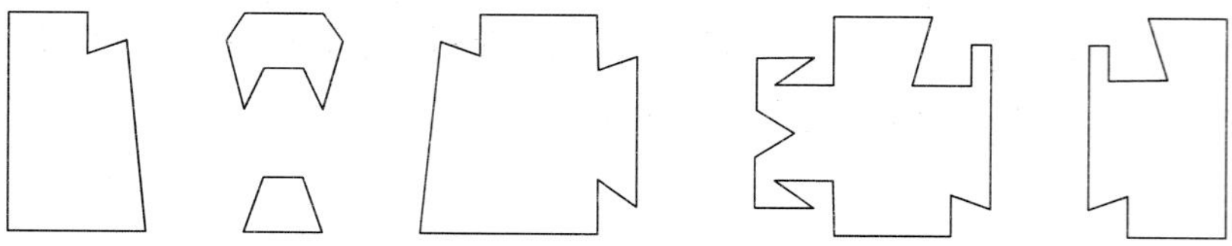

4.10 다음에 주어진 대상물을 가지고 할 수 있는 일들을 열거하라.

1) 유리구슬

2) 빈 깡통

3) 종이컵

4.11 다음에 주어진 대상물들 간에 공통점을 생각나는 대로 찾아보라.

1) 고양이와 냉장고

2) 태양과 모래

3) 태양과 모래와 손

4.12 큰 저울이 없이도 코끼리의 무게를 잴 수 있는 방법을 생각해 보라.

[실습 4.1] 공통점 찾기

[내용] 꽁치와 장미의 공통점을 찾아보라.

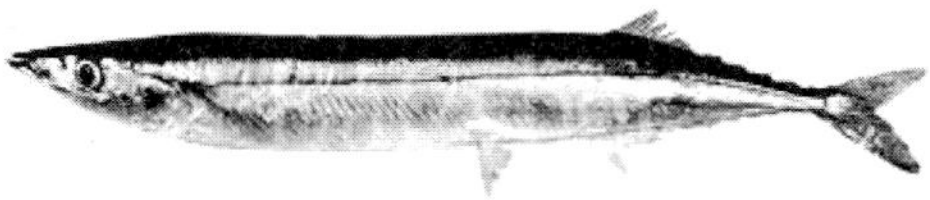

1. 20분 동안 종이 위에 공통점들을 찾아 생각나는 대로 열거하라.

2. 여럿이 함께 실습한 경우 다음의 방법으로 자신의 창의력을 체크해 보라.
   - 한 사람씩 돌아가면서 찾아낸 공통점을 발표한다.
   - 발표된 공통점이 타당하면 최대 10점까지 얻을 수 있다.
   - 동일한 공통점을 찾은 사람 수를 확인한다.
   - 확인된 사람이 n명인 경우 점수 10/n을 얻는다.
   - 마지막 사람까지 찾아낸 공통점을 발표한다.
   - 자신이 얻은 점수를 합산한다.

[실습 4.2] 패턴인식력

[내용] 아래의 그림은 무엇을 그린 것인지 최소한 열 가지 이상 생각해 보라.

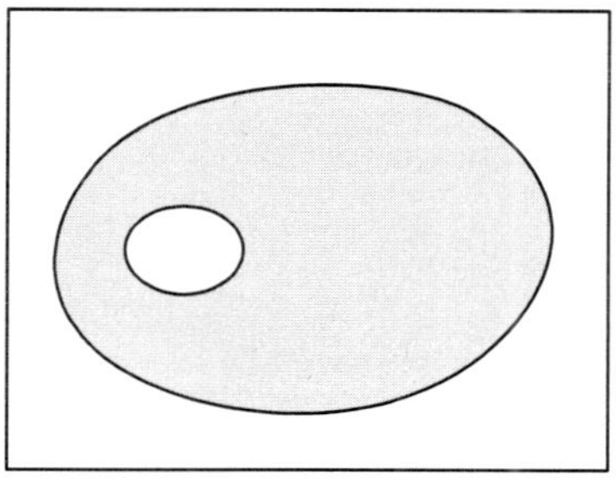

1. 20분 동안 종이 위에 생각나는 대상을 열거하라.

2. 여럿이 함께 실습한 경우 다음의 방법으로 자신의 창의력을 체크해 보라.
   - 한 사람씩 돌아가면서 생각해낸 대상물들을 발표한다.
   - 대상물에 타당성이 있을 때 최대 10점까지 얻을 수 있다.
   - 동일한 대상을 n명이 찾은 경우 점수 10/n을 얻는다.
   - 마지막 사람까지 찾아낸 대상물을 발표한다.
   - 각자 자신이 얻은 점수를 합산한다.

[실습 4.3] 패턴 인식력

[내용] 아래의 직사각형을 원형으로 삼아 그릴 수 있는 대상물들을 상상해보라.

1. 아래의 그림에서 보여주는 바와 같이 위에 주어진 직사각형에 약간의 그림을 추가하면 거울, 엘리베이터의 문, 여닫이문이 된다. 이 같은 방법으로 20분 내에 되도록 많은 대상물들을 생각하고 그려보라.

2. 여럿이 함께 실습한 경우 다음의 방법으로 자신의 창의력을 체크해 보라.
   - 한 사람씩 돌아가면서 생각해낸 대상물들을 발표한다.
   - 대상물이 타당할 때 최대 10점까지 얻을 수 있다.
   - 동일한 내용이 n명인 경우 점수 10/n을 부여한다.
   - 마지막 사람까지 찾아낸 대상물을 발표한다.
   - 각자 자신이 얻은 점수를 합산한다.

[실습 4.4] 사물의 다른 용도

[내용] 페트병을 변형시키지 않은 채 활용할 수 있는 일들을 열거해 보라.

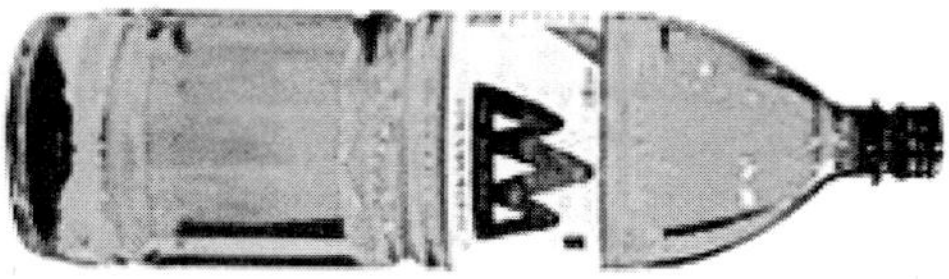

1. 20분 동안 활용 가능한 방안들을 모두 열거해보라.

2. 여럿이 함께 실습한 경우 다음의 방법으로 자신의 창의력을 체크해 보라.
   - 한 사람씩 돌아가면서 생각해낸 활용방안들을 발표한다.
   - 활용방안에 타당성이 있을 때 최대 10점까지 얻을 수 있다.
   - 동일한 방안을 n명이 찾은 경우 점수 10/n을 얻는다.
   - 마지막 사람까지 찾아낸 활용방안들을 발표한다.
   - 각자 자신이 얻은 점수를 합산한다.

[실습 4.5] 개그 발표하기

[내용] '우격다짐' 방식의 개그는 매우 단순하여 누구나 쉽게 흉내낼 수 있다. 그 형식은 다음과 같다.

[발표자] ***는 ***이야.
[관객들] 왜?
[발표자] ***니까.

1. 적절한 소재를 택하여 동일한 형식으로 개그를 시도해 보라. 다음과 같은 내용들이 소재로 선택될 수 있을 것이다.

소재대상: 내 얼굴, 이 수업, 우리 학교, 우리 학부, 우리나라 등 ...

2. 20분의 시간을 준 다음 한 사람씩 발표한다.
- 참신한 내용으로 사람들을 즐겁게 하는 정도에 따라 점수를 부여한다.
- 한 사람이 여러 개그를 발표할 수도 있다.

3. 개그소재를 다양하게 정하여 동일한 실습을 반복해 보라.

제5장 아이디어 발상법

1. 아이디어 발상법의 종류

아이디어 발상법은 많은 사람에 의하여 여러 가지 방법으로 연구되어 왔으며 또한 활용되고 있다. 그 중에는 여러 다양한 분야의 사람들에게 널리 호응을 얻게 된 발상법이 있는가 하면, 특정한 분야에 종사하는 사람들에게만 효과를 주는 발상법도 있다. 또한 기초적인 아이디어를 찾아내는데 효과적인 발상법도 있는가 하면, 구체적인 아이디어를 찾아내는데 도움을 주는 발상법도 있다. 이처럼 아이디어 발상법들은 여러 관점에서 접근하고 분류될 수 있는데 이는 아이디어를 얻으려는 내용과 목적에 따라 적용하는 방법이 달라질 수 있기 때문이다.

지금까지 수많은 아이디어발상법들이 개발되었다. 여기서는 이들 가운데 가장 많이 사용되고 있는 여덟 가지 기법들을 소개하고자 한다. 특성열거법, 결점열거법, 희망열거법, 생선뼈다이어그램법, 브레인스토밍, 마인드맵, 여섯색깔발상법, SCAMPER법, 강제연결법이 그들이다. 이들 가운데는 혼자서 사용할 수 있는 개인발상법도 있고, 여럿이 함께 모여 아이디어를 얻기 위해 사용할 수 있는 집단발상법도 있다. 또한 개인과 집단이 함께 사용할 수 있는 혼용발상법도 있다. 개인발상법으로 대표적인 것은 마인드맵과 SCAMPER법이 있으며, 집단발상법으로는 브레인스토밍, 여섯색깔발상법이 있다. 혼용발상법으로는 특성열거법과 희망열거법이 대표적이다. <표 5-1>에서는 이들 적용대상을 기준으로 아이디어발상법들을 구분하고 있다. 아이디어발상법들을 하나씩 구체적으로 설명해 보자.

<표 5-1> 아이디어 발상법의 분류

적용대상	아이디어 발상법
개인발상법	마인드 맵, 강제연결법, SCAMPER법
집단발상법	브레인스토밍, 특성열거법, 결점열거법, 희망열거법, 여섯색깔발상법, 생선뼈다이어그램법
혼용발상법	특성연결법, 결점열거법, 희망열거법, 생선뼈다이어그램법

2. 특성열거법

2.1 특성열거법의 방법

특성열거법은 미국 네브라스카 대학의 크로포드(R. Chloford) 교수가 제안한 것으로 문제점을 보다 깊이 분석하여 개선책을 얻기 위한 방법이다. 개발 당시에는 제품들의 개선아이디어를 얻기 위한 목적으로 활용되었지만 다른 주제에도 적용 가능한 것으로 알려져 있다. 이 발상법은 특정한 제품에 대하여 중요한 특성을 나열하고 어떻게 기능을 바꾸거나 성능을 개선할 것인지 생각하여 아이디어를 얻는 방법이다.

제품의 개선책을 얻기 위한 회의에서 구성원들로부터 더 이상 아이디어가 나오지 않는 경우가 있다. 이런 때 진행자가 단지 “다른 아이디어가 없습니까?”라고 묻는 것만으로는 더 이상의 아이디어를 이끌어내기 곤란하다. 이렇듯 난처한 상황을 대비하여 회의진행자는 사전에 문제를 특성별로 분석하여 제시할 필요가 있다. 이처럼 특성열거법은 문제를 깊이있게 분석하는데 매우 편리하며, 아이디어가 막혔을 때 멤버들로부터 아이디어를 이끌어내는데 효과적이다.

2.2 특성에 따른 제품의 분석

개선 대상을 명사적 특성, 형용사적 특성, 동사적 특성으로 나누어 순차적으로 회의를 진행시켜 보라. 보다 구체적이고 깊이 있는 개선 아이디어를 얻을 수 있다.

1) 명사적 특성

명사적 특성이란 제품의 전체적 특성이나 부분적 특성, 그 밖에 재료, 제조 방법과 같이 대상내용을 명사로 나타낼 수 있는 것들에 해당된다. 주전자를 예로 들어보자. 명사로 나타낼 수 있는 주전자의 구성요소로는 손잡이, 꼭지, 뚜껑, 몸통, 주둥이, 밑바닥 등이 있다. 또한 주전자의 제조방법으로는 프레스나 용접 같은 것도 열거될 수 있다. 다음과 같은 질문들이 가능하다.

"이 주전자의 뚜껑에서 개선할 수 있는 아이디어를 말해 주십시오."

"주전자의 이 부분은 용접되어 있는데 다른 좋은 방법이 없겠습니까?"

2) 형용사적 특성

형용사적 특성이란 제품의 모양, 색상, 성질과 같이 형용사로 나타낼 수 있는 내용을 가리킨다. 주전자의 경우 둥근 모양이라든지, 황색이라든지, 혹은 무겁다, 가볍다, 더럽다, 크다, 작다 등의 성질을 들 수 있다. 자동차라면 아름답다, 산뜻하다, 화려하다 등의 느낌도 그 대상이 될 수 있을 것이다. 주전자와 관련된 형용사적 특성의 질문으로는 다음이 가능하다.

"주전자를 보다 가볍게 하려면 어떻게 해야 되겠습니까?"

"주전자의 색깔을 바꾼다면 어떤 색이 좋겠습니까?"

3) 동사적 특성

동사적 특성은 제품의 기능이나 사용방법과 같이 동사적 움직임과 관련된 내용을 가리킨다. 예를 들어, 주전자의 기능으로는 '물을 끓인다', '물을 넣는다', '물을 붓는다' 등을 생각할 수 있다. 자동차의 경우에는 '운전한다', '차를 탄다', '앉는다', '세차한다' 등이 동사적 특성에 해당한다. 주전자와 관련해서는 다음과 같은 질문들이 동사적 특성에 해당한다.

"이 주전자에 다른 기능을 결합할 수는 없겠습니까?"

"주전자의 내부를 쉽게 닦을 수 있는 방도를 찾아봅시다."

<표 5-2>는 특성열거법을 사용하여 냉장고의 명사적, 형용사적, 동사적 특성들을 찾아 열거한 것이다.

<표 5-2> 특성열거법을 이용한 냉장고의 특성

구 분	특 성
명사적 특성	냉동실, 냉장실, 선반, 얼음그릇, 문, 야채실, 방향제
형용사적 특성	차갑다, 하얗다, 네모나다, 산뜻하다, 깔끔하다, 위생적이다
동사적 특성	얼린다, 싱싱하다, 차갑다, 유지한다, 문을 열고 닫는다

3. 결점열거법

3.1 결점열거법이란

어떤 물건이나 생활환경에서 결점이나 불편한 점을 자주 경험하게 된다. 물론 이들을 찾아 열거하는 것 그 자체만으로는 창의력이라고 볼 수 없다. 하지만 이런 결점들을 찾아서 열거하다 보면 개선을 위한 아이디어를 얻을 수도 있다. 실제로 새로운 제품의 개발이나 개선은 기존 제품의 문제점을 발견하는 것으로부터 시작되는 경우가 자주 있다. 제품으로부터 불편함이나 문제점을 찾게 되면 "어떻게 하면 이런 결점들을 없앨 수 있을까?"하는 생각에서 아이디어가 도출될 수 있기 때문이다.

결점열거법을 이용하여 개선 아이디어를 얻으려면 먼저 개선할 대상으로부터 결점을 찾아낸다. 그런 다음 발견된 결점들을 효과적으로 제거할 수 있는 해결 아이디어를 생각한다. 혼자서 아이디어를 구하기 보다는 여럿이 함께 모여 브레인스토밍 같은 방법으로 해결책을 찾는 것이 더욱 효과적일 수 있다. 예를 들어 현재 시판되고 있는 세탁기에 대하여 문제점을 찾아보자. 다음의 내용들이 거론될 수 있다.

- 세탁시간이 많이 걸린다.
- 세탁기가 시끄럽다.
- 물을 많이 사용한다.
- 전기가 많이 소모된다.
- 빨래가 엉킨다.
- 세탁기가 무겁다.

이들 가운데 '세탁시간이 많이 걸린다.'는 결점내용을 개선 대상으로 선정하였다고 하자. 다음 단계로는 이 문제를 해결하기 위한 아이디어를 찾아야 할 것이다. 세탁시간은 물을 담는 시간, 세탁하는 시간, 헹구는 시간, 배수하는 시간, 탈수하는 시간들로 이루어진다. 이들 각각의 세탁 요소작업에 대하여 소요시간을 줄일 수 있는 방안을 연구해야 한다. 결점을 발견하는 일보다 찾아낸 결점을 해결하는 일이 훨씬 더 어려운 것은 두말할 필요가 없다. 해결방안을 찾는 더 이상의 절차에 관하여는 생략하도록 한다.

3.2 결점열거법을 이용한 발명사례

설거지를 하던 주부 김정화씨는 수세미와 행주를 따로 쓰는 것이 불편했다. 수세미와 행주를 꿰매어 하나로 만들어 사용해 보았다. 훨씬 편리했다. 그녀는 제안서를 만들어 3M사에 보냈고 얼마 후 아이디어는 채택되었다. 한 달에 수만장씩 팔리고 있는 '삼중양면수세미'는 이렇게 탄생되었다.

김동환씨는 1992년 우연히 경찰이 밤중에 교통위반 스티커를 발부하는 현장을 목격하게 되었다. 어깨와 머리 사이에 손전등을 끼고 불편하게 스티커를 발부하고 있었다. 그 광경이 계기가 되어 볼펜 위의 버튼을 누르면 불이 켜지는 '반디펜'이 개발되었다. 깜깜한 밤에 글을 쓸 수 있는 반디펜은 국내는 물론 해외에서도 선풍적인 인기를 끌었으며, 2003년 초까지 25개국에 600억원 가량의 제품이 수출되었다.

4. 희망열거법

결점열거법은 개선대상의 문제점에 대한 해결방안을 찾는 것으로 다소 소극적인 방법이다. 사실상 이런 방법으로 제품의 본질을 뛰어넘는 획기적인 아이디어를 얻는 것은 거의 불가능하다. 희망열거법은 단순히 제품의 결점만 생각하는 것이 아니라 제품과 관련한 소비자의 희망사항까지 수렴하여 아이디어를 찾는 보다 적극적인 방법이다. 이는 제품의 문제점에 대하여 단지 '이랬으면 좋겠다.'고 희망을 제안하는 방법이므로 결점열거법과 다를 바 없다고 생각할 수도 있다. 그러나 막상 사람들에게 희망사항을 말하게 하면 결점을 찾는 것과는 비교가 되지 않을 정도로 좋은 아이디어들이 많이 나오게 된다.

학생들에게 "어떤 옷이 있었으면 좋겠는가?"하고 질문을 던진 적이 있다. 그들이 즉석에서 대답했던 희망사항들은 다음과 같다.

- 무게를 거의 못 느끼는 가벼운 옷
- 원하는 대로 색깔이 변하는 옷
- 자동으로 체온을 조절해주는 옷
- 언제나 몸에 잘 맞는 옷
- 여러 가지 모양으로 변신하는 옷
- 입고만 있어도 살이 빠지는 옷
- 치한을 퇴치할 수 있는 옷

이들 희망사항들을 살펴보라. 이들이 과연 결점열거법으로 얻어질 수 있겠는가? 이처럼 희망열거법은 결점열거법에서 얻을 수 없는 다양한 아이디어들을 제공해준다.

5. 생선뼈 다이어그램 기법

5.1 생선뼈 다이어그램 기법의 특징

생선뼈 다이어그램(fishbone diagram) 기법은 도쿄대학교의 이시가와 가오루 교수가 개발하였다. 이 기법의 일차적 목적은 주어진 문제의 모든 요인을 파악하고 열거하기 위한 것이다. 이는 그룹차원에서 활용할 수 있는 문제 식별의 기법이지만 개인적으로도 얼마든지 사용될 수 있다. 생선뼈 다이어그램은 수집한 정보를 시각적으로 배열하는 독특한 과정 때문에 그 이름이 붙여졌다. 문제와 그 요인들을 순차적으로 기록하다 보면 생선뼈를 닮은 그림이 생겨나기 때문이다.

5.2 생선뼈 다이어그램의 작성절차

<그림 5-1>을 보면서 생선뼈 다이어그램을 작성하는 절차를 설명해보자. 종이의 오른편에 먼저 동그라미를 하나 그려 놓고 그 안에 문제의 내용을 적는다. 이 동그라미의 왼편으로 생선 등뼈에 해당하는 직선을 하나 그리게 되면 생선 등뼈 모양이 만들어진다. 계속해서 등뼈로부터 위아래 45도 각도로 가지들을 그려놓고 가지 끝마다 문제에 대한 원인들을 열거한다. 이 때 문제의 원인들을 찾기 위하여 브레인스토밍을 이용할 수 있다. 각각의 원인에 대하여 추가설명이 더 필요한 경우에는 원인을 가리키는 가지마다 설명을 위한 곁가지를 덧붙일 수 있다. 생선뼈 다이어그램에서는 단순하면서도 상대적으로 중요한 원인들을 생선의 머리 쪽에 위치시키고, 복잡하고 자질구레한 원인들을 생선의 꼬리 쪽에 표기함으로 원인의 중요도를 순차적으로 구분할 수 있게 한다.

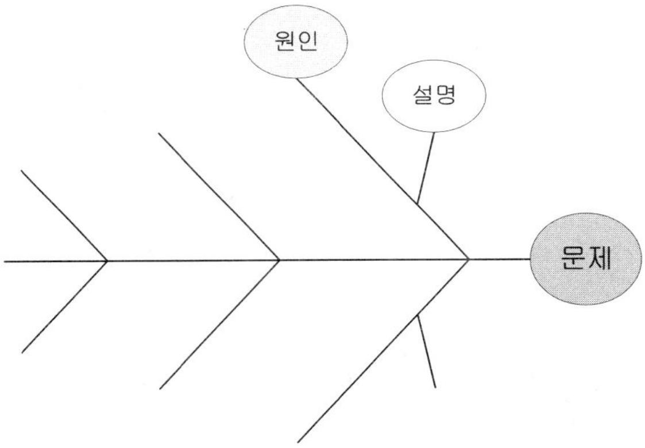

<그림 5-1> 생선뼈 다이어그램을 그리는 방법

생선뼈 다이어그램은 여러 차례 브레인스토밍을 통하여 그 내용을 추가해가며 만들어질 수 있다. 이시가와 교수는 이를 가리켜 '문제를 생선의 머리에 기입해 놓고 밤새도록 요리하는 과정'이라고 설명하였다.

5.3 생선뼈 다이어그램 기법의 장점

생선뼈 다이어그램 기법은 다음과 같은 장점이 있으므로 여러 사람들이 모인 회의석상에서 매우 효과적으로 활용되고 있다.

- 의사결정을 하기 전에 문제의 여러 부분을 검토하도록 참석자들을 고무시킨다.
- 문제의 원인들 간의 관계와 상대적 중요도를 보여주는데 효과적이다.
- 논리적인 순서에 따라 문제를 해결해 나갈 수 있다.
- 참석자들이 문제를 총체적으로 볼 수 있게 해준다.
- 상대적으로 중요한 이슈를 먼저 해결하도록 문제의 범위를 줄여준다.
- 참석자들이 문제의 본질에서 벗어나지 않게 한다.

<그림 5-2>에서는 최근 한국 경제의 어려운 원인을 분석하기 위하여 생선뼈 다이어그램을 사용하여 나타낸 예를 보여주고 있다.

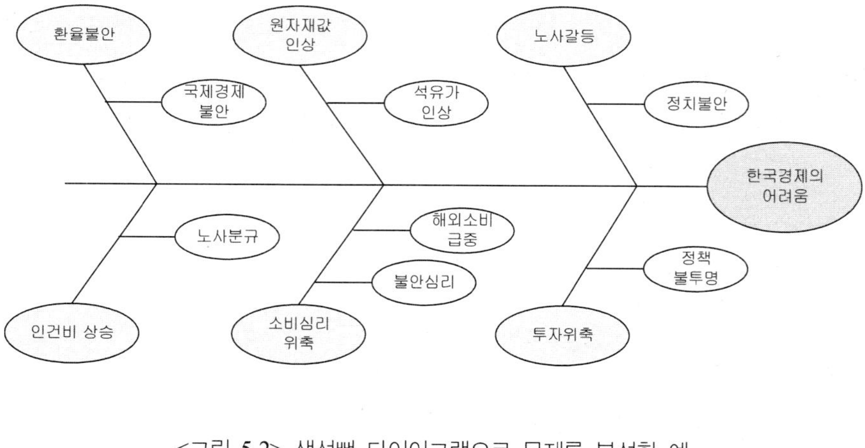

<그림 5-2> 생선뼈 다이어그램으로 문제를 분석한 예

6. 브레인스토밍

6.1 브레인스토밍이란

브레인스토밍(brain storming)기법은 1941년 미국의 광고회사 중역이었던 오스본(A. Osborn)에 의하여 창안되었다. 브레인스토밍이란 뇌에 폭풍을 일으킨다는 의미로 두뇌의 능력을 최대한 발휘하여 회의에서 아이디어를 이끌어내는 것을 말한다. 이 기법은 아이디어의 창출과 평가를 분리시키는 집단사고방식을 채택하고 있다. 즉 아이디어에 대한 평가를 유보한 채 최대한 많은 아이디어를 제안하고 추후에 수집된 아이디어들을 평가하는 방식이다. 이 방법은 집단의 효과를 살리면서도 자유분방하게 사고할 수 있는 분위기를 만들어 연쇄반응적으로 아이디어를 유발하게 한다. 따라서 단시간에 많은 아이디어를 얻어내는데 매우 효과적인 방법으로 알려져 있다.

브레인스토밍의 목표는 참가자로부터 가능한 한 많은 아이디어를 얻는 것이다. 제안된 아이디어가 많을수록 유용한 아이디어가 나올 가능성이 높다고 생각하기 때문이다. 이 때 회의 중에는 절대로 다른 사람의 아이디어를 비판하거나 평가하지 말아야 하며, 자유롭고 우호적인 분위기가 유지되어야 한다. 제안된 의견들은 처음에는 평범한 내용들이 대부분이지만 시간이 지남에 따라 점차 세련되고 독특한 아이디어들이 생겨나게 된다.

브레인스토밍은 다른 사람의 아이디어로부터 힌트를 얻어 새로운 아이디어를 자극한다. 이 방법은 많은 아이디어를 얻을 수 있다는 장점이 있지만, 개인적인 방법으로 얻은 아이디어에 비하여 질이 떨어진다는 것이 단점으로 지적되기도 한다.

6.2 브레인스토밍의 진행 규칙

일반 회의와 브레인스토밍의 차이점은 무엇일까? 근본적인 차이는 브레인스토밍에는 네 가지 규칙이 있으며 그 규칙에 입각하여 회의를 진행한다는 점이다. 브레인스토밍을 진행할 때 반드시 지켜야 할 규칙은 다음과 같다.

[규칙1] 다른 사람의 의견을 절대로 비판하지 않는다.

어느 누구도 다른 사람의 아이디어를 비판하지 않아야 한다. 제안된 의견이 형편없다고 머리를 좌우로 흔들거나 비웃는 표정을 보여서는 안 된다. 가능성이 없는 아이디어라 해도 긍정적으로 사고하고 적극적으로 수용하여 발전시키려는 태도가 필요하다. 브레인스토밍에서는 모든 의견의 비판과 판단을 뒤로 미루고 있다.

[규칙2] 참가자는 자유롭게 의견을 발표한다.

회의 진행자는 참석자들이 다른 사람의 눈치를 보지 않고 자유롭게 생각하면서 아이디어를 제안하도록 편안한 분위기를 조성해야 한다. 참가자들에게 부담을 줄만한 요인이 있다면 사전에 제거한다. 황당하거나 엉뚱한 아이디어들을 기꺼이 환영하라. 때로 이런 아이디어들로부터 창의적인 해결방안이 나올 가능성이 있기 때문이다.

[규칙3] 가능한 한 많은 아이디어를 이끌어낸다.

아이디어가 많으면 많을수록 우수한 해법을 얻을 가능성이 더 높아진다. 제안자는 아이디어를 길게 설명하지 말고 핵심 단어를 이용하여 간단히 말한다. 그 의견에 덧붙여 할 말이 있다면 제안당사자나 다른 사람들이 계속해서 제안을 추가해 나간다. 사회자는 가급적 많은 아이디어가 나올 수 있도록 회의 분위기를 이끌어간다.

[규칙4] 다른 사람의 아이디어를 변형시킬 수 있다.

이 규칙은 일명 '히치하이킹'이라고 불리기도 한다. 이전의 아이디어에서 힌트를 얻거나 이전의 아이디어들을 결합하여 새로운 제삼의 아이디어로 발전시킬 수 있기 때문이다. 다른 사람의 아이디어로부터 힌트를 얻어 새로운 아이디어를 이끌어내는 결합과 개선의 원칙은 브레인스토밍의 가장 큰 장점이다.

6.3 브레인스토밍의 진행

브레인스토밍을 진행하려면 우선 진행자와 기록원이 필요하다. 진행자는 회의의 주제나 토의할 문제에 대하여 참석자들에게 설명한다. 기록원은 회의에 관련된 모든 내용을 차트나 칠판에 기록한다. 진행자는 브레인스토밍에 대한 개요와 지켜야 할 규칙들을 설명하여 주지시킨다. 일단 회의가 시작되면 진행자는 자유롭고 좋은 분위기에서 자발적인 아이디어들이 나오도록 분위기를 유도한다. 브레인스토밍은 다음의 절차에 따라 이루어진다.

① 회의를 진행할 참석자를 선발한다.
② 토의할 주제를 정확하게 설명한다.
③ 브레인스토밍과 그 규칙에 관하여 소개한다.
④ 브레인스토밍을 실시하여 아이디어를 수집한다.
⑤ 제안된 아이디어들을 평가한다.

1) 회의를 진행할 참석자들을 선발한다.

참석인원은 6-12명이 바람직하다. 아울러 진행자와 1-2명의 기록원을 정한다. 기록원이 반드시 팀원일 필요는 없다. 아이디어는 때로 줄지어 매우 신속하게 나올 수 있으므로 한명의 기록원만으로는 부족할 경우도 있다.

2) 토의주제를 정확하게 설명한다.

회의를 시작하기 전에 진행자는 토의할 주제를 참석대상자들에게 이야기하고 기록원은 그 내용을 칠판에 기록한다. 가능하면 모임을 소집하기 며칠 전에 참석대상자들에게 토의주제를 미리 알려주고 필요한 자료를 보내준다.

3) 브레인스토밍을 소개한다.

회의를 진행하기에 앞서 진행자는 브레인스토밍을 간단히 소개하고 회의를 진행하는 동안 준수해야 할 중요한 규칙들을 주지시킨다.

4) 브레인스토밍을 실시한다.

회의시간은 30분 정도로 제한한다. 참석자들은 문제에 대한 해결방안을 제시하고 기록원은 그 내용을 즉시 기록한다. 아이디어의 발표를 보다 활성화시키기 위하여 한 사람씩 돌아가면서 의견을 제안하도록 유도할 수도 있다. 만일 자기 차례에 아이디어가 없다면 '통과'를 외친다. 눈을 감고 아이디어를 생각하는 것도 효과적이다. 진행자는 회의의 분위기가 자유롭고 유쾌하게 이루어지도록 유의한다. 또한 회의 도중 다른 사람을 비판하는 의견이 나오는 경우 부드럽게 제지해야 할 책임이 있다.

5) 아이디어를 평가한다.

회의로부터 아이디어가 충분히 수집되면 그들에 대한 평가를 실시한다. 평가자들은 브레인스토밍에 참석했던 사람들과 동일하거나 혹은 다른 사람들일 수도 있다. 필요하다면 문제를 조금 변형시켜 다시 브레인스토밍을 실시할 수도 있다.

7. 마인드맵

7.1 마인드맵이란

마인드맵(mind map)의 이론은 영국의 교육학자이자 심리학자인 부잔(T. Buzan)에 의하여 창안되었다. 이는 사람의 두뇌가 핵심단어나 개념을 중심으로 사고를 확산해 나간다는 이론에 근거하여 개발된 시각적 사고기법이다. 또한 사고의 과정을 단순히 수직적사고나 수평적사고로 이분하던 전통적 사고방법을 뛰어넘는 획기적인 방법이기도 하다.

마인드맵은 개인적인 브레인스토밍으로 생각할 수 있다. 여러 사람들로부터 가능한 한 많은 아이디어를 얻으려고 하는 것이 브레인스토밍이라면, 마인드맵에서는 개인의 머릿속에 떠오르는 모든 생각들을 종이에 남김없이 기록하는 것이다. 떠오르는 생각을 종이에 옮겨 적을 때 문장으로 된 긴 글보다는 간단한 단어나 기호 혹은 그림으로 나타내는 것이 좋다. 머릿속에 떠오른 생각을 긴 문장으로 적는 일는 좌뇌의 역할이므로 결과적으로 우뇌의 사고가 막히게 된다. 따라서 우뇌의 활동을 제한하지 않는 다음의 요소들을 사용하여 떠오르는 아이디어들을 마음껏 종이에 옮겨놓는 일이 중요하다.

- 핵심단어, 문구 : 정보를 제공하며 생각을 정리해주는 단어나 짧은 문구를 뜻한다.
- 그림 : 그림은 정보의 내용이나 느낌을 전달한다.
- 기호 : 일반적으로 사용되는 기호, 혹은 본인만의 기호를 사용하여 내용을 전달한다.
- 색연필 : 의미를 강조하거나 관계를 효과적으로 표현할 수 있다.
- 가지 : 마인드맵에서 구성내용들 간의 관계를 나타낸다.

이런 절차를 통하여 머리속에 떠오른 생각들을 마인드맵으로 나타내게 되면 아이디어를 이끌어내는 과정에서 좌뇌와 우뇌의 기능을 효과적으로 활용할 수 있다.

7.2 마인드맵의 작성절차

이제 <그림 5-3>을 살펴보면서 '다이어트'라는 주제를 가지고 마인드맵을 작성하는 절차를 설명해 보자. 마인드맵은 다음의 절차를 따라 만들어진다.

① 큰 백지를 가로로 길게 놓는다.
② 중심 주제를 백지의 중앙에 적고 동그라미를 친다.
③ 떠오르는 생각들을 백지의 적당한 빈 공간에 적는다.
④ 관련이 있는 내용들을 가지로 연결한다.

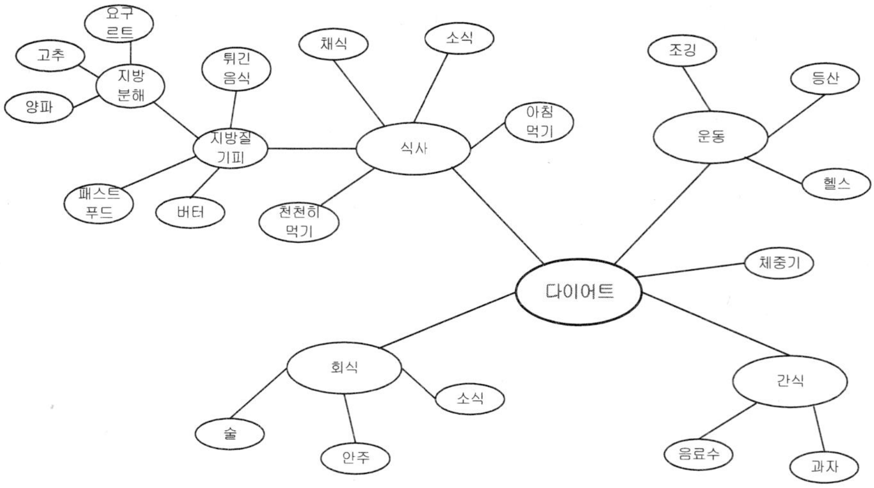

<그림 5-3> 마인드맵의 작성

마인드맵은 논리나 순서에 얽매이지 않고 떠오르는 생각을 자유롭게 단어나 기호로 나타낸다. 또한 다루고 있는 내용을 글 대신 그림의 형태로 보여주므로 이미지로 사고하는 우뇌에 작용하여 창의적 아이디어를 유발하는 효과가 있다. 아이디어가 이미지 형태로 나타날 때 사람들은 내용을 잘 이해하고 기억할 뿐만 아니라 더욱 창의적인 아이디어로 발전시켜나가기 쉽다. 마인드맵은 다음과 같은 장점을 가지고 있다.

- 머리속에 숨어있는 내용들을 쉽게 이끌어낸다.
- 짧은 시간에 많은 아이디어를 끄집어낸다.
- 좌뇌와 우뇌를 모두 활성화시킨다.
- 작은 공간에 많은 양의 정보를 표현할 수 있다.
- 상세도와 전체도를 동시에 제공한다.
- 쉽게 이해할 수 있다.
- 다른 사람과 아이디어를 쉽게 나눌 수 있다.

7.3 마인드맵의 기술을 향상시키는 방법

마인드맵을 작성하는 방법을 알았다면 이 기법을 효과적으로 기술하고 이용하는 방법을 살펴보자(박종안, 1997).

1) 즐거운 마음으로 느긋하게 행하라.

마음에 부담감을 느끼지 않도록 하라. 마인드맵은 새로운 아이디어를 내고 그들 간의 연결을 자극하기 위한 작업이다. 긴장하고 심각해지면 사고는 경직되고 아이디어는 막히게 된다. 즐겁고 열린 마음으로 마인드맵을 시작하라.

2) 빨리 생각하고 기술하라.

사람의 뇌는 한 가지 일에 오랫동안 집중하지 못한다. 5분 내지 7분 사이에 최고의 능력을 발휘한다는 연구도 있다. 짧은 시간 동안에 가능한 많은 아이디어를 이끌어내야 한다. 기록하는 시간을 줄이기 위해 핵심 단어, 이미지, 기호와 같이 간단한 심볼을 사용한다.

3) 판단하지 말고 떠오르는 모든 생각들을 그대로 적는다.

머릿속에 떠오르는 생각들은 모두 적어둔다. 떠오른 생각들이 주제와 전혀 관련 없어 보여도 상관없다. 예를 들어 양파의 효능에 관하여 생각하고 있는데 갑자기 전화를 걸 일이 생각났다면 한쪽 여백에 '전화'라고 적어둔다. 그렇지 않으면 전화에 대한 생각에 사로잡혀 더 이상 아이디어는 떠오르지 않는다.

4) 편하고 자유롭게 아이디어를 표현하라.

종이 위에 여러 종류와 색깔을 가진 펜을 사용하여 머릿속에 떠오르는 대로 그림, 만화, 단어들을 사용하여 자유롭게 생각을 나타내보라. 필요하면 그들 위에 동그라미도 치고 밑줄도 그어라. 중요한 아이디어를 표시하기 위하여 여러 가지 다른 색깔의 펜을 사용할 수도 있다.

5) 가능하다면 내용들을 서로 연관시켜라.

떠오른 아이디어가 다른 아이디어와 연관성이 있다면 이 둘을 가지로 연결한다. 다른 아이디어와의 연관성이 빨리 떠오르지 않는다면 나중에 생각하도록 하라. 지금 당장 해야 할 일은 아이디어들 간에 연관성을 찾는 것이 아니라 머릿속에 있는 아이디어를 빨리 끌어내어 종이 위에 모두 옮겨놓는 것이다.

7.4 마인드맵 기법의 활용

마인드맵은 다양한 분야에서 아이디어를 창출하기 위한 도구로 사용된다. 마인드맵을 사용할 때 크게 효과를 얻을 수 있는 일들은 다음과 같다.

- 발표를 준비할 때
- 프로그램의 알고리즘을 작성할 때
- 정보와 아이디어를 보고서에 정리할 때
- 논문이나 책의 챕터를 개괄하고 윤곽을 정할 때
- 소설이나 영화를 계획할 때
- 마케팅 전략을 입안할 때

8. 여섯 색깔모자 발상법

8.1 개요

여섯 색깔모자 발상법은 1985년 캠브리지 대학의 드 보노(E. de Bono) 박사가 개발한 아이디어발상법이다. 이는 '여섯 색깔모자 발상법'이라고도 불리며 상품기획이나 아이디어 발상 등 거의 모든 분야에 적용이 가능하다. 우리는 문제해결이나 아이디어를 도출하기 위한 회의를 가질 때 비효율적인 사고와 방법으로 인력과 시간을 낭비하는 경우가 많다. 회의의 주제를 자주 잊어버리고 어떤 아이디어가 좋아 보이면 다른 아이디어와 충분히 비교 검토할 겨를도 없이 우르르 생각이 쏠려버린다.

이러한 잘못을 피하기 위해 여섯 색깔모자 발상법에서는 진행자가 흰색, 빨간색, 검은색, 노란색, 녹색, 파란색의 여섯 색깔모자를 번갈아가면서 쓰고 참석자들은 그 색깔에 해당하는 사고에 집중하여 의견을 제시한다. 경우에 따라서는 진행자뿐만 아니라 참석자들 전원에게 여섯 색깔모자를 소지하게 하여 사고모드가 바뀔 때마다 일제히 모자를 바꾸어 쓰게 하기도 한다.

이런 발상법을 사용하게 되면 참가자들은 제시된 색깔의 모자에 따라 한 가지 사고에만 집중하게 된다. 따라서 사고의 단순화를 꾀할 수 있을 뿐만 아니라 다른 사람들의 아이디어에 덜 요동하게 된다. 그뿐만 아니라 다른 사람의 아이디어와 서로 부딪히지 않게 되어 아이디어를 비판하는 일이 거의 나타나지 않는다. 이 방법은 다른 사람들을 의식하지 않고 자신의 사고에만 몰두할 수 있게 하므로 깊이 있는 아이디어를 제안할 수 있게 한다.

8.2 모자의 종류

여섯 색깔모자 발상법에서 사용되는 모자의 색깔은 흰색, 빨간색, 검은색, 노란색, 녹색, 파란색의 여섯 가지다. 이들 여섯 색깔은 각각 다음과 같은 사고의 의미를 가진다.

- 하얀 모자: 정보에 대한 사고
- 빨간 모자: 직관적이고 감정적인 사고
- 검은 모자: 논리적이며 부정적인 사고
- 노란 모자: 논리적이며 긍정적인 사고
- 초록 모자: 창의적인 노력과 사고
- 파란 모자: 사고 과정의 통제

1) 하얀 모자

흰색은 중립적이고 객관적인 느낌을 나타내므로 흰색 모자는 객관적인 정보와 연관된다. 회의에서 진행자가 하얀 모자를 쓰고 있다면 참석자들은 일체의 논쟁을 접어두고 정보와 관련한 제안에만 사고의 초점을 맞추어야 한다. 하얀 모자는 모임에 참석한 사람들에게 활용 가능한 정보가 무엇인지, 필요한 정보가 무엇인지, 어떤 방법으로 정보를 입수할 것인지 생각하게 한다.

"우리가 가진 정보는 무엇인가?"
"우리에게 부족한 정보는 무엇인가?"
"우리가 필요로 하는 정보는 어떤 것인가?"
"어떻게 정보를 얻을 수 있을까?"

2) 빨간 모자

분노나 감정을 나타내는 붉은색은 직관적인 감정적 견해와 연관된다. 그 문제를 바라보았을 때 떠오르는 느낌과 직관 그리고 예감을 그대로 이야기하면 된다. 왜 그렇게 느끼는지 동기에 대한 어떤 논리나 설명도 필요 없다. 떠오른 느낌 그 자체만으로 충분하다.

"이번 프로젝트는 좋은 예감이 든다."

"내가 보기에 이 계획은 성공할 것 같지 않다."

"나는 이런 방식으로 일하는 것이 마음에 들지 않는다."

"내 직관으로는 가격이 떨어질 것 같다."

3) 검은 모자

우울하고 부정적인 이미지를 나타내는 검은색은 부정적인 사고와 연관된다. 잘못한 사람을 꾸짖는 검은 법복을 입은 재판관을 생각해 보라. 검은 모자는 실수나 잘못된 행동이나 불법한 일을 하지 못하게 막는 역할을 한다. 검은 모자를 쓰게 되면 부정적인 사고를 가지고 모든 것들을 다루게 된다. 예전의 관점에서 혹은 지식과 경험에서 잘못된 부분을 찾아내어 비판한다. 검은 모자의 사고는 극복해야할 결점을 찾거나 아이디어를 평가할 때 필요하다. 단 부정적인 의견을 제시하였을 때는 반드시 그 근거나 이유를 함께 밝혀야 한다.

"규정 때문에 그것을 실행할 수 없다."

"주문을 감당하기에는 설비가 부족하다."

"가격을 올렸을 때 판매량이 떨어진 적이 있다."

"그 사람은 경험이 없어서 그 일에 적합하지 않다."

4) 노란 모자

노란색은 밝고 따뜻한 느낌을 준다. 무언가 잘될 것 같은 긍정적이고 낙관적인 기분이 든다. 노란색 모자는 아이디어의 실행방안을 찾기 위한 것으로 아이디어에 내재된 논리적인 근거나 잇점을 찾아내기 위한 것이다. 노란 모자를 쓰게 되면 모든 것을 긍정적인 관점에서 바라보고 무엇이 유익한가를 생각한다.

"생산설비를 고객들 근처에 위치시키면 효과적일 것이다."

"반복된 주문방식은 이득을 가져다 줄 것이다."

"에너지 고가정책은 사람들로 하여금 에너지를 절약하게 만들 것이다."

5) 초록 모자

야채, 풀, 풍성함, 싱그러움 등의 이미지를 나타내는 초록 색깔은 창의성, 새로운 아이디어와 연관된다. 초록 모자는 창의적인 생각과 수평적인 사고를 통해 새로운 아이디어를 얻기 위한 것이다. 문제를 다른 시각과 관점에서 바라보자. 문제점들을 찾아내고 해결방안을 모색하여 변화를 찾아보자. 할 수만 있다면 모든 것을 새롭게 바꾸려고 생각해보라.

"다른 대안은 없나요?"

"장점은 살리고 단점을 없앨 새로운 방법은 없나요?"

"다른 방식으로 할 수는 없을까요?"

6) 파란 모자

파란 색깔은 냉정한 이미지를 나타낸다. 파란 모자는 사고를 위한 안건을 설정하고, 다음 단계를 제안하며, 다른 모자의 사용을 요청한다. 또한 현재의 사고에 대하여 요약이나 결론 혹은 판단을 요구할 수 있다. 파란 모자는 사고 과정을 조직화하고 제안함으로 회의를 보다 생산적으로 만들기 위한 것이다.

"아이디어를 비판하는데 너무 많은 시간을 소비하는 것 같다."

"당신의 견해를 요약해서 말씀해 주시겠습니까?"

"제 생각으로는 우선순위를 고려해야 합니다."

"새로운 아이디어를 얻기 위해 초록 모자 사고를 시도합시다."

창의적 아이디어를 얻기 위하여 여섯 색깔의 모자를 사용할 때 <그림 5-4>와 같이 하얀 모자, 초록 모자, 노란 모자, 검은 모자, 빨간 모자, 파란 모자의 순서를 따르는 것이 일반적이다. 회의를 지속하는 동안 하나의 사고모자에는 대략 5분 정도의 시간을 배정하는 것이 바람직하다고 한다.

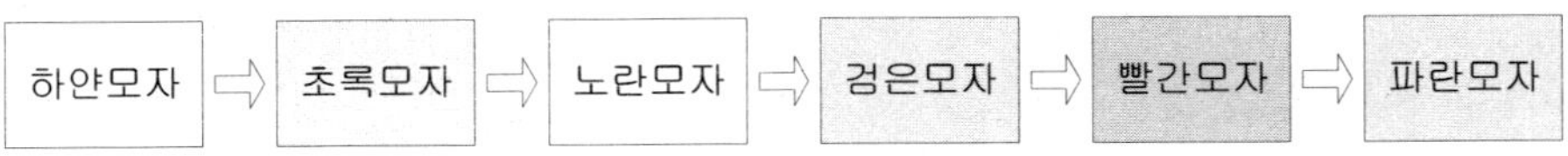

<그림 5-4> 여섯 색깔모자의 사용 순서

8.3 장점 및 특징

여섯 색깔모자 사고기법의 장점과 특징은 다음과 같다.

1) 불필요한 논쟁에서 벗어날 수 있다.

회의를 하다보면 서로 관점과 입장이 달라 논쟁에 빠지는 경우가 종종 있다. 이렇게 되면 참석자들은 자신의 생각만을 고집하여 주제를 탐색하는 것보다 논쟁에 이기는 것에 더 큰 관심을 갖게 된다. 여섯 색깔모자 사고기법에서는 참석자들이 논쟁에 빠지는 것을 방지하고 토론이 생산적인 방향으로 이루어지도록 유도한다.

2) 참석자들을 동일한 사고모드에 참여시킬 수 있다.

회의 진행자가 특정한 색깔의 모자를 쓰고 있으면 그 회의에 참석한 사람들은 모두 그 색깔에 해당된 사고를 가지게 된다. 여섯 색깔의 모자는 참석자들의 사고를 구분하는 것이지 사람들을 구분하는 것이 아니다.

3) 사고를 부드럽게 변경시킬 수 있다.

여섯가지 색깔의 모자를 사용하면 참석자들의 사고를 쉽게 변경할 수 있게 된다. 진행자가 "이제 부정적인 이야기는 그만 합시다."라고 말한다면 자칫 직전에 발언했던 사람의 기분을 상하게 하기 쉽다. 그 대신 진행자는 다른 색깔의 모자로 바꾸어 쓰거나 아니면 다른 색깔의 모자를 쓰자고 참여자들에게 요청할 수 있다.

9. SCAMPER법

SCAMPER법은 브레인스토밍으로 유명한 미국의 오스본(A. Osborn)이 창의력 촉진을 위해 개발한 체크리스트를 애벌(B. Eberle)이 재구성한 것이다. SCAMPER는 Substitute, Combine, Adapt, Modify, Put to other use, Eliminate, Reverse의 첫 글자들을 모아 만든 단어이며, 어떤 문제에 대한 새로운 아이디어를 얻는 데

요긴하게 사용될 수 있다. 문제 해결팀은 종종 SCAMPER의 일곱 질문들을 하나씩 응답하면서 여러 가지 해결방안을 찾게 된다. SCAMPER의 일곱 질문들은 다음의 의미를 가진다.

- Substitute: 다른 것으로 대체할 수 없을까?
- Combine: 다른 것과 결합하면 어떨까?
- Adapt: 다른 곳에 적용하면 어떨까?
- Modify/Magnify/Minify: 모양을 수정/확대/축소하면 어떨까?
- Put to other uses: 다른 용도로 사용할 수 없을까?
- Eliminate: 특정한 부분을 없애면 어떨까?
- Rearrange/Reverse: 순서를 재조정하거나 반대로 하면 어떨까?

9.1 대체하기(Substitute)

'대체하기'는 사물의 소재, 기존 형태, 용도, 방법 등을 다른 것으로 대체할 수 있는지를 알아보기 위한 질문이다. '다른 것으로 대체할 수 없을까?'

유엔군 묘지 조성공사는 고 정주영 회장의 창의력을 유감없이 보여준 사례로 손꼽힌다. 정주영에게 곤란한 공사 제의가 들어왔다. 부산의 유엔군 묘지를 파란 잔디로 덮어달라는 요청이었다. 때는 풀포기가 다 말라죽은 한 겨울이었다. 그 곳을 한국전에 출병한 각국 유엔 사절들이 내한해 참배할 계획이었다. 발등에 불이 떨어진 미8군 사령부는 정주영에게 이 일을 부탁한 것이다. 부탁을 받고 참배 날짜까지는 불과 닷새밖에 시간적 여유가 없었다. 다들 불가능하다고 머리를 가로저었다. 바로 이 때 정주영의 탁월한 기지가 발휘되었다. '미군이 요구하는 것은 잔디가 아니다. 그저 파란 풀이면 된다. 참배객들이 잠시 방문하는 동안만 파란 풀이 있으면 되지 않겠는가?' 정주영은 미8군 사령부측과 당장 계약을 체결하고는 사방에서 트럭을 끌어 모았다. 그는 준비된 트럭을 끌고 낙동강 주위의 보리밭으로 갔다. 한 겨울에 파릇파릇하게 남아 있는 풀은 보리밖에 없었다. 그 주변의 보리를 모두 구입한 정주영은 흙과 함께 보리들을 유엔군 묘지로 옮겨 심었다. 결과는 대성공이었다. 그 후부터 미8군 공사는 정주영에게 떨어졌다.

다음은 대체하기에 관한 몇 가지 다른 예들이다.

- 대형마트에서는 매출을 늘리기 위하여 쇼핑바구니를 쇼핑카트로 바꾸었다.
- 지하철 차량의 무게를 가볍게 하기 위하여 소재를 철에서 알루미늄으로 대체하였다.
- 열쇠를 자주 잃어버리는 사람을 위하여 지문 인식 자물쇠로 교체하였다.

9.2 결합하기(Combine)

'결합하기'는 기존에 사용되고 있는 여러 사물이나 기능들을 합하여 새로운 제품을 만드는 방법이다. '다른 것과 결합하면 어떨까?' 결합하기를 적용하여 개선된 제품은 우리 주변에서 얼마든지 찾을 수 있다.

<그림 5-5>에서 보여주는 매직후프는 훌라후프 안쪽에 돌기를 부착하여 운동과 맛사지를 동시에 할 수 있게 한 것으로, 체중 감량에 큰 효과가 있는 것으로 알려져 있다. 매직후프는 전 세계 시장에서 새로운 아이디어 상품으로 크게 호응받고 있으며, 이 제품을 개발한 회사의 사장은 발명의 날 기념식에서 대통령 표창을 받았다.

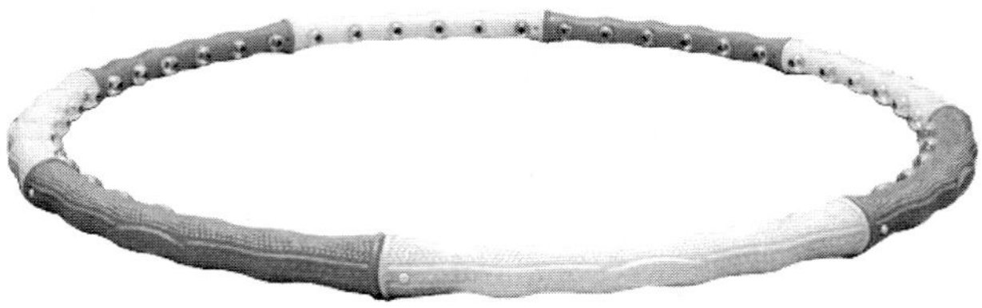

<그림 5-5> 매직후프

그 외에도 결합하기에 관련된 제품들의 예로는 지우개 달린 연필, 바퀴달린 가방이나 신발, 카메라가 장착된 휴대폰, 필터 달린 담배, 자명종 시계 등이 있다.

9.3 적용하기(Adapt)

'적용하기'는 기존의 원리나 방법, 형태를 일부 변형하여 다른 대상물에 응용하는 것이다. '다른 곳에 적용하면 어떨까?'

일명 '찍찍이'라고 불리는 벨크로 테이프는 가방, 필통, 운동화, 바지, 시계

줄, 허리띠, 장갑 등 생활 주변 곳곳에서 널리 쓰이고 있다. 이 제품은 스위스의 드 메스트랄(G. de Mestral)이 고안해 낸 발명품이다.

어느 날 사냥을 갔던 드 메스트랄은 산토끼를 뒤쫓아 달리다가 산우엉이 우거진 숲으로 뛰어들었다. 토끼는 잡았지만 그의 옷은 여기저기 산우엉가시가 들러붙어 엉망이 되었다. 옷을 벗어 아무리 털어도 가시는 좀처럼 떨어지지 않았다. 산우엉가시를 확대경으로 살펴본 그는 갈고리 모양의 산우엉가시를 확인하는 순간 새로운 생각이 떠올랐다.

드 메스트랄은 한쪽에는 갈고리가 있고 다른 쪽에는 걸림 고리가 있는 테이프를 만들어 서로 붙여보았다. 예상대로 양쪽 면은 서로 닿으면 들러붙었다가 약간 힘을 주었을 때 '지직'소리를 내며 분리되었다. 그는 특허를 내고 회사를 차린 후 '벨크로'란 상호로 테이프를 만들어 팔기 시작했다. 회사는 1년 만에 미국과 일본에 공장을 세울 만큼 번창했다. 게다가 제2차 세계대전이 일어나 벨크로 테이프가 군복과 군화에 쓰이게 되면서 벨크로사는 세계적인 기업이 되었다.

다음은 적용하기에 관한 몇 가지 다른 예들이다.

- 장미의 가시는 철조망을 만드는데 응용되었다.
- 고양이의 눈은 야간의 도로 표지판에 응용되었다.
- 개구리의 보호색을 응용해 얼룩무늬 군복이 만들어졌다.

9.4 변경하기(Modify), 확대하기(Magnify), 축소하기(Minify)

이들은 대상물의 일부, 즉 크기, 무게, 모양, 색깔, 냄새, 기능, 배치, 디자인 등을 크게 하거나 줄이거나 혹은 여러 방법으로 변경시키는 것이다. 이처럼 다른 것을 그대로 모방하는 것이 아니라 그 일부를 변경하는 것은 널리 활용되고 있는 방법이다. '모양을 수정하거나 확대하거나 혹은 축소하면 어떨까?'

어느 유대상인은 여행하던 도중 탐스러운 다이아몬드를 발견하고는 비싼 값에 사들였다. 얼마 후 자신의 나라로 돌아와 조심스럽게 다이아몬드를 다시 살펴보았을 때 그는 크게 실망할 수밖에 없었다. 표면에 미처 보지 못했던 작은 흠집이 있었던 것이다. 이 상태로는 제 값은 고사하고 구입한 값의 절반도 건지기 어려웠다. 그러나 유대상인은 그 다이아몬드를 적절히 변형시킴으로 구입한 가격보다 훨씬 비싼 값을 받고 팔 수 있었다. 그는 이 문제를 어떻게 해결하였겠는가? 상상에 맡긴다.

<표 5-3>에서는 변경하기, 확대하기, 축소하기의 방법으로 만들어진 여러 제품들의 예를 열거하고 있다.

<표 5-3> 변경/확대/축소하여 만든 제품들

	변경하기	확대하기	축소하기
제품의 예	•컬러 콘크리트 •향기나는 크레용 •과일맛 우유 •구부러진 물파스	•크게 만든 햄버거 •대형화되는 TV	•손목시계 •미니 초콜릿 바 •사오정전화기 •계산기 •내시경

9.5 다른 용도로 사용하기(Put to other uses)

'다른 용도로 사용하기'는 어떤 사물이나 아이디어를 전혀 다른 용도로 사용하는 것이다. '다른 용도로 사용할 수는 없을까?'

광활한 서산 앞바다를 메워 농토를 만드는 것은 정주영의 오랜 꿈이었다. 하지만 이곳은 간만의 차가 심할 뿐만 아니라 특히 썰물 때는 물살이 세어 방조제 공사가 불가능하다고 알려진 곳이었다. 1984년 정주영은 많은 반대를 무릅쓰고 공사에 착수했다. 하지만 마지막 물막이 공사가 가장 큰 난관이었다. 승용차만한 크기의 돌을 망태로 엮어 던져 넣어도 빠른 물살을 견디지 못하고 순식간에 휩쓸려 나갔다. 어떻게 손쓸 방도가 없었다.

정주영은 상식을 뛰어넘는 발상으로 이 문제를 해결하였다. 마침 고철로 팔려고 스웨덴에서 사들여온 20만톤급 유조선이 있었다. 그는 이 유조선을 방조제로 이동시켜 물줄기를 막아 놓고 바윗덩어리를 투하시켜 공사를 마무리지었다. 노후된 대형유조선을 이용하여 물의 흐름을 막아 둑을 완성하는 이 물막이 공사는 '정주영 공법'이라는 이름으로 해외에 소개되었다. 이 공법으로 정주영은 2백90억원의 공사비를 절감했으며, 여의도 면적의 33배에 해당하는 3천3백만평의 농지를 얻었다.

<그림 5-6> 정주영 공법에 의한 서산 방조제공사

다음은 다른 용도로 사용하기에 관한 몇 가지 다른 예들이다.

- 폐타이어를 이용하여 놀이기구를 만든다.
- 폐품을 사용하여 예술작품을 만든다.
- 모내기할 때 스타킹을 거머리 방지용으로 사용한다.
- 폐선박, 노후된 기차, 비행기를 식당이나 카페로 활용한다.

9.6 제거하기(Eliminate)

'제거하기'는 대상물에서 특정한 부분, 성분, 기능 등을 없애는 것이다. '특정한 부분을 없애면 어떨까?'

초창기 타이어는 얇은 고무막으로 만들어진 튜브가 그 안에 들어 있었고, 그 튜브에 공기를 주입하여 자동차의 승차감을 유지하게 하였다. 하지만 타이어의 튜브는 취약하여 쉽게 펑크가 나는 문제점을 안고 있었다. 특히 자동차의 속도가 빨라지면서 타이어의 잦은 펑크는 운전자의 안전을 심각하게 위협하였다.

많은 사람들이 펑크나지 않는 튜브를 만들기 위하여 고심하고 있을 때 전혀 다른 접근 방법으로 이 문제를 해결하려고 시도한 사람들이 있었다. 그들은 펑크문제의 주범인 튜브를 아예 없애버리고 타이어를 만들겠다는 당찬 생각으로 문제에 도전하였다. 그 아이디어는 마침내 튜브 없이 타이어에 공기를 직접 집어넣는 튜브리스타이어(tubeless tire)로 세상의 빛을 보게 되었다.

튜브리스타이어는 튜브를 사용하지 않는 대신 타이어 내면에 특수고무를 붙이고 타이어와 림 후렌지의 접촉에 의하여 공기가 새지 않도록 하고 있다. 이는 타이어제조업체인 미국의 굿이어(Goodyear)사에서 1948년에 실용화한 이후 수많은 사람들의 생명과 재산을 지켜주고 있다.

그밖에도 제거하기의 다른 예로는 카페인이 없는 커피, 무가당 주스, 무선전화기, 무선키보드, 마우스, 구멍 없는 벨트, 필름 없는 카메라 등이 있다.

9.7 재배열하기(Rearrange), 거꾸로 하기(Reverse)

'재배열하기'와 '거꾸로 하기'는 일의 형식, 순서를 재조정하거나 아예 거꾸로 해서 새로운 아이디어를 찾는 방법이다. '순서를 재조정하거나 반대로 하면 어떨까?'

청주에 있는 자전거 제조회사 '세계산업'은 자전거 페달을 정방향으로 밟았을 때는 물론 역방향으로 밟았을 때에도 전진하는 역구동주행장치를 세계 최초로 개발했다. 기존의 자전거는 페달을 앞으로만 밟게 되어있어 오래 타다 보면 근육이 쉬 피로해지고 관절에 무리가 오는 단점을 지니고 있다. 역구동주행자전거는 페달을 어떤 방향으로 밟아도 자전거가 전진하므로 피로를 덜 느끼게 하고, 관절에 무리를 주지 않으며, 근육을 균형적으로 발달시키는 장점을 가지고 있다.

이런 장점으로 인하여 개발된 역구동주행장치는 폭발적인 인기를 누리고 있으며 전 세계 48개국에 특허 출원중이다. 94년에는 미국 LA 국제 신기술 및 발명품 전시회에서 레저 및 스포츠 분야에서 금상을 수상했으며, 독일에서 열린 뉘른베르크 국제 아이디어 발명품 및 신제품 전시회에서는 자동차 운송기계 분야로 금상을 받았다.

거꾸로 하기와 관련된 다른 예로는 뒤집어 입는 옷, 상표를 밖에 붙인 옷, 재봉틀 바늘, 누드김밥, 거꾸로 타는 보일러 등이 있다. 또한 재배열하기의 예로는 출퇴근 자유시간제 등이 있다.

10. 강제연결법

기발한 아이디어는 전혀 관련이 없는 대상을 연결시킬 때 생겨나는 경우가 종종 있다. 따라서 뛰어난 아이디어를 얻으려면 사고의 영역을 보다 크게 넓히는 것이 중요하다. 하지만 사람들이 아이디어를 찾는 범주는 주어진 문제와 그 상황을 기초로 하여 이루어지므로 의외의 사고를 이끌어내는 것은 쉽지 않다. 예를 들어 브레인스토밍의 경우 참석자들이 비슷한 이해관계에 있기 때문에 그들로부터 얻어진 제안들은 대부분 비슷한 내용일 가능성이 높다.

강제연결법은 이런 문제점을 근본적으로 해결하기 위한 방법으로 전혀 관계없는 두 사물을 서로 연결시켜 새로운 기능을 만들어 내기 위하여 고안되었다. 즉 어떤 대상을 개선하기 위하여 전혀 상관없는 다른 대상을 임의로 선택하여 이 둘을 강제로 연결시키는 것이다. 연결될 다른 대상을 결정하는 방법은 여러 가지가 있다. 예를 들어 여러 대상의 이름들을 기록한 메모지를 박스에 모아 넣고 그 중에 하나를 임의로 선택하는 방법도 가능하다. 강제연결법은 다음의 절차에 따라 이루어진다.

① 개선할 대상을 선정한다.
② 연결할 대상을 무작위로 선택한다.
③ 연결할 대상의 속성을 찾아 열거한다.
④ 연결할 대상의 속성을 개선할 대상에 적용한다.

새로운 개념의 선풍기를 만들기로 결정하였다고 하자. 이 경우 선풍기는 개선할 대상물이 된다. 또한 연결할 대상물로 강아지가 선택되었다고 하자. 우리는 연결대상물인 강아지의 속성을 찾아야 한다. 이들은 다음과 같이 열거될 수 있다.

- 귀엽고 사랑스럽다.
- 기분 좋으면 꼬리를 흔든다.
- 주인의 말을 알아듣는다.
- 위험한 상황이 생기면 짖는다.
- 이리저리 뛰어 다닌다.
- 데리고 다닐 수 있다.
- 핥는다.

(a) 개선대상물

(b) 연결대상물

<그림 5-7> 개선대상물인 선풍기와 연결대상물 강아지

마지막으로, 연결대상물인 강아지의 속성들을 개선대상물인 선풍기에 적용시켜보자. <표 5-3>과 같이 개선된 선풍기를 생각해 낼 수 있다.

<표 5-3> 강제연결법에 의한 선풍기의 개선 아이디어

강아지의 속성들	선풍기에 적용된 사항
• 귀엽고 사랑스럽다. • 기분 좋으면 꼬리를 흔든다. • 말을 알아듣는다. • 위험한 상황이 생기면 짖는다. • 이리저리 뛰어 다닌다. • 데리고 다닐 수 있다. • 핥는다.	• 귀엽고 앙증맞게 설계한다. • 작동할 때 제멋대로 움직이게 한다. • 음성인식으로 작동하게 한다. • 선풍기에 이상이 생기면 소리가 난다. • 여기저기로 이동한다. • 휴대할 수 있도록 한다. • 먼지흡착기능을 추가한다.

연습 문제

5.1 특성열거법에 의하여 벽시계의 여러 특성들을 열거해 보라.

5.2 일상생활 중에서 부딪히는 문제점을 5가지 찾고 나름대로 해결방안을 제시하라.

5.3 냉장고에 대하여 희망사항들을 열거해 보라.

5.4 우리나라 고교교육의 문제점을 생선뼈 다이어그램으로 분석해 보라.

5.5 휴가철을 맞아 식구들이 함께 2박 3일의 가족여행을 가려고 한다. 마인드맵을 이용하여 여행계획을 세워보라.

5.6 SCAMPER를 적용하여 다음의 제품들을 개선해 보라.

1) 우산

2) 손목시계

3) 안경

4) TV

5.7 다음과 같이 개선대상물-연결대상물이 주어졌을 때 강제연결법을 이용하여 개선대상물에 대한 개선방안을 찾으라.

1) 가방-시계

2) 지우개-돼지

3) 냉장고-KTX

4) 선풍기-구름

5) 전화기-버스

[실습 5.1] 결점열거법

[내용] 우산의 문제점들을 찾아 각각에 대하여 해결방안을 찾아보라.

1. 우산의 문제점들을 10가지 이상 열거해 보라.

2. 열거된 우산의 문제점들에 대하여 해결 방안들을 제시해 보라.

[실습 5.2] 희망열거법

[내용] 휴대폰에 대하여 희망사항을 열거하고 각각에 대하여 실현 방안을 제시해보라.

1. 휴대폰에 대한 희망사항들을 10가지 이상 열거해 보라.

2. 각각의 희망사항들을 실현할 수 있는 방안들을 제시해 보라.

[실습 5.3] 브레인스토밍

[내용] 6-10명으로 팀을 구성하여 20분가량 브레인스토밍을 실시해 보라.

회의 주제는 적절히 정할 수 있다. 예를 들면 '수업 시간에 학생들을 집중시키려면', '학부를 발전시키려면', '학교 홍보를 활성화하려면' 등은 브레인스토밍에서 토의가 가능한 주제들이다.
브레인스토밍을 진행할 때는 다음 사항을 주의해야 한다.

- 다른 사람의 아이디어를 비판하거나 평가하지 말라.
- 자유롭게 의견을 발표하라.
- 어떤 아이디어든지 대환영. 아이디어는 많을수록 좋다.
- 다른 사람의 아이디어를 이용하여 새로운 아이디어를 만들라.

1. 토의에서 아이디어를 수집하라.

2. 제안된 아이디어를 평가하여 적절한 대안을 제시하라.

[실습 5.4] SCAMPER법

[내용] SCAMPER법을 이용하여 선풍기를 개선해 보라.

1. 대체하기:

2. 결합하기:

3. 적용하기:

4. 변경/확대/축소하기:

5. 다른 용도로 사용하기:

6. 제거하기:

7. 재배열하기/거꾸로 하기:

[실습 5.5] 강제연결법

[내용] 강제연결법을 사용하여 새로운 개념의 신발을 만들려고 한다. 연결대상으로 고양이를 사용하기로 정하였다.

1. 고양이의 속성을 열거하라.

2. 고양이의 속성을 신발에 적용하여 개선할 아이디어를 생각하라.

제6장 TRIZ 기법

1. TRIZ란 무엇인가?

1.1 TRIZ의 탄생

트리즈(TRIZ)는 창의적 문제해결 이론(theory of inventive problem solving)의 러시아말인 Teoriya Resheniya Izobretatelskikh Zadatch의 머리글자다. 이 이론은 1946년 구소련의 발명가인 알트슐러(G. Altshuller)에 의하여 창안되었다.

알트슐러는 1926년 구소련의 타쉬켄트에서 태어났다. 그는 열네살 때 수중잠수장치를 발명한 것을 시작으로 수많은 발명품들을 창안하였다. 그러한 공적을 인정받아 알트슐러는 1946년 소련 해군특허국에 배치되어 엔지니어의 특허등록을 담당했다. 그곳에서 특허에 관해 발생하는 기술적인 문제들을 해결해 주면서 그는 말하곤 했다. “나만 발명하면 그만인 것이 아니라 발명을 원하는 사람들을 돕는 일이 내겐 중요하다.”

그는 발명을 위한 체계적인 방법론을 개발해야 한다고 생각했다. 알트슐러는 특허국에서 방대한 특허내용들을 조사하면서 특허에 어떤 법칙이 존재하고 있음을 깨닫게 되었다. 이 법칙을 이론으로 정리한 것이 훗날 TRIZ가 되었다.

1950년 알트슐러는 스탈린 치하의 소련 당국에 의하여 체포되었다. 죄목은 발명가의 사보타지 혐의였고 그는 25년형을 선고받았다. 모스크바 감옥에서 심문을 받는 동안 알트슐러에게는 잠자는 것이 허락되지 않았다. 그는 그런 상황에서는 도무지 살아남을 수 없을 것으로 생각했다. 그는 자신의 문제를 다음과 같이 정의했다. "어떻게 하면 자는 것과 자지 않는 것을 동시에 할 수 있을까?"

알트슐러는 종이 위에 성냥을 태운 숯으로 눈동자를 그렸다. 동료들은 그 종이를 알트슐러의 눈 위에 붙여주었고 그는 감시구멍을 마주한 채 앉아서 잠을 잘 수 있었다.

감옥생활을 하면서 알트슐러는 많은 지식인들을 만날 수 있었다. 그곳에서 그는 1인 대학(one student university)을 열어 매일 수업과 세미나에 참석하는 방법으로 대학교육을 이수하였다. 그는 감옥에서 교육을 받으면서 동시에 TRIZ 이론을 개발하는데 전력을 기울였다.

1953년 스탈린은 사망하였고 그 후 알트슐러는 감옥에서 석방되었다. 그는 감옥에서 풀려난 이후에도 계속해서 TRIZ의 원리를 연구하였고 사람들에게 알리는데 주력하였다. 알트슐러의 연구결과는 다양한 학문 분야에 파급되어 과학, 사업, 경영, 교육 분야의 문제에까지 적용되었다. 그러나 스탈린 사망 이후에도 소련정부는 TRIZ의 사용을 방해하였으며, TRIZ를 사용하여 돈 버는 것을 금지시켰다.

TRIZ는 오랫동안 서방세계에 알려지지 않은 채 묻혀 있었다. 1970년대에 알트슐러의 책과 기사들은 탈출한 몇몇 유대계 러시아 학자들에 의하여 서방세계에 단편적으로 소개되기도 했다. 본격적으로 TRIZ가 서방세계에 소개된 것은 1989년 베를린 장벽이 붕괴된 이후였다. 1989년에는 알트슐러를 회장으로 하는 러시아 TRIZ협회가 설립되었다. 1998년 9월 알트슐러는 72세의 나이로 세상을 떠났다.

1.2 TRIZ의 이상성

기술시스템이란 필요로 하는 기능을 얻기 위한 것이다. 전통적인 기술자들의 기술시스템에 대한 생각은 이러하다. "우리에게 어떤 기능이 필요하다면 그 기능을 수행하는 장치를 만들어야 한다."

이에 반하여 TRIZ에서 추구하는 이상적 해결책은 다음과 같다. "우리는 기술시스템에서 새로운 장치를 도입하지 않고도 원하는 기능을 얻어야 한다."

TRIZ의 이상성(ideality)은 유용한 기능을 유해한 기능으로 나눈 값으로 다음과 같이 정의된다.

$$이상성 = \frac{유용한기능}{유해한기능}$$

위의 식에서 유용한 기능이란 시스템에서 필요로 하는 기능들을 가리킨다. 또한 유해한 기능이란 비용, 공간, 과다한 열, 소음, 에너지, 위험과 같이 시스템이 원하지 않는 결과를 말한다. 이상성을 높이려면 유용한 기능을 증가시키거나 유해한 기능을 감소시켜야 한다. 결국 이상적 해결책이란 이상성의 값이 무한대에 이르게 되는 해결책을 의미한다.

기술시스템이 개선될 때마다 이상성의 값은 점차 높아지게 마련이다. 그 결과 저렴한 비용을 사용하고, 작은 공간을 차지하며, 보다 낮은 에너지를 소모하게 된다. 이상성은 기술시스템에서 기존 자원들을 최대한 활용하는 정도를 나타낸다. 기존의 자원을 더 자유롭게 그리고 보다 충분히 활용할수록 시스템은 더욱 이상적이 된다. 우리는 이상성의 크기에 의하여 발명의 우수성을 평가할 수 있다. 발명에 있어서 이상성이 낮아질수록 시스템은 더욱 복잡해진다. 그 반대로 시스템의 이상성이 최대가 되면 어떤 일이 일어나겠는가? 메커니즘을 수행하는 장치는 사라지면서도 원하는 기능은 이루어진다.

이상성이 최대화된 시스템의 사례를 소개한다. 남미에 있는 한 육류공장은 항공편으로 제품을 미국에 운송하였다. 운송 도중 내내 고기는 얼려져 있어야 했으므로 비행기 내부에 냉동시스템을 설치하였다. 업체들 간에 경쟁이 심해지자 운송비용을 줄이는 방법을 찾아야 했다. 비행기 안의 냉동시스템을 제거하는 방안이 제기되었다. 비행기가 15,000~25,000 피트 고도에서 비행할 경우 공기의 온도는 영하를 유지하므로 별도의 냉동시스템이 필요 없었던 것이다. 그들은 냉동시스템을 제거하고 그 무게만큼 고기를 더 실을 수 있었다. 추가로 장치를 만들지 않아도 기존의 자원을 활용하여 시스템을 최대 이상성에 도달하게 했던 것이다.

1.3 TRIZ의 모순

알트슐러는 150만 여개의 특허를 분석하면서 한 가지 개념을 발견하였다. 창의적인 방법으로 문제를 해결한 사례들은 모두 공통된 특징이 있었다. 그것은 상충하는 문제를 해결하였다는 점이다. 여기서 상충하는 문제란 기술적 시스템에서 한 가지 특성을 개선하려고 할 때 다른 특성이 악화되는 현상을 가리킨다. 알트슐러는 이를 '모순'이라고 불렀다. 그는 많은 노력을 기울여 모순되는 두 개의 특성으로부터 해결의 원리를 도출하는 40개의 발명원리를 정리하였다.

고대 그리스의 철학자 아리스토텔레스는 모순을 해결하는 방법에 대하여 다음과 같이 말하였다. 대립하며 모순되는 두 개의 의견이 있을 때 이를 해결하는 방법에는 세 가지가 있다. 첫 번째 방법은 각자의 주장 가운데에서 의견이 일치하는 부분을 찾아내어 이들을 중심으로 서로 조금씩 양보하는 것이다. 공통부분이 어느 정도 이상 커지게 되면 우선 이 부분만이라도 협약할 수 있다. 두 번째 방법은 제 삼자의 권위 하에서 서로 타협을 이루는 것이다. 이 방법은 외부의 힘으로 양측을 억누르고 있을 뿐 모순의 문제를 근본적으로 해결하지 못하고 있다. 마지막 세 번째 방법은 대립하는 양측 모두를 동시에 만족시키는 아이디어를 찾는 것이다. 이는 충돌을 원천적으로 제거하는 완전한 해결책을 제시하는 것이다.

알트슐러는 발명이 기술적 모순을 해결하는 방법임을 깨달았다. 그는 기술분야에서 발생하는 모순을 명쾌하게 해결하는 방법론을 고안했다. 그의 방법론은 부딪힌 문제점을 타협하는 것이 아니라 이상적인 해결책을 찾는데 목표를 두고 해결책을 찾는 것이었다. 알트슐러는 이를 다음과 같이 표현했다. "일반적인 해결책은 모순과 타협하지만 창의적인 해결책은 모순을 극복함으로 이루어진다."

2. 창의적 문제해결의 수준

알트슐러는 특허들을 조사하면서 기술적 문제의 해결책들을 수준1에서 수준5까지 다섯 단계로 분류하였다.

- 수준1 : 간단한 해결

- 수준2 : 작은 개선
- 수준3 : 산업계 내의 혁신
- 수준4 : 산업계 밖의 발명
- 수준5 : 새로운 현상의 발견

2.1 수준1의 문제해결

수준1의 해결책은 잘 알려진 방법을 사용하여 쉽게 문제를 해결하는 방법이다. 이는 다음의 특징이 있다.

- 기술적 모순이 존재하지 않는다.
- 시스템 내의 한두 가지 변수들을 조절하여 문제를 해결한다.
- 기존의 시스템을 변경하지 않는다.

예를 들어 운송회사에서는 수송 효율을 높이기 위해 작은 화물차 대신 큰 화물차를 이용한다. 또한 건물 내부의 열손실을 막기 위하여 단열재를 사용한다. 이러한 방법들은 간단한 방법으로 쉽게 문제를 해결할 수 있는 것으로 수준1의 해결책에 해당된다.

2.2 수준2의 문제해결

수준2의 해결책은 시스템 내의 일부를 변경하여 작은 개선을 얻는 방법이다. 이는 다음과 같은 특징이 있다.

- 기술적 모순이 존재한다.
- 타협을 통하여 최적의 해결방안을 찾아낸다.
- 문제가 속해있는 기술분야 내에서 해결책을 찾는다.
- 기존의 시스템을 유지하면서 일부를 변경한다.

아크용접에서 온도는 5,000~6,000도에 달하며 강한 자외선이 방출된다. 만약 작업자가 아무런 장비 없이 작업을 하게 된다면 눈이 상하게 된다. 그러나 눈을 보호하기 위해 얼굴에 보호마스크를 착용한다면 앞이 보이지 않아 용접을

할 수 없다. 이는 모순이다.

모순	보호마스크를 사용하지 않으면 눈이 상하게 된다.
	보호마스크를 사용하면 용접대상물이 보이지 않는다.

이 문제를 해결하기 위하여 타협방안을 실시할 수 있다. 그것은 보호마스크 전면에 자외선을 방지하는 특수거울을 삽입하는 것이다. 이 방법은 모순의 문제를 완전히 해결하지는 못한다. 특수거울이 부착된 보호마스크를 쓰면 맨눈처럼 명확하게 잘 보이지 않는다. 작업 중에 마스크를 벗었다 썼다 해야 하는 불편도 있다.

다른 예도 있다. 감자를 보관하는 일은 쉽지 않다. 캐낸 감자를 그대로 보관하게 되면 표면에 존재하는 박테리아 때문에 얼마 지나지 않아 썩어버리게 된다. 이 문제를 해결하기 위해 열을 가하여 표면의 박테리아를 죽이는 경우 감자도 함께 상하게 된다. 열을 가할 수도 없고 가하지 않을 수도 없는 모순이 존재한다.

모순	감자를 그대로 저장하면 박테리아로 인하여 금방 썩게 된다.
	박테리아를 죽이기 위해 표면에 열을 가하면 감자가 상하게 된다.

이 문제를 해결하기 위해 타협책이 사용되고 있다. 700도의 불꽃에 5초 정도 감자를 노출시키는 것이다. 이렇게 하면 감자를 크게 손상시키지 않으면서도 표면의 박테리아들을 모두 죽일 수 있다.

그 밖에도 철제구조물의 무게를 줄이기 위하여 구멍을 뚫는 것은 수준2의 문제해결에 해당한다.

2.3 수준3의 문제해결

수준3의 해결방법은 시스템을 본질적으로 개선하는 산업계 내의 혁신이다. 이는 현 시스템에 존재하는 문제점을 해결하기 위하여 다른 산업계에서 이용되고 있는 방법을 도입한다. 수준3의 해결 특징은 다음과 같다.

- 기술적 모순이 존재한다.
- 다른 산업계에서 이용되고 있는 기술을 도입하여 문제를 해결한다.
- 기존 시스템에 대한 본질적인 개선을 수행한다.
- 원래의 시스템에 상당한 변화가 생겨난다.

1938년 헝가리에서 신문기자로 일하던 비로(L. Biro)는 취재를 하던 중 펜의 잉크가 쉬 중단되어 불편을 겪었다. 그는 잉크를 채운 대롱에 펜을 끼워 쓰는 방법을 고안하여 사용하였다. 제2차 세계대전이 발발했을 때 아르헨티나로 망명한 그는 연구를 거듭하여 오늘날의 볼펜을 개발하는 데 성공하였다. 펜을 사용하던 이전의 방식에는 다음과 같은 모순이 존재하였다.

모순	잉크를 조금씩 찍어 사용하는 펜으로는 글씨를 오래 쓸 수 없다.
	펜에 잉크를 많이 묻히면 글씨를 쓸 때 자칫 잉크가 흘러내린다.

이러한 모순을 해결하기 위하여 비로는 대롱에 잉크를 넣은 볼펜을 개발함으로 오랫동안 글을 쓸 수 있는 새로운 필기도구를 개발하였다.

그 밖에 수준3의 문제해결에 해당하는 예로는 컴퓨터 마우스와 자동트랜스미션의 발명이 있다.

2.4 수준4의 문제해결

수준4의 해결은 시스템을 완전히 바꾸는 것으로 속해있는 산업계를 벗어난 발명에 해당한다. 이는 새로운 과학적 원리를 도입하여 시스템에 존재하는 문제점을 해결하게 된다. 수준4의 문제해결 특징은 다음과 같다.

- 기술적 모순이 존재한다.
- 새로운 과학적 원리를 응용한다.
- 기존의 시스템이 완전히 바뀌게 된다.

보조기억장치의 매체로 한 때 널리 사용되었던 플로피디스켓에는 다음과 같은 모순이 존재하였다.

모순	디스켓의 기록 용량을 늘리면 에러가 많이 발생한다.
	기록의 정확성을 높이게 되면 디스켓의 기록 용량이 줄어든다.

이러한 모순은 네덜란드 필립스사와 일본의 소니사에 의하여 공동으로 개발된 CD(compact disk)로 해결되었다. 레이저를 이용하여 판독하는 CD가 출현함으로 에러가 적으면서도 대량으로 데이터를 기록할 수 있는 방법이 가능하게 되었다.

그 밖에 수준4의 문제해결에 해당하는 예로는 광섬유통신, 최초의 전구, 복사기 등이 있다.

2.5 수준5의 문제해결

수준5의 해결은 현재의 과학지식을 벗어나는 신기술로 말미암는 것이다. 이는 우연히 발견된 새로운 현상을 이용하여 시스템의 문제를 해결하는 것으로 다음과 같은 특징이 있다.

- 과학지식의 한계를 넘는 새로운 기술을 발견한다.
- 가끔 우연한 사건을 통하여 일어난다.
- 새로운 산업을 태동시킨다.

전자레인지는 2차 세계대전 직후 영국의 스펜서(P. Spencer)에 의하여 발명되었다. 가난하여 초등학교를 중퇴하고 레이턴 전자회사에 취직했던 그는 20년 뒤 전자관을 만드는 기술자가 되었다. 어느 날 회사에서 일하던 그가 주머니 속에 들어있던 사탕을 꺼내 먹으려고 손을 넣었을 때 사탕이 녹아 있었다. 그는 직감적으로 전자관에서 발생한 눈에 보이지 않는 그 무엇이 사탕을 녹였을 것으로 생각했다. 다음날 스펜서는 간식으로 가져온 옥수수를 전자관 가까이에 놓았다. 그러자 옥수수는 부풀며 팝콘으로 튀겨져 나왔다. 전자관에서 발생된 전자파가 음식을 빨리 익힐 수 있다는 사실을 알아낸 그는 실험을 거듭한 끝에

1945년 전자레인지의 특허를 취득하였다.

그 밖에 수준5의 문제해결에 해당하는 예로는 트랜지스터, 레이저, X-레이, 페니실린, 초전도체 등이 있다.

이상의 다섯가지 문제해결의 각 수준에 대하여 분류된 특허 건수의 비율은 <그림 6-1>에서 보는 바와 같다. 수준1과 수준2에 속하는 특허는 누구든지 쉽게 얻어낼 수 있는 아이디어를 사용한 것으로 그 합은 전체 특허들 가운데 77%에 달한다. 수준5의 문제해결은 고심하여 얻은 발명이기보다는 우연히 찾은 발견에 가까우며, 관련된 특허건수는 1% 미만에 불과하다. 누가 보아도 창의적이라고 평가되는 뛰어난 특허들은 수준3과 수준4에 속한 것들이었다. 알트슐러는 수준3과 수준4의 문제를 창의적으로 해결하는데 도움을 줄 수 있는 TRIZ방법론을 찾으려고 했다. 그 결과 그는 수많은 특허자료들을 조사하여 모순의 문제를 해결할 수 있는 40개의 발명원리를 찾아내게 되었다.

참고로 TRIZ 방법론에서 창의성이란 획기적인 새로운 발상을 의미하지는 않는다. 이는 당면한 문제를 해결하기 위하여 다른 영역에서 이미 시도되었던 유사한 문제해결방법을 찾아내 적용을 시도하는 것이다.

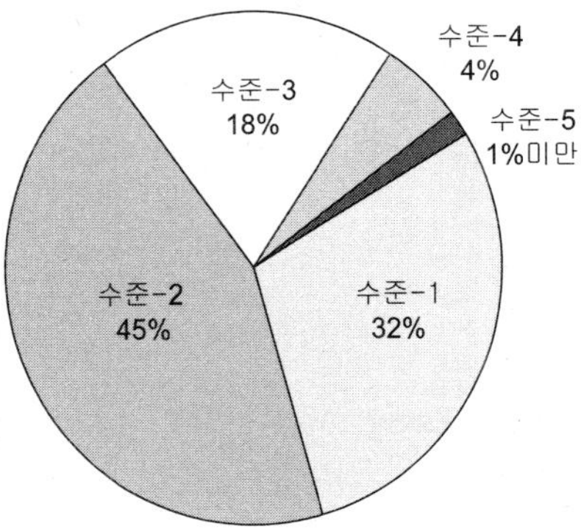

<그림 6-1> 문제해결의 수준에 따른 특허건수의 비율

3. TRIZ의 작동원리

2차 방정식 $2x^2 - 5x + 3 = 0$ 을 풀려고 할 때 만약 근의 공식을 알지 못한다면 어떻게 할 것인가? 많은 수치를 대입하는 시행착오의 방식으로 방정식을 만족하는 해를 찾으려 할 것이다. 그러나 일반화된 2차방정식 $ax^2 + bx + c = 0$과 그 방정식의 해를 구하는 공식 $\frac{-b \pm \sqrt{b^2 - 4ac}}{2a}$ 를 알고 있다면 우리는 매우 쉽게 주어진 방정식의 해 x = 1, 3/2을 얻을 수 있다. <그림 6-2>는 이 같은 내용을 보여주고 있다.

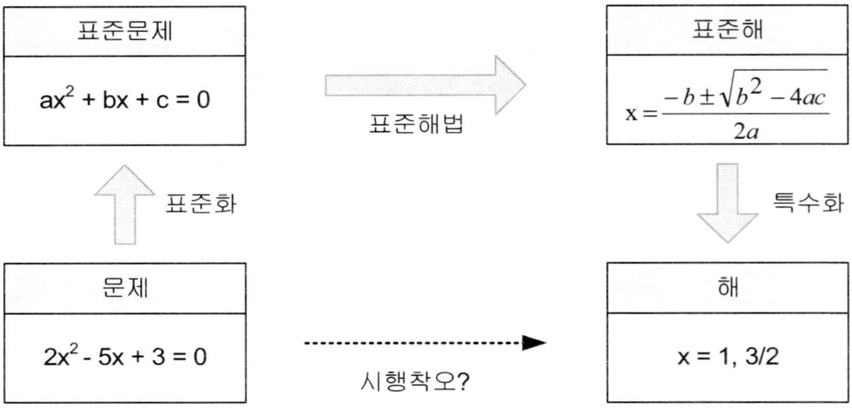

<그림 6-2> 표준화를 통한 2차방정식의 해

TRIZ는 이와 유사한 원리로 주어진 문제를 해결하는 방법이다. TRIZ는 <그림 6-3>에서 보는 바와 같이 기술적 모순이 존재하는 문제를 39가지 유형의 표준문제로 분류하고, 그 표준문제들을 해결하는 40가지의 표준해결방안을 제시한다. 이 표준문제와 표준해결방안은 알트슐러가 수많은 특허들을 조사하여 정리해낸 모순의 내용과 이를 해결하기 위한 발명원리인 것이다. 따라서 해결하기 어려운 기술적인 문제에 부딪혔을 때는 먼저 그 문제가 39개의 표준문제 중에 어떤 유형에 속한 것인지 살펴본다. 그런 다음 40개의 발명원리로부터 해당 표준문제의 표준해결방안을 찾고, 그 해결방안을 이용하여 주어진 원문제의 해결방안을 유추하게 된다.

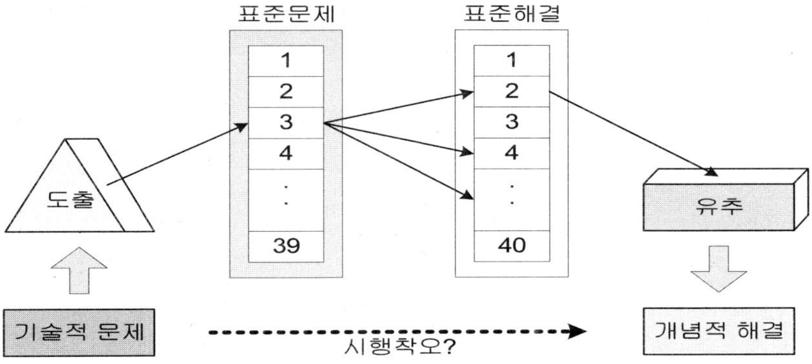

<그림 6-3> TRIZ의 문제해결 방식

4. TRIZ의 모순과 해결방법

TRIZ의 모순이란 시스템에서 어느 한 가지 특성을 개선하면 다른 특성이 악화되는 상황을 가리킨다. 이러한 모순에는 기술적 모순과 물리적 모순이 있다. 모순을 해결하는 전통적인 방법은 타협을 시도하는 것이다. 하지만 이러한 방법은 어느 한쪽도 충분히 만족시키지 못한다. TRIZ에서는 상호 모순되는 양편 모두를 동시에 만족시키는 이상적인 해결방법을 찾는 것을 목표로 한다.

4.1 기술적 모순

기술적 모순이란 한 시스템 내에서 둘 이상의 요소나 파라미터가 서로 대립하는 경우를 가리킨다. 즉 하나의 요소나 파라미터를 개선하면 다른 요소나 파라미터가 악화되는 것이다. 차량의 힘과 연료소모량의 경우를 예를 들어 보자. 차의 힘을 증가시킨다면 연료의 소모량은 늘어나게 된다. 반대로 연료의 소모량을 줄이면 차의 힘은 감소하게 된다. 이처럼 차량의 힘과 연료소모량은 서로 모순관계에 있다.

다른 예를 한 가지 더 들어보자. 비행기의 속도를 높이려면 출력이 높은 엔진을 장착해야 한다. 그런데 출력을 높이려면 엔진이 커져야 하고 그에 따라 엔진은 무거워진다. 결국 출력이 높은 엔진을 장착하면 비행기의 무게가 증가하여 비행기의 속도는 떨어지게 된다. 그렇다고 가벼운 엔진을 장착한다면 출력의 한계 때문에 속도를 증가시키기는 어렵게 된다.

일반적으로 엔지니어들이 부딪히는 어려움은 이와 같은 기술적 모순들이다. 이러한 기술적 모순은 엔지니어가 한 가지 문제를 해결하고 난 후 곧바로 터져 나오는 다른 부작용과 함께 생겨난다. 엔지니어들은 이런 기술적 모순문제를 해결하고자 많은 시간과 노력을 기울인다. TRIZ는 기술적모순과 씨름하는 엔지니어들에게 최적의 타협이 아니라 이상적인 해를 찾도록 도와준다.

4.2 물리적 모순

기술적 모순이 서로 다른 두 파라미터가 충돌하는 상황이라면, 물리적 모순은 하나의 파라미터가 서로 다른 값을 동시에 가져야 하는 상황을 가리킨다. 예를 들어 비행기의 경우 이착륙할 때는 바퀴가 필요하지만 비행 중에는 공기의 저항을 줄이기 위해 바퀴가 없는 것이 바람직하다. 특히 초음속 비행기의 경우 동체의 바퀴는 엄청난 공기 저항을 유발하므로 비행 중에는 반드시 없어져야만 한다. 이런 상황은 비행기의 바퀴는 있어야 하며 또한 없어야 하는 모순이다.

다른 예를 들어보자. 절삭공구가 마모되지 않고 부품을 오래 가공하려면 경도가 높아야 한다. 하지만 경도가 높아지면 공구는 쉽게 부러지는 문제가 발생한다. 여기서 공구의 경도는 물리적 모순에 해당한다. 공구는 마모되지 않으려면 경도가 높아야 한다. 또한 부러지지 않으려면 경도가 낮아야 한다.

<표 6-1>에서는 물리적 모순이 존재하는 파라미터들과 그 내용을 기술하고 있다. 기술자들이 작업현장에서 쉽게 발견할 수 있는 것은 기술적 모순이다. 물리적 모순은 잘 드러나지 않으므로 찾아내기가 쉽지 않다. 하지만 발견된 기술적 모순을 면밀히 분석해 보면 그 밑바닥에 자리 잡고 있는 물리적 모순을 찾아낼 수 있다. 따라서 기술적 모순을 발견했을 때 이를 직접 해결하는 것도 의미가 있지만 바탕에 깔린 물리적 모순을 찾아내어 해결하는 것이 문제를 보다 근본적으로 해결하는 길이다.

<표 6-1> 물리적 모순의 예

파라미터	물리적 모순의 내용
온도	뜨거우면서 동시에 차가워야 한다.
길이	길면서 동시에 짧아야 한다.
크기	크면서 동시에 작아야 한다.
두께	두꺼우면서 동시에 얇아야 한다.
표면 거칠기	거칠면서 동시에 매끄러워야 한다.
강도	강하면서 동시에 약해야 한다.
경도	단단하면서 동시에 유연해야 한다.
날의 각도	날카로우면서 동시에 무디어야 한다.
존재	있으면서 동시에 없어야 한다.
....	....

4.3 TRIZ모순의 해결 방법

TRIZ모순이 존재하는 문제를 우리는 어떻게 해결할 수 있는가? <그림 6-4>에서 보여주는 바와 같이 2가지 접근방법으로 해결을 얻어낼 수 있다. 첫 번째 접근으로는 앞서 설명한 TRIZ 모순표를 사용하는 것이다. 즉 기술적 모순이 존재하는 문제를 TRIZ 표준문제로 전환한 다음 표준해결방법을 찾아 해를 유추하는 방법이다. 대부분 기술적 모순의 문제들은 TRIZ 모순표를 사용하면 효과적으로 해결된다.

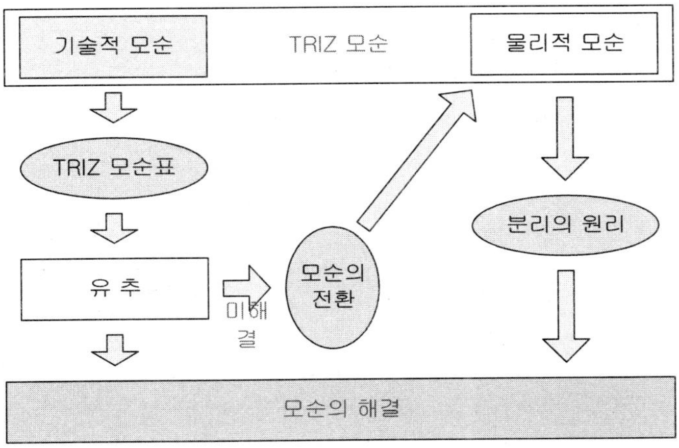

<그림 6-4> TRIZ 모순의 해결접근방안

하지만 일부 기술적 모순들은 여전히 미해결로 남아있을 수 있다. 이런 경우 두 번째 해결방안을 시도하게 된다. 이는 분리의 원리를 사용하는 것이다. 하지만 분리의 원리는 물리적 모순의 문제에만 적용이 가능하다. 따라서 두 번째 해결방안을 이용하려면 기술적 모순문제를 물리적 모순문제로 전환시켜야 한다. 다행스럽게도 모든 기술적 모순문제는 물리적 모순문제로 전환시킬 수 있다고 알려져 있다. 결론적으로 말해 미해결된 기술적 모순문제를 물리적 모순문제로 바꾼 다음 차후에 설명할 분리의 원리를 이용하면 해결책을 얻을 수 있다.

5. TRIZ 모순표

5.1 TRIZ 모순표의 개요

TRIZ 모순표는 기술적 모순의 해결방안을 제공하는 행렬표를 가리킨다. <그림 6-5>에서 보는 바와 같이 행렬표의 행과 열에는 각각 39개의 엔지니어링 파라미터들로 채워져 있다. 이들 중 행렬의 좌단에는 개선되는 파라미터들이, 행렬의 상단에는 악화되는 파라미터들이 열거되고 있다.

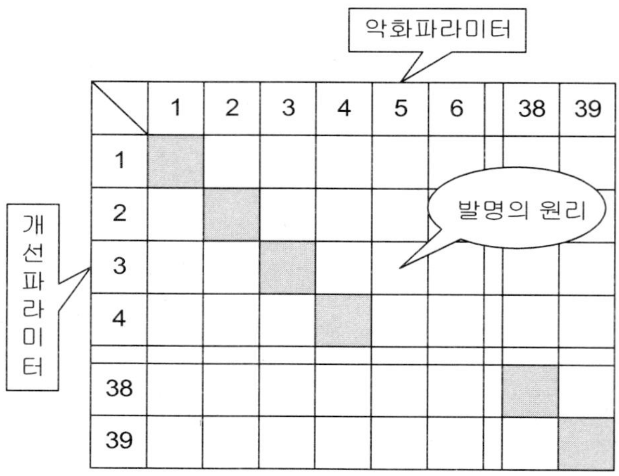

<그림 6-5> TRIZ 모순표

5.2 TRIZ의 엔지니어링 파라미터

알트슐러는 기술적 모순에서 서로 상반되는 파라미터들을 39가지로 표준화하였다. 이들이 TRIZ의 엔지니어링 파라미터다. <표 6-2>에서는 이들 파라미터의 내용을 소개하고 있다.

<표 6-2> TRIZ 모순표의 엔지니어링 파라미터

번호	파라미터의 내용	번호	파라미터의 내용
1	움직이는 물체의 무게	21	동력(power)
2	고정된 물체의 무게	22	에너지의 낭비
3	움직이는 물체의 길이	23	물질의 낭비
4	고정된 물체의 길이	24	정보의 손실
5	움직이는 물체의 면적	25	시간의 낭비
6	고정된 물체의 면적	26	물질의 양
7	움직이는 물체의 부피	27	신뢰성
8	고정된 물체의 부피	28	측정의 정확성
9	속도	29	제조의 정확성
10	힘(force)	30	물체에 작용하는 유해한 요인
11	압력	31	유해한 부작용
12	모양	32	제조용이성
13	물체의 안정성	33	사용편의성
14	강도	34	수리가능성(repairability)
15	움직이는 물체의 내구력	35	적응성(adaptability)
16	고정된 물체의 내구력	36	장치의 복잡성
17	온도	37	조절(control)의 복잡성
18	밝기	38	자동화의 정도(level)
19	움직이는 물체의 소모 에너지	39	생산성
20	고정된 물체의 소모 에너지		

5.3 TRIZ 발명의 원리

알트슐러는 모순을 해결하기 위하여 수많은 특허들로부터 40가지의 발명원리를 추출해 냈다. <표 6-3>에서는 이들 발명원리를 소개하고 있다. 부록-2에 수록되어 있는 TRIZ 모순표를 살펴보라. 여기 서로 모순된 두 파라미터의 행과 열이 교차하는 지점에는 TRIZ 발명의 원리를 가리키는 번호들이 열거되어 있다. 따라서 현장의 엔지니어들이 기술적 모순의 문제를 해결하려면 TRIZ 모순표로부터 모순에 해당된 교차지점에 열거된 발명원리를 참조하여 해결 방안을 유추해야 한다.

<표 6-3> TRIZ 발명의 원리

번호	발명의 원리	번호	발명의 원리
1	분리/분할	21	고속처리
2	추출하기	22	해로움을 이로움으로
3	부분적인 품질의 최적화	23	피드백하기
4	불균형, 비대칭 시키기	24	중간에 매개물 쓰기
5	시간과 공간을 합하기	25	스스로 하기
6	다기능화하기	26	복제
7	포개어 넣기	27	비싸고 오래 쓰는 것을 싸고 짧게
8	균형 잡기, 무게중심두기	28	기계적 시스템의 교체
9	사전에 역조치하기	29	공기식/수압식 구조물
10	사전에 준비조치하기	30	유연한 막이나 얇은 필름
11	사전에 보호조치하기	31	구멍 많은 소재의 사용
12	똑같은 높이로 하기	32	색깔 변경
13	반대로 하기	33	동질성
14	둥글게 하기	34	폐기 및 재생
15	유연하게 하기	35	속성변환
16	부분적으로 혹은 더 많이 작용하기	36	상태 변형
17	차원으로 바꾸기	37	열팽창 이용하기
18	기계적 진동	38	산화작용
19	주기적 작동	39	비활성상태
20	유용한 작용의 지속	40	복합소재 사용

5.4 TRIZ 모순표를 이용한 문제해결의 절차

<그림 6-6>의 TRIZ 모순표를 이용하여 기술적 모순이 존재하는 문제의 해결방안을 찾는 절차를 체계적으로 설명해보면 다음과 같다.

① 문제를 정확히 기술하고 그로부터 존재하는 기술적 모순을 찾는다.

② 기술적 모순 가운데 개선이 필요한 내용을 정의한다.

③ 개선파라미터를 선택한다. 여기서는 3번 파라미터가 선택되었다.

④ 개선을 위하여 변화를 줄 때 악화되는 내용을 정의한다.

⑤ 악화파라미터를 결정한다. 여기서는 5번 파라미터가 선택되었다.

⑥ 두 파라메터의 교차지점에서 발명의 원리를 찾는다. 15번, 7번, 3번이

추천되었다.

⑦ 추천된 표준해결원리들로부터 주어진 문제의 해결방안을 유추한다.

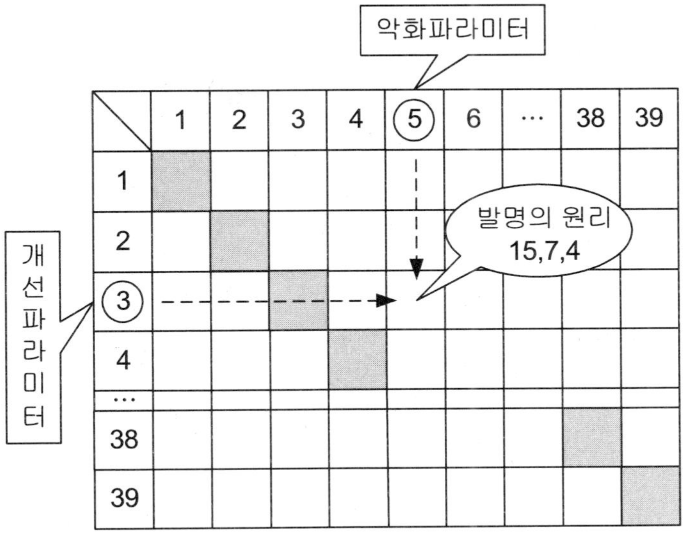

<그림 6-6> TRIZ 모순표에서 표준해결원리 찾기

6. TRIZ 모순표를 이용한 문제해결의 사례

초창기 헬리콥터에서는 프로펠러의 회전속도를 일정하게 하기 위하여 <그림 6-7>과 같이 무거운 볼을 이용한 원심조속기가 사용되었다. TRIZ 모순표를 사용하여 원심조속기에 존재하는 기술적 모순문제를 해결하여 보자.

6.1 기술적 모순

원심조속기에 들어있는 볼의 무게를 무겁게 하면 헬리콥터의 무게가 증가하여 비행속도와 연료소비가 많아진다. 반면에 볼의 무게를 가볍게 하면 프로펠러의 속도조절을 위한 원심조속기의 역할이 감소된다. 따라서 원심조속기에는 다음과 같은 기술적 모순이 존재한다.

- 헬리콥터의 무게: 회전하는 볼의 무게는 헬리콥터를 무겁게 하므로 가벼울수록 좋다.
- 원심력: 속도조절을 위한 원심력의 증가를 위해서는 볼의 무게가 무거워야 한다.

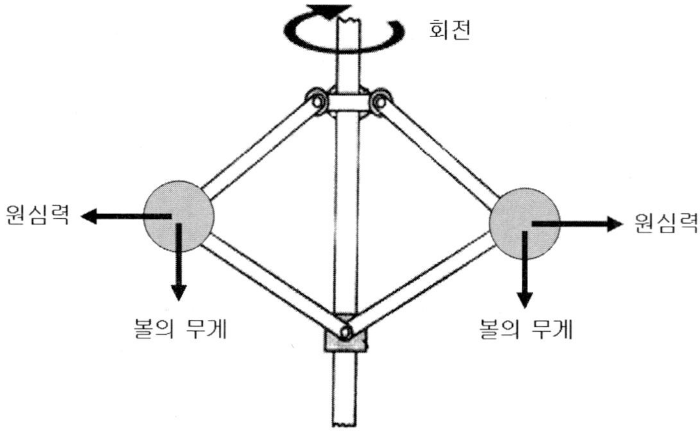

<그림 6-7> 원심조속기의 원심력과 볼의 무게

6.2 파라미터의 선택

헬리콥터의 무게를 감소시키려 하면 결과적으로 조속기의 원심력이 감소된다. 따라서 헬리콥터의 무게는 개선파라미터가 되고 조속기의 원심력은 악화파라미터가 된다. <표 6-3>에 열거된 39개의 엔지니어링 파라미터들로부터 개선파라미터와 악화파라미터는 다음과 같이 결정된다.

- 개선파라미터: 움직이는 물체의 무게(파라미터 1)
- 악화파라미터: 힘(파라미터 10)

개선하려는 파라미터 \ 악화되는 파라미터		1 움직이는 물체의 무게	2 고정된 물체의 무게	·· ··	10 힘	·· ··	38 자동화의 정도	39 생산성
1	움직이는 물체의 무게	-			8, 10 18, 37			
2	고정된 물체의 무게		-					
:	:							
38	자동화의 정도						-	
39	생산성							-

<그림 6-8> 원심조속기 문제에 대한 TRIZ 모순표

6.3 표준해결원리의 선택

개선파라미터 1과 악화파라미터 10이 만나는 지점으로부터 4가지의 표준해결원리 8, 10, 18, 37을 얻게 된다. 부록-3으로부터 해당되는 표준해결원리를 찾으면 다음과 같다.

[원리 8] 균형 잡기

a. 물체의 무게를 양력을 가진 다른 물체와 연결하여 상쇄한다.

b. 물체의 무게를 공기나 물에 의한 주위환경과 상호작용하게 한다.

예: 수중 날개를 갖는 보트, 광고 문구를 단 헬륨풍선

[원리 10] 사전에 준비조치하기

a. 필요한 동작의 전부나 일부를 미리 수행하라.

b. 물체가 편리한 위치에서 적절한 방식으로 동작하도록 배열하라.

예: 피부 손상 없이 기브스를 제거하도록 한다.

[원리 18] 기계적 진동

a. 물체를 진동시킨다.

b. 진동이 존재하면 초음파수준까지 진동주파수를 증가시킨다.

c. 공명주파수를 이용한다.

d. 기계적인 진동 대신에 피에조 진동기를 사용한다.

e. 전자기장과 함께 초음파 진동을 이용한다.

예: 주조물을 주형틀에 붓는 동안 형틀을 진동시켜 주형물의 구조적 특성을 개선한다, 부품을 초음파진동이 있는 용액 속에서 세척한다.

[원리 37] 열팽창 이용하기

a. 열로 팽창시키거나 수축시킬 수 있는 재료를 사용한다.

b. 열팽창계수가 서로 다른 물질들을 사용한다.

예: 바이메탈을 이용하여 온실천장유리를 여닫는다.

6.4 해결방안

4가지 표준해결원리 가운데 [원리 8]을 적용해 보도록 하자. [원리 8]의 a는 회전볼을 대신하여 회전속도에 수직한 방향으로 양력을 발생시키는 날개의 아이디어를 떠오르게 한다. 회전볼 대신 회전날개를 사용해 보라. 원심력은 그대로 유지하면서도 양력으로 인하여 헬리콥터의 무게는 상당히 줄일 수 있을 것이다.

7. 분리의 원리

물리적 모순의 문제는 분리의 원리를 사용하여 해결방안을 찾을 수 있다. 분리의 원리로는 시간에 의한 분리, 공간에 의한 분리, 규모에 의한 분리, 조건에 의한 분리 등이 있다.

7.1 시간에 의한 분리

시간에 의한 분리는 시스템 내의 어떤 요소가 시간에 따라 상반된 특성을 나타내는 모순의 문제를 해결할 때 사용한다.

시베리아는 기온이 낮아 지반이 단단히 얼어있는 경우가 많다. 이런 경우 건물의 기초공사를 위하여 파일을 땅에 박을 때 공사를 쉽게 하기 위하여 파일의 끝 부분이 뾰족해야 한다. 하지만 파일의 끝이 뾰족하게 되면 파일이 쉽게 흔들려 안정적인 기능을 수행하지 못하게 된다. 따라서 파일이 일단 땅속으로 깊이 들어간 후에는 끝이 뭉툭해야 한다. 즉 파일의 끝은 뾰족해야 하며 또한 뭉툭해야 한다. 이는 물리적 모순이다.

이런 모순의 문제는 시간의 분리를 이용하여 해결할 수 있다. 즉 처음 땅에 파일을 박을 때는 뾰족한 파일로 시작한다. 그러나 일단 파일이 땅에 장착된 후에는 파일 끝을 뭉툭하게 만드는 방법을 찾는다. 이는 다음의 방법으로 가능하다. 뾰족한 파일의 내부에 빈 공간을 만들고 그 안에 폭발물을 집어넣는다. 일단 파일은 뾰족한 상태로 땅에 들어가 박히게 된다. 일단 원하는 위치에 파일이 장착되면 원격으로 폭발물을 폭파시켜 파일 끝부분을 뭉툭하게 만든다. 이러한 시간분리의 방법으로 파일을 땅에 박는 문제는 해결된다.

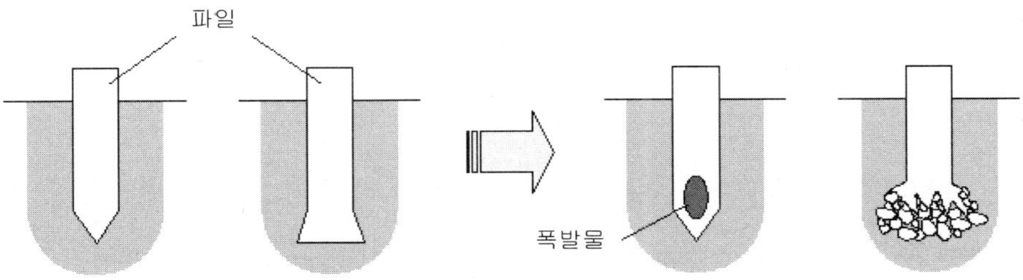

(a) 물리적 모순 (b) 시간적 분리

<그림 6-9> 시베리아 지역에서 파일박기

비행기의 날개에도 물리적 모순은 존재한다. 비행기가 이륙할 때는 큰 양력을 필요로 하므로 날개는 충분히 커야 한다. 그러나 비행기가 이륙하고 나면 비행기의 저항을 줄이는 것이 바람직하므로 날개는 작을수록 좋다. 이 경우 비행기의 날개는 커야 하며 또한 작아야 한다.

비행기 날개의 이런 물리적 모순을 해결하기 위하여 가변보조날개가 이용되고 있다. 비행기가 이륙할 때는 주날개로부터 보조날개가 펼쳐져 나와 날개는 커지게 된다. 하지만 일단 비행기가 이륙하게 되면 보조날개는 주날개 속으로 들어가 감추어지고 단지 주날개 만을 사용하여 비행하게 된다.

그 외에도 시간에 의한 분리의 예로는 녹는 실밥, 캡슐 알약 등이 있다.

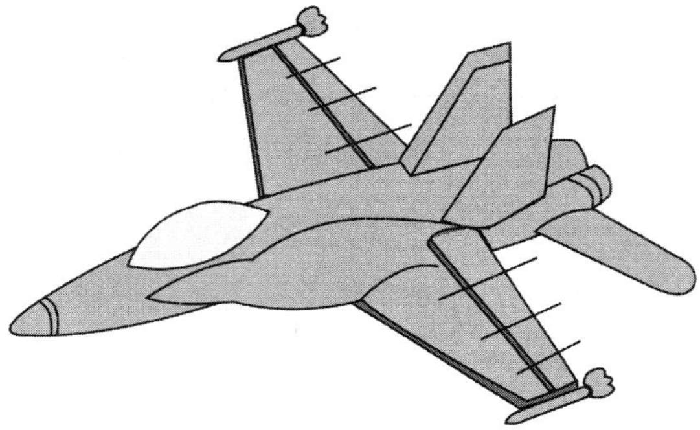

<그림 6-10> 비행기의 주날개와 보조날개

7.2 공간에 의한 분리

공간에 의한 분리는 시스템 내의 어떤 요소가 특정한 공간이나 방향에 따라 상반된 특성을 나타내는 모순의 문제를 해결할 때 사용된다.

<그림 6-11(a)>에서 보는 바와 같이 초기의 자전거는 페달로 앞바퀴를 구동시켜 움직여야 했다. 이런 경우 자전거의 속도를 높이려면 페달을 빠르게 밟던가 아니면 바퀴의 직경을 크게 해야만 했다. 페달을 빨리 밟는 데에는 한계가 있으므로 당시에는 바퀴를 크게 하는 방법이 이용되었다. 하지만 이 경우에도 여전히 문제는 남아있었다. 사람이 자전거에 올라타기가 힘들었고, 올라타더라도 실수하여 넘어지는 경우 대단히 위험하였다.

사람들이 원했던 것은 무엇이었는가? 바퀴가 크지 않아도 또한 페달을 빠르게 밟지 않아도 원하는 속도로 달릴 수 있는 자전거다. 여기에 모순이 존재한다. 페달을 천천히 밟은 채 자전거를 빨리 달리게 하려면 바퀴가 커야 한다. 반대로 바퀴를 작게 유지하고서 자전거의 속도를 높이려면 페달을 빨리 밟아야 한다.

이러한 모순의 문제는 페달과 앞바퀴를 분리시키는 공간의 분리를 적용함으로 해결될 수 있다. <그림 6-11(b)>와 같이 페달과 앞바퀴를 분리하고 이들을 체인과 기어로 연결하여 힘을 전달하게 하면 바퀴가 크지 않아도 원하는 속도를 낼 수 있다.

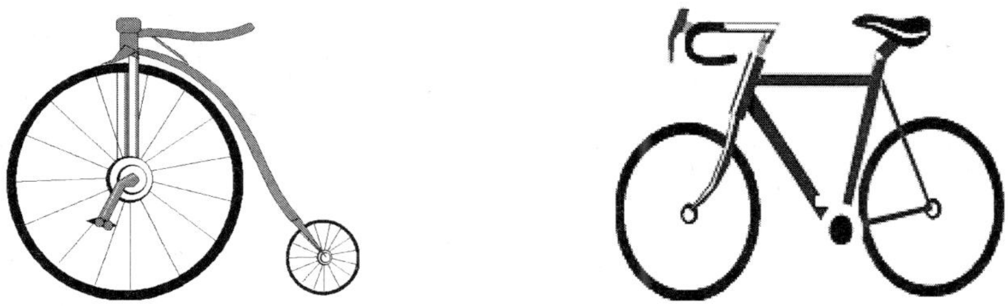

(a) 초기의 자전거　　　(b) 오늘날의 자전거

<그림 6-11> 자전거의 발달

또 다른 예가 있다. 금속의 도금은 전해액이 담긴 도금전해조에서 이루어진다. 도금은 전해액의 온도가 높으면 빨리 진행된다. 그러나 전해조에 담긴 전해액은 높은 온도에서는 분해되어 침전현상이 나타난다. 여기에는 물리적 모순이 존재한다. 도금을 빨리 하려면 전해액의 온도가 높아야 하고 침전현상을 방지하려면 전해액의 온도가 낮아야 한다.

이러한 물리적 모순을 공간에 의한 분리를 사용하여 해결해 보자. 전해액 전체의 온도를 높이지 말고 도금할 대상물과 접촉하는 부분에서만 전해액의 온도를 높일 수 있는 방법은 없을까? 도금할 대상금속에 전류를 통과시키게 되면 그 저항으로 인하여 금속의 온도는 높아지게 된다. 이렇게 되면 전해액은 금속 표면에 접촉하는 영역에서만 온도가 높아지고 나머지 영역에서는 온도가 그대로 있으므로 금속도금의 물리적 모순을 해결할 수 있다.

그 외에 공간에 의한 분리를 적용한 사례로는 펑크나지 않는 타이어, 삼각김밥, 다초점안경, 보온병 등이 있다.

7.3 전체와 부분에 의한 분리

전체와 부분에 의한 분리는 전체로 보느냐 부분으로 보느냐에 따라 시스템이 상반된 특성을 나타내는 모순의 문제를 해결하는데 사용된다.

자전거 체인은 페달과 바퀴의 주위를 감고 돌아가야 하므로 유연해야 한다. 하지만 페달로부터 바퀴에까지 전달되는 높은 구동력을 견디려면 매우 단단해야 한다. 단단하면서도 유연해야 하는 모순이 존재하는 것이다. 이러한 문제는 많은 연결고리들로 만들어진 체인에 의하여 해결된다. 체인은 부분적으로는 매우 단단한 특성을 지니고 있지만 전체적으로는 유연한 특성을 가지고 있다.

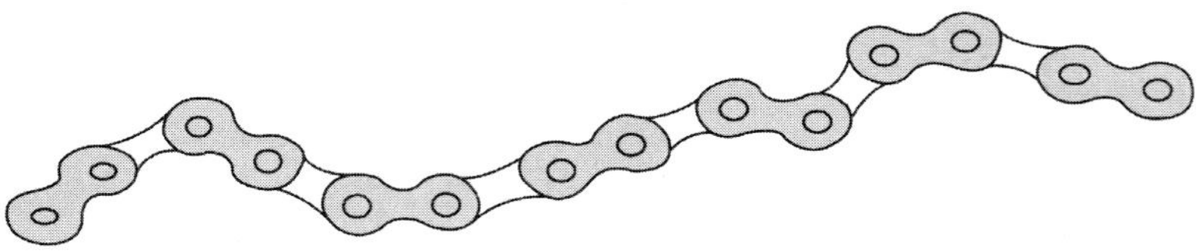

작업물을 가공하려면 고정기구를 사용하여 단단히 고정시켜야 한다. 작업물을 제대로 고정시키려면 고정기구는 작업물과 넓은 면적에서 접촉하면서 꽉 밀착되어야 한다. 따라서 공장에서는 작업물에 따른 전용고정기구를 사용하는 것이 일반적이다. 범용고정기구를 사용하여 다양한 모양의 작업물을 고정시키는 방법을 생각해 보자. 다양한 모양의 작업물을 함께 취급하는 것과 작업물을 단단히 고정시키는 것은 서로 모순이다. 이를 전체와 부분에 의한 분리를 사용하여 해결해보자.

범용고정기구는 전체적으로는 다양한 작업물을 취급할 수 있도록 유연해야 한다. 그러나 부분적으로는 작업물을 견고하게 고정시켜야하므로 단단해야 한다. 유연하면서도 단단한 모순의 문제는 <그림 6-12>와 같이 원통모양의 작은 보조도구를 사용하면 해결된다. 이들 보조도구를 사용한다면 어떤 모양의 작업물도 유연하게 취급할 수 있다. 그러면서도 각각의 보조도구는 고정기구의 힘을 잘 전달하여 작업물을 확실하게 고정시킨다.

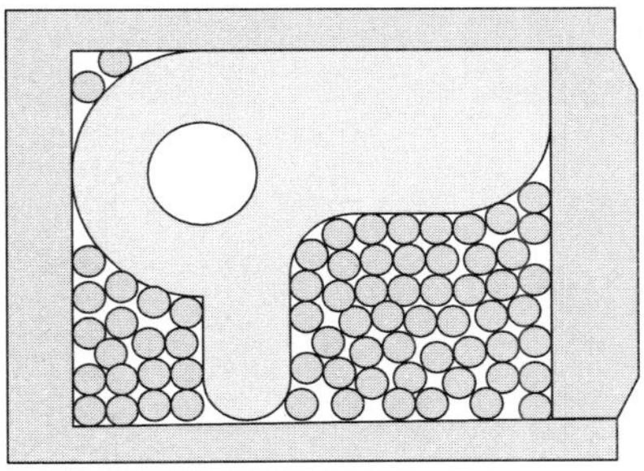

<그림 6-12> 범용고정기구

7.4 조건에 의한 분리

조건에 의한 분리는 시스템 내의 어떤 요소가 주어진 상황의 조건에 따라 상반된 특성을 나타내는 모순의 문제를 해결하는데 사용된다.

자전거는 포장된 도로뿐만 아니라 흙길과 같은 비포장도로에서도 달리게 된다. 자전거의 바퀴는 포장된 도로에서 속력을 내어 달리려면 매끈하고 부드러운 성질을 지녀야 한다. 반면에 비포장도로를 만나는 경우에는 미끄러져 헛바퀴가 도는 것을 방지하기 위하여 최대한 거칠어야 한다. 이처럼 자전거 바퀴는 상황에 따라 매끈한 특성과 거친 특성을 함께 가져야 한다. 이러한 모순은 상황에 따라 발생하므로 조건에 의한 분리를 적용하면 해결할 수 있다.

자전거 바퀴에 <그림 6-13>에서와 같이 깊은 홈을 만들어 보자. 포장된 도로에서는 홈을 제외한 바퀴의 돌출부분이 도로와 마주 닿게 되어 자전거는 부드럽게 달릴 수 있다. 반면에 자갈길 같은 비포장도로를 달리게 될 경우는 바퀴 홈에서 돌출한 모서리가 비포장도로의 울퉁불퉁한 부분과 마주치게 되므로 미끄러지는 것을 방지할 수 있게 된다.

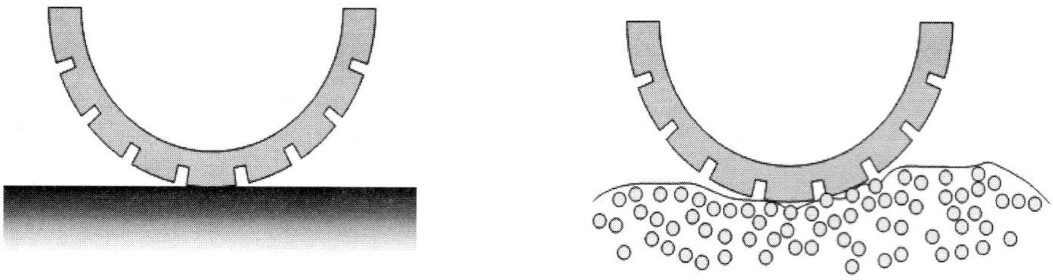

(a) 포장된 도로 (b) 비포장 도로

<그림 6-13> 자전거바퀴의 조건에 의한 분리

<그림 6-14>와 같이 생긴 바구니 모양의 제품이 있다. 이는 필요할 때만 잠시 사용하고 그 외에는 거의 사용하지 않는다. 그런데 사용하지 않는 동안에는 부피가 커서 보관이 불편하다. 이 제품은 사용할 때는 크기가 커야 하고 사용하지 않을 때는 크기가 작아야 하는 모순을 가지고 있다. 형상기억합금은 이런 모순의 문제를 해결해준다. 사용하지 않는 동안에는 압착시켜 최소한의 부피로 만들어 보관한다. 그러다가 필요한 경우에는 가열하여 제품의 원래 모양으로 복원시킨다.

조건에 의한 분리를 적용할 수 있는 다른 사례들은 그 외에도 얼마든지 더 찾을 수 있다. 체의 틈새는 가루에 대하여는 뚫려있지만 곡물의 경우에는 막혀 있다. 뚫려있으면서 동시에 막혀 있는 것이다. 물의 경우 낮은 속도로 들어가면 매우 부드럽지만, 상당히 높은 곳에서 빠른 속도로 뛰어들게 되면 매우 단단하게 느껴진다. 물은 진입속도에 따라 부드럽기도 하고 또한 단단하게도 된다.

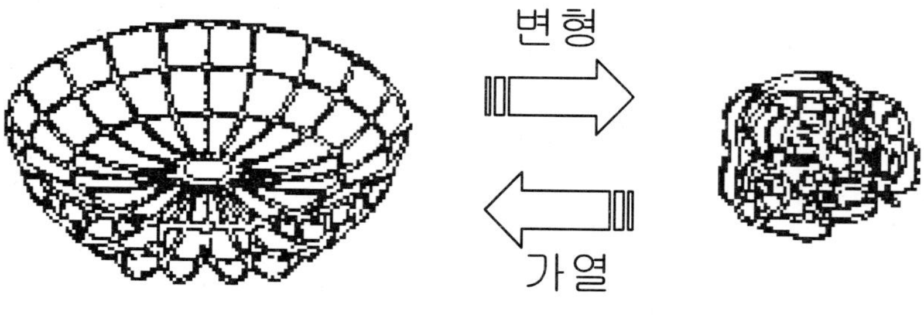

<그림 6-14> 형상기억합금의 조건에 의한 분리

TRIZ를 이용하여 물리적 모순을 해결한 현장 사례

삼성전기 반도체용 기판 개발팀은 2004년 초 '2007년에 출시될 차세대 제품을 개발하라'는 지시를 받고 고민에 빠졌다. 기존 기판보다 회로선폭이 2배 이상 좁은 제품을 만드는 것이 이들에게 떨어진 과제였다.

다른 것은 큰 어려움 없이 해결됐지만 회로에 금속도금을 입히는 문제는 도무지 풀리지 않았다. 도금 표면을 균일하게 하려면 도금 두께를 최대한 얇게 해야 했다. 하지만 이렇게 하면 상당수 회로에 도금액이 침투하지 못하는 문제가 발생했다. 반면에 도금을 두껍게 하면 침투 문제는 해결되지만 표면을 균일하게 만들 수 없었다. 도금액의 성분을 바꿔보는 등 다양한 방법을 시도했지만 모두 허사였다. 불량률이 너무 높았기 때문이다.

이들은 TRIZ 기법을 활용하기로 하였다. 도금을 두껍게 하고 또한 얇게 해야 한다는 물리적 모순을 극복하기 위하여 공간에 의한 분리를 적용하였다. 그러자 해결책이 나왔다. 도금 두께가 얇아야 할 부분과 얇지 않아도 될 부분을 구분한 다음 도금을 분리하여 실시한 것이다. 효과는 만점이었고 불량률은 절반 이하로 떨어졌다. 지금까지 도금은 한 번에 해야 한다는 것이 오래된 관행이었기 때문에 도금을 분리하여 실시한다는 것은 어느 누구도 생각하지 못했던 것이다. (한국경제신문, 2004. 12/14)

8. TRIZ의 다른 도구들

앞서 설명한 TRIZ 모순표나 분리의 원리를 사용하여 모순 문제를 해결하는 방법이 TRIZ의 모든 것은 아니다. TRIZ는 그 외에도 여러 도구와 발명원리들을 포함하고 있다. 이들 가운데 물질-장 분석과 아리즈(ARIZ)를 간략하게 설명하기로 한다.

8.1 물질-장 분석

TRIZ의 핵심 내용 중에 하나로 물질-장 개념을 들 수 있다. 이 개념의 도입으로 TRIZ는 문제의 실체를 도식적으로 표현할 수 있게 되었다. 물질-장 모델의 도식적인 표현은 문제를 구성하는 각 요소들의 관계를 명확하게 하여

TRIZ를 문제해결을 위한 이론으로 발전시키는 데 결정적인 역할을 하였다.

간단한 문제라면 물질-장 개념을 이용하지 않고 다른 TRIZ 방법론을 사용하여 쉽게 해결할 수 있다. 하지만 복잡하고 전문적인 지식을 요구하는 문제들을 해결하려면 물질-장에 대한 개념이 중요하다.

시스템에 의하여 수행되는 기능은 세 개 이상의 구성요소로 이루어져 있다. 이는 두 개 이상의 물질(substance)과 하나 이상의 장(field)을 포함한다. 물질들은 장을 통하여 서로 소통하게 된다. 자연 상태에서 발견될 수 있는 장으로는 기계장, 화학장, 음향장, 전기장, 열장, 자기장이 있다. 그밖에 일상생활에서 일어날 수 있는 행위들도 장에 포함될 수 있다. 물질과 장으로 이루어진 문제를 깊이있게 분석하고 지식을 활용하여 해결책을 찾는 것이 물질-장 분석이다.

<그림 6-15>는 물질과 장으로 표현된 물질-장 모델이다. 물질-장은 도구(tool)와 대상(object)으로 구성되어 있다. 여기서 S_1은 기능을 받는 대상이 되고, S_2는 기능을 주는 도구에 해당된다. 또한 F는 기능을 전달하는 매체에 해당한다. 도구에서 대상으로 작용하는 기능에는 유용한 기능, 유해한 기능, 불충분한 기능의 세 가지가 있다.

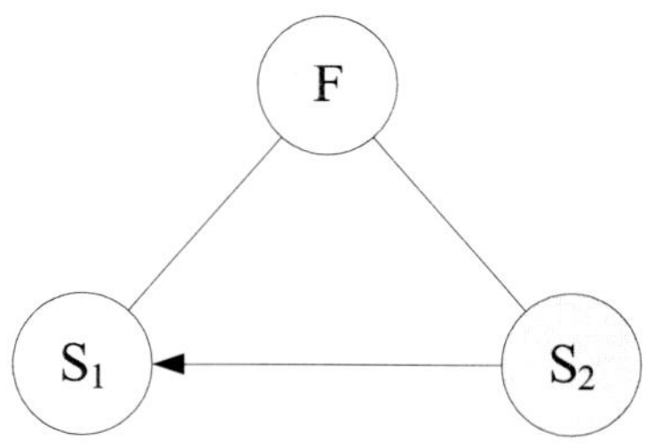

<그림 6-15> 물질-장 모델

사례를 이용하여 물질-장 모델을 적용해 보자. 냉동시스템의 미세한 누수를 조사하는 수리공은 열악한 조명시설 때문에 어려움을 겪고 있다. <그림 6-16(a)>은 이 상황에 대한 물질-장 모델을 보여준다. S_1은 수리공, S_2는 누수현상, 그리고 F_1은 조명(광학장)을 나타낸다. 수리공과 누수현상 사이의 불충분한 관계는 점선으로 표시되어 있다. 이 문제는 적은 양의 형광물질 S_3을 냉매에 추가하고 그것을 자외선라이트 F_2를 이용하여 찾는 것으로 해결된다. 해결책에 대한 물질

- 장 모델은 <그림 6-16(b)>에서 보여준다.

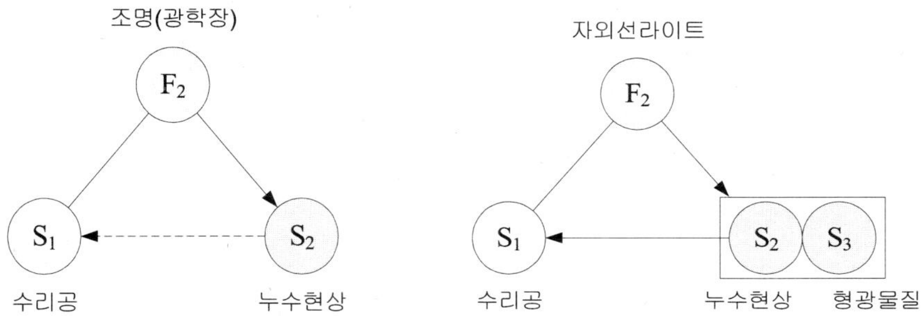

(a) 기존의 조사방법 (b) 개선된 조사방법

<그림 6-16> 냉동시스템 누수현상에 대한 물질-장 모델

알트슐러는 수십만 건의 특허들을 분석하여 18개의 물질-장 모델로 구분하였고 이를 해결하는 76가지 표준해를 제시하였다. 이들 표준해를 사용하면 복잡한 문제를 짧은 시간 내에 해결할 수 있는 것으로 알려져 있다. 또한 알트슐러는 72개의 표준해를 다섯개의 클래스로 분류하였다.

- 클래스1: 물질-장 모델의 구성과 분해
- 클래스2: 물질-장 모델의 내부적 진화
- 클래스3: 물질-장 모델의 외부적 진화
- 클래스4: 기술시스템에서 발생하는 측정문제에 대한 표준해
- 클래스5: 표준해의 적용을 위한 도움

8.2 아리즈(ARIZ)

ARIZ는 창조적 문제해결의 알고리즘(algorithm for inventive problem solving)이란 뜻의 러시아어의 머리글자로, TRIZ의 가장 높은 수준의 창의적 문제해결 방법론 가운데 하나다. 이는 복잡한 문제를 해결하기 위한 일련의 논리적이고 구조적인 문제해결과정을 가지고 있다. ARIZ의 핵심은 기술적 모순에서 물리적

모순을 이끌어내는 과정이다. 물리적 모순을 알아내면 문제를 본질적으로 해결할 수 있다. ARIZ는 알트슐러가 가장 심혈을 기울인 작품으로 알려져 있다. ARIZ의 첫 번째 버전은 1956년 처음 개발되었고 이후에 많은 수정이 이루어졌다. ARIZ는 다음과 같이 아홉 단계로 이루어지며 각 단계는 다시 여러 부속단계로 이루어진다.

- 단계1: 문제의 분석
- 단계2: 문제 모델의 분석
- 단계3: 이상적 최종해결책과 물리적 모순의 정의
- 단계4: 물질-장 자원의 활용
- 단계5: 정보DB의 활용
- 단계6: 문제의 변경 또는 재구성
- 단계7: 물리적 모순 해결방법의 분석
- 단계8: 발견한 해결책의 적용
- 단계9: 해결책 유도과정의 분석

간략하게 소개한 이들 TRIZ 도구들은 실제로 다소 복잡하여 제대로 이해하여 사용하기는 쉽지 않다. 이들을 좀 더 알기를 원한다면 TRIZ에 관하여 깊이 있게 다룬 다른 전문서적들을 참조하기 바란다.

연습 문제

6.1 공간적 분리로 해결될 수 있는 물리적 모순의 예들을 주위에서 찾아보라.

6.2 주위에서 발견할 수 있는 기술적 모순을 찾고 그로부터 물리적 모순을 도출하라.

6.3 분리의 원리는 4종류가 소개되었다. 생활 중에서 이들을 응용한 예를 각각 2개 이상씩 찾아보라.

6.4 접이식 침대는 보관할 때는 접어서 창고에 보관한다. 또한 야외에서 사용할 때는 펼치게 된다. 이는 어떤 분리의 원리에 해당하는가?

6.5 하나의 스패너를 사용하여 다양한 크기의 볼트를 조이려고 한다. 이 때 발생하는 물리적 모순은 무엇인가? 볼트를 죄는 스패너의 입구를 조절하도록 한다면 이는 어떤 분리의 원리를 적용한 것인가?

6.6 번지점프를 할 때 사용하는 줄은 탄력이 있어야 하고 또한 튼튼해야 한다. 만약 큰 고무줄을 사용하는 경우 탄력은 있지만 쉽게 끊어진다. 굵은 동아줄을 쓰는 경우 탄력이 문제가 된다. 이를 해결하기 위하여 가느다란 고무줄을 다발로 엮어 번지점프줄로 사용한다. 이는 어떤 분리의 원리에 해당하는가?

6.7 유리제품은 원하는 모양을 만들려면 유동성이 있어야 한다. 하지만 제품으로 사용할 때는 단단해야 한다. 이 모순은 어떤 분리의 원리를 이용하여 해결할 수 있는가?

6.8 장치 속에 용수철을 압축한 상태로 조립해야 하는 공정이 있다. 설치 공간이 좁기 때문에 손이나 집개를 이용하여 용수철을 압축한 상태로 조립하는 것은 불가능하다. 이 문제의 물리적 모순을 찾아라. 또한 이 문제의 해결원리는 무엇인가?

6.9 어떤 공장에서 1mm 두께의 판유리를 대량으로 주문받았다. 그런데 유리가 너무 얇았기 때문에 가장자리를 원형으로 하는 공정에서 불량이 많이 생겼다. 이 문제의 물리적 모순을 찾아라. 또한 이 문제의 해결원리는 무엇인가?

6.10 주조된 부품의 표면을 모래분사 방식으로 연마하고 있다. 그런데 이 방법은 분사된 모래가 부품의 틈새에 끼이는 문제가 자주 발생하였다. 이 문제의 물리적 모순을 찾아라. 또한 문제 해결의 방법은 무엇인가?

6.11 바늘에 실을 쉽게 끼우려면 바늘구멍이 커야 한다. 그러나 천을 꿰매려면 바늘귀는 작아야 한다. 이는 물리적 모순이다. 현재의 바늘은 타협의 방법으로 이 문제를 해결하고 있다. 이 문제를 TRIZ 분리의 원리를 사용하여 해결을 시도해 보라.

[실습 6.1] TRIZ 모순표

[내용] 수업시간에 사용할 지시봉은 칠판의 내용을 지시하려면 충분히 길어야 한다. 하지만 지시봉의 길이가 길면 휴대하기가 불편하다. 지시봉에서 발생하는 기술적 모순을 TRIZ 모순표를 사용하여 해결하고자 한다.

1. 엔지니어링 파라미터를 선택하라.

   • 개선파라미터:

   • 악화파라미터:

2. 표준해결원리를 선택하고 그로부터 해결방안을 유추해 보라.

[실습 6.2] 분리의 원리

[내용] 칫솔모는 뻣뻣하면 치아를 마모시키고 부드러우면 쉽게 벌어져 망가진다. TRIZ 관점에서 물리적 모순을 정의하고 분리의 원리를 사용하여 해결 방안을 찾으라.

1. 어떤 분리의 원리로 문제를 해결할 수 있는가?

2. 해결방안을 제시하라.

제7장 특허와 발명

1. 아이디어에서 발명으로

1.1 특허출원의 중요성

발명이란 무엇인가? 발명이란 지금까지 존재하지 않던 기술이나 제품 등을 생각해 내거나 만들어 내는 일을 일컫는다. 발명이란 머릿속에 들어있는 아이디어를 구체화시킨 상태를 의미하며 그 말 속에는 최초라는 개념이 들어 있다. 만약 누군가가 처음으로 복사기를 만들었다면 그것은 바로 발명품이 된다. 그는 이 복사기를 다른 사람이 만들어 팔지 못하게 하려면 특허를 등록하여 권리를 확보해야 한다.

특허란 발명품에 대하여 다른 사람이 만들어 팔지 못하도록 발명자에게 일정한 기간 동안 독점권을 부여하는 것을 말한다. 그 대신 그 발명품에 대한 기술은 일반 대중에게 공개된다. 특허는 발명한 기술을 일반 사람들에게 공개하는 대가로 일정한 기간 동안 그 기술을 사용하는 독점권을 국가로부터 부여받는 것이다. 이러한 특허제도의 목적은 발명가의 독점적 이익을 정부가 보호해 줌으로써 산업기술의 발전을 도모하기 위한 것이다.

발명이 이루어지면 가능한 한 빠른 시일 내에 특허를 신청하여 특허에 대한 권리를 취득해야 한다. 세상에는 유사한 아이디어를 가지고 발명을 계획하는 사람들이 의외로 많다. 이들이 특허를 신청하지만 이전에 등록된 발명으로 인하여 특허청으로부터 거절통고를 받는 일이 비일비재하다. 참고로 특허청에서 발행한 2003년도 지식재산백서에 의하면 2002년 한 해 동안 심사한 특허출원 77,635건

가운데 약 32%에 해당되는 24,545건이 거부당한 것으로 발표되었다. 이처럼 가장 먼저 특허청에 발명특허를 출원한 사람에게만 특허권을 인정해 주는 것을 '선출원주의'라고 한다.

우리가 잘 알다시피 전화기는 벨(A. Bell)에 의하여 만들어졌다. 그러나 벨이 전화기를 만들었을 때에 엘리사 그레이(E. Gray)라는 사람도 거의 동시에 전화기를 만들었다. 1876년 2월 14일 벨이 전화기의 발명을 워싱턴에 있는 특허청에 등록하는 바로 그날 그레이 역시 등록을 하기 위하여 워싱턴을 찾았다. 하지만 특허청에서는 벨의 특허출원이 한두 시간 정도 먼저 접수되었다는 접수계의 증언에 따라 벨에게 특허 권리를 주었다. 이로 인하여 사람들은 전화기하면 벨을 생각하게 되었다.

이 사실은 무엇을 말해주는가? 특허출원에 있어서 2등은 소용이 없다는 것이다. 가장 먼저 발명을 등록한 사람이 모든 권리를 소유하게 된다. 따라서 새로운 아이디어나 발명이 있다면 한시라도 빨리 특허청에 특허를 출원하여 자신의 권리를 지켜야 한다.

특허를 출원하기 전에 반드시 기억할 사항이 있다. 특허출원이 완료되기까지는 발명의 내용을 절대로 외부에 공개해서는 안 된다는 점이다. 혹시라도 그 말을 들은 사람이 그 내용으로 특허를 신청하게 되면 특허권은 그 사람에게 돌아가게 된다. 먼저 발명했어도 특허신청이 늦었다면 그는 특허에 대한 아무런 권리를 보장받지 못하게 된다. 발명기술을 공개하기에 앞서 그 발명에 대해 특허출원이 가장 시급하고 또한 중요하다고 강조하는 이유가 여기에 있다.

1.2 발명의 절차

아이디어가 발명으로 구체화되기까지 필요한 절차들은 <그림 7-1>과 같다. 발명에 있어서 가장 중요한 것은 아이디어를 얻는 것이다. 발명을 위한 아이디어는 문제설정을 전제로 한다. 이러한 문제설정은 자신의 생활 주변을 조심스럽게 관찰하면서 문제점을 찾을 때 가능하다. 일단 문제가 설정되면 그 문제를 해결하기 위하여 여러 방면으로 해결방안을 추구한다. 여러 분야의 서적을 참조하거나 혹은 다양한 사람들과 대화를 나누는 것을 통하여 직접 해결 방안을 얻을 수도 있다. 해결 방안을 찾는 과정에서 기발한 아이디어가 떠오르는 경우도 많이 있다. 앞에서 기술한 SCAMPER나 TRIZ같은 기법들을 활용하여 문제에 대한 해결방안을 도출해낼 수도 있다.

아이디어 착상 ⇨ 선행기술 조사 ⇨ 실용성 테스트 ⇨ 특허권 획득 ⇨ 상품성 검토

<그림 7-1> 발명의 절차

문제해결의 아이디어를 얻었다면 이를 구체화시키는 작업이 필요하다. 이 과정에서 가장 중요한 것은 그 아이디어가 다른 사람에 의하여 이미 발표되었는지 여부를 확인하는 일이다. 아무리 좋은 아이디어라고 해도 다른 사람에 의하여 이미 특허가 출원되었다면 그것은 전혀 가치가 없다. 다른 사람에 의하여 출원된 선행기술에 대한 조사는 한국특허정보원의 선행기술조사 홈페이지(www.kipris.or.kr)의 검색 서비스를 이용하면 쉽게 확인할 수 있다.

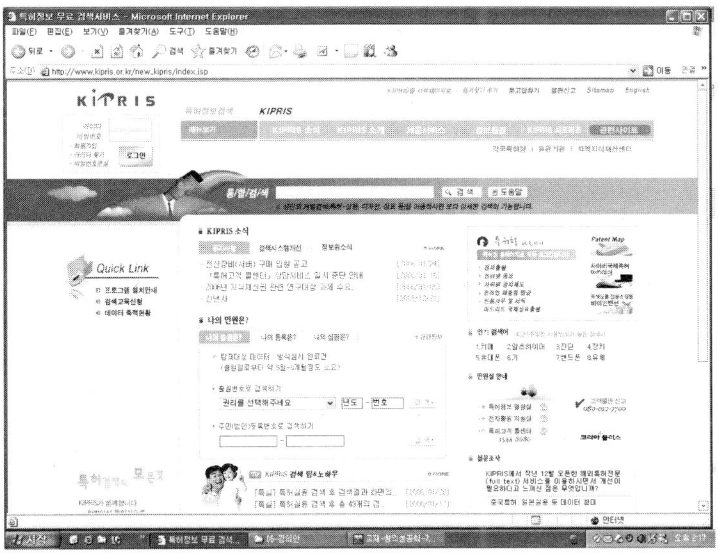

<그림 7-2> www.kipris.or.kr에 접속한 화면

선행기술조사로부터 자신의 아이디어가 새로운 기술로 확인되면 실용가능한지 여부를 테스트해 보아야 한다. 실용가능에 대한 확실성을 높이기 위하여 실험테스트는 여러 차례 반복하는 것이 바람직하다. 테스트 결과 충분히 실용성이 있다고 판단되면 특허를 출원하여 특허권을 획득한다. 그런 다음 상업화를 위한 상품성 검토에 들어간다.

2. 산업재산권의 종류

산업재산권은 특허권을 포함하여 실용신안권, 의장권, 상표권의 네 가지로 구분된다. 특허는 고도의 원천 핵심기술에 관한 것이며, 실용신안은 간단한 기술의 개량이나 응용에 관한 것이다. 의장은 물품의 외관이나 형상에 관한 것인 반면, 상표는 타 상품과 식별할 수 있는 기호, 문자, 도형 등에 관한 권리다.

산업재산권 외에도 신지식재산권이 있는데 <그림 7-3>에서 보는 바와 같이 이 두 가지를 통칭하여 지적재산권 혹은 지적소유권이라고 부른다. 신지식재산권에는 문학, 예술적 창작물을 보호대상으로 하는 저작권, 반도체 칩 회로 배치 설계권, 컴퓨터 프로그램법, 영업비밀보호법이 있다.

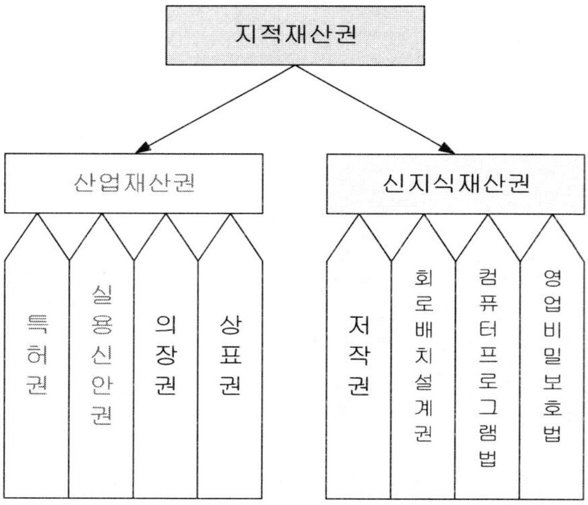

<그림 7-3> 지적재산권의 내용

2.1 특허권

특허제도는 각종 발명을 보호 장려하고 그 이용을 도모함으로 기술개발을 촉진하여 산업발전에 이바지하는 것을 목적으로 한다. 특허제도는 특허권이라는 독점배타적인 재산권을 부여하여 발명자를 보호한다. 또한 그 발명기술을 일반인에게 공개하고 그 발명의 활용을 통하여 산업을 발전시키려 한다. 이런 점에서 특허제도를 신기술 보호제도, 발명장려제도, 사적독점 보장제도라고 부르기도 한다. 발명한 기술은 특허권을 얻기 위하여 다음의 요건을 갖추어야 한다.

- 자연법칙을 이용한 고도의 기술이어야 한다(고도의 기술성).
- 산업적으로 이용가능성이 있는 기술이어야 한다(산업적 이용가능성).
- 알려지지 않은 새로운 기술이어야 한다(신규성).
- 선행기술로부터 쉽게 개발할 수 없는 난이도를 갖춘 기술이어야 한다(진보성).

이상과 같은 특허요건을 만족했다고 해도 공공질서나 선량한 풍속을 문란하게 한다거나, 공중위생을 해칠 우려가 있는 발명은 특허를 받을 수 없다. 특허권의 독점보호기간은 출원일로부터 20년이다.

2.2 실용신안권

실용신안은 창작아이디어를 보호한다는 점에서는 특허와 유사하지만 고안된 내용이 고도, 난이하지 않다는 점이 특허와 다르다. 기술실용신안권은 수명이 짧은 주변개량기술에 관한 내용으로 고도의 기술을 요구하는 특허에 이르지 못하는 작은 발명기술에 주어지는 권리다. 자동차를 예로 들 때 ABS브레이크나 변속기에 대한 기술이 특허와 관한 것이라면, 백미러나 컵홀더, 범퍼보호대와 같은 것은 실용신안에 해당된다. 실용신안권의 보호기간은 출원일로부터 15년이다.

특허와 실용신안의 선택은 타인이 쉽게 모방할 수 있는지 여부와 제품수명의 길고 짧음으로 결정된다. 하지만 개발한 기술을 특허로 출원할 것인지 아니면 실용신안으로 출원할 것인지 정하는 것이 쉽지 않아 혼선이 일어나기도 한다. 따라서 착오로 잘못 출원한 경우를 대비하여 서로 바꿀 수 있는 제도가 있는데 이를 '출원변경'이라고 한다. 출원변경은 기술성이 떨어지는데도 특허로 신청한 경우 실용신안으로 변경할 수 있게 하며, 그 반대도 역시 가능하다.

2.3 의장권

의장은 디자인과 동일한 의미로 사용된다. 의장법에 의하면 의장은 물품의 형상, 모양이나 색채 또는 이들을 결합한 것으로서 시각을 통하여 미적 감흥을 일으키는 것을 가리킨다. 즉 눈으로 보아 아름답다고 느낄 수 있는 디자인이 제품에 이용될 수 있는 경우에 의장권은 주어진다. 자동차에서 차체의 형상이나 전방램프의 모양은 의장에 해당된다. 의장권은 등록일로부터 10년간 보호된다.

2.4 상표권

상표는 상품을 생산, 판매, 증명하는 사람이 자신의 상품을 타인의 상품과 식별되도록 하기 위하여 사용하는 기호, 문자, 도형 등의 표장을 의미한다. 예를 들어 현대자동차의 그랜저, 아반테와 같은 자동차의 명칭이나 제작사의 로고 등이 상표에 해당한다. 상표권은 등록일로부터 10년간 보호되며 10년마다 갱신할 수 있는 반영구적인 권리다.

<그림 7-4> 각종 로고의 예

유사품에 대한 특허의 방어

아이디어 제품을 개발하여 세상에 내놓으면 항상 유사품이 나타나게 마련이다. 힘들게 고생하여 만들어낸 제품을 보고 힌트를 얻어 다른 사람이 조금 더 상품성 있는 제품을 만든다면 먼저 만든 사람의 수고는 헛 것이 되고 만다. 이런 문제를 방지하기 위하여 대 기업에서는 신기술에 대한 특허를 출원할 때 방어적 차원에서 관련된 여러 특허들을 함께 등록하는 일이 많다. 유사한 제품이 판매됨으로 자사제품에 줄지도 모르는 심각한 타격을 미연에 방지하기 위함이다.

3. 특허출원 및 등록의 절차

특허권은 출원한 국가에서만 효력이 발생된다. 따라서 새로운 기술이나 상품에 대한 특허권을 여러 다른 나라에서도 함께 얻고 싶다면 국내특허는 물론 국제특허도 함께 출원하여야 한다. 국내에서의 특허 출원과 등록의 절차 그리고 국제특허의 출원에 관하여 살펴보기로 하자.

3.1 국내특허출원

국내특허출원에 필요로 하는 서류로는 특허출원서, 명세서, 도면, 요약서가 필요하다. 변리사를 통하여 특허를 출원하는 경우에는 위임장이 추가로 요구된다. 특허출원서는 발명자의 인적사항, 제출일자, 발명의 이름 등을 기재하는 가장 기초적인 서류다. 이는 특허권행사를 위한 자료로 활용되므로 명확하게 작성되어야 한다. 명세서는 머릿속에 있는 발명기술을 서류상에 기술한 것이다. 별도로 지정된 양식은 없으며 가능한 이해하기 쉬운 내용으로 정확히 기술되어야 한다. 명세서에 기술한 내용을 자세히 설명하기 위한 보조수단으로 도면이 첨부될 수 있다. 요약서는 발명한 내용을 20줄 이내로 요약한 것으로 발명기술을 한 눈에 알아볼 수 있게 한 서류다.

특허출원은 개인이 직접 수행할 수도 있고, 변리사를 통하여 대행시킬 수도 있다. 개인이 특허를 출원하는 경우 직접 특허청을 방문하여 출원하는 서면출원과 인터넷을 이용하여 출원하는 전자출원이 있다. 서면출원의 경우, 특허출원인은 특허청에 가서 출원인코드를 부여받은 후 필요한 서류를 작성하여 제출하면 된다. 전자출원의 경우, 인터넷 상에서 출원인코드를 부여받은 다음 전자문서이용신고서를 작성하여 신청한다.

출원인코드는 특허출원인을 구별하기 위하여 특허청에서만 통용되는 사용자 식별코드로 주민등록번호와 유사하다. 출원인코드를 부여받게 되면 당사자는 그 코드를 계속해서 사용해야 하며, 자칫 코드를 잘못 기입하게 되면 다른 사람으로 오인하게 되므로 주의해야 한다. 출원인코드, 특허출원서, 전자문서이용신고서에 대한 샘플과 작성방법 등은 특허청 홈페이지(www.kipo.go.kr)에 자세히 소개되어 있으므로 이를 참조하기 바란다.

변리사를 통하여 특허를 출원하는 경우에는 필요한 모든 절차를 변리사가 대신하여 주므로 시간이 절약되고 매우 편리하지만 대행수수료를 지불해야 한다. 특허는 출원만으로 모든 절차가 다 끝나는 것이 아니므로 마지막까지 특허 절차를 밟아갈 자신이 없으면 처음부터 변리사에게 모든 것을 위임하는 편이 낫다. 명세서 작성 등에 익숙하지 않은 사람이 직접 출원하게 되면 기술상의 중요한 내용을 빠뜨리거나 특허요건에 부적합하게 명세서를 작성할 가능성이 있다. 이런 실수로 인하여 출원한 기술에 대하여 특허권을 부여받지 못하거나 혹은 일부 기술만 특허권을 인정받게 되는 경우도 발생한다.

3.2 특허 등록의 절차

발명은 출원과 심사의 과정을 거쳐 특허권을 획득하게 된다. 특허청에서는 특허출원접수를 받게 되면 먼저 '방식심사'에 들어간다. 방식심사란 제출된 서류가 정해진 작성원칙을 준수하고 있는지 검토하는 것이다. 만약 출원서류에서 잘못이 발견되는 경우에는 출원인에게 보완할 것을 통보한다. 방식심사를 무사히 통과하게 되면 출원번호가 기재된 통지서를 보내준다.

특허청에 출원된 모든 발명들은 의무적으로 공개된다. 이를 '출원공개'라고 하는데 특허출원을 공개하여 타인이 그 발명을 상업적으로 이용하지 못하도록 보호하는 것이 한 가지 목적이다. 또한 다른 사람들이 동일한 내용으로 특허를 출원하지 못하도록 정보를 제공하는 역할도 한다.

출원된 발명기술에 대하여 특허청 심사관들은 특허권을 부여할 것인지 심사하게 된다. 이를 '실체심사'라고 부른다. 실체심사는 출원이 접수된 순서에 따르는 것이 아니라 출원인의 심사청구가 있을 때에 이루어진다. 특허출원을 한 다음 시일이 상당히 지난 후에야 실체심사를 요청하는 경우도 가끔 있다. 발명한 제품의 시장수요가 분명치 않을 때 일단 특허출원만 해놓고 나중에 상품성이 있다고 판단될 때 심사청구를 하는 경우가 그것이다. 특허를 제외한 실용신안이나 의장, 상표권의 경우에는 별도의 심사과정이 없이 바로 등록이 이루어지므로 출원자는 심사청구를 할 필요가 없다.

실체심사를 수행하는 심사관들이 출원된 발명으로부터 문제점들을 발견하게 되면 의견제출통지서를 출원인에게 보내어 심사에 통과될 수 없는 이유에 대한 해명을 요청한다. 의견제출통지서를 받았다는 사실이 특허권의 거부를 뜻하는 것은 아니다. 중요한 것은 출원인이 의견제출통지서에 어떻게 대응하느냐 하는 것이며 그 해명하는 내용에 따라 심사의 통과 여부는 결정된다.

실체심사를 무사히 통과하게 되면 출원인은 심사관으로부터 특허사정등본을 받게 되며, 자신의 발명을 독점적으로 사용할 수 있는 특허권을 부여받는다. 이와 동시에 그의 발명이 특허로 등록되었다는 사실이 일반에게 공고된다. 등록이 공고된 날부터 3개월 이내에 다른 사람들은 이 특허에 대하여 이의신청을 할 수 있다. 만약 이의신청이 접수되는 경우 심사관들은 재심사를 하게 되며 그 결과는 '이의 없음'이나 혹은 '특허취소'의 결정으로 나타난다.

이제까지 설명한 특허출원부터 특허등록에 이르기까지의 모든 절차들을 진행순서에 따라 정리해 보면 <그림 7-5>와 같다.

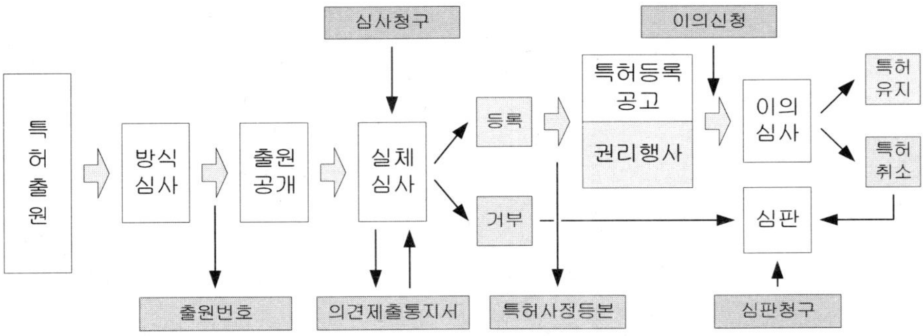

<그림 7-5> 특허등록의 절차

3.3 국제특허출원

국제특허는 국내특허에 비하여 그 절차가 더 복잡하고 시간이 많이 걸린다. 그렇다고 해서 좋은 발명이나 아이디어를 국내의 좁은 시장에서만 사용할 수는 없는 일이다. 비록 비용과 시간이 많이 소요되고 절차가 까다롭기는 하지만 국제특허를 출원할 가치는 충분히 있다.

특허권, 실용신안권, 의장권, 상표권 같은 산업재산권은 속지주의를 따르고 있다. 예를 들어 일본에서 특허를 출원하게 되면 그 특허는 일본에서만 효력을 가진다는 말이다. 미국에서는 특허를 출원하지 않았으므로 미국인들은 그 기술을 마음대로 사용할 수 있다. 따라서 새로운 기술에 대하여 보다 많은 나라에서 특허권을 확보하려면 해당되는 모든 국가로부터 특허 등록을 일일이 받아야 한다.

해외에서 특허를 받는 방법으로는 직접 개별국가마다 특허를 출원하는 방법과 PCT(Patent Cooperation Treaty:국제특허협력조약)국제출원제도를 이용하는 방법이 있다. PCT국제출원제도란 국제특허협력조약에 가입한 나라들 간에 특허를 좀 더 쉽게 획득하기 위해 만들어진 제도다. 만약 출원인이 자국 특허청에 출원하고자 하는 국가를 지정하여 PCT국제출원서를 제출하면 바로 그날로 지정된 국가에서 출원일로 인정받을 수 있게 된다. 이는 한번의 PCT국제출원으로 다수의 가입국에 직접 출원한 것과 동일한 효과를 얻을 수 있는 장점이 있다.

반면에 개별국가에 직접 출원하는 방식은 PCT출원에 비하여 심사 종결단계가 비교적 빠르다는 이점은 있지만 여러 국가에 출원하는 경우 많은 비용이 소요되는 단점이 있다. 보통 6개국 이하의 나라에 출원하는 경우에는 개별국가에 직접 출원하는 것이 심사기간을 다소 단축시킬 수 있다고 한다.

보통 국제출원을 하려고 하면 영어에 능통해야 할 것으로 생각하지만 영어를 잘하지 못해도 특허를 얻을 수 있는 길이 열려 있다. 1999년 12월 1일부터 한글만으로도 국제특허출원이 가능하게 되었기 때문이다. 국내출원인이 우리나라 특허청에 한글로 작성한 서류를 이용하여 국제특허를 출원하게 되면 그 출원일이 곧 국제출원일로 인정받게 되어 효력을 발휘하게 된다. 또한 우리나라의 특허청에서 예비심사한 것이 그대로 국제특허협력조약(PCT)에 가입한 세계 104개국에서 인정을 받게 되므로 특허등록에 소요되는 시간도 크게 줄어들게 되었다.

4. 발명의 자세와 기법

4.1 발명에 필요한 기본자세

발명은 우리 생활을 윤택하게 하며, 나라를 부강하게 하고, 나아가 인류의 행복에 이바지한다. 우리가 지구 저편의 독일 땅에서 이루어지는 월드컵 축구를 안방이나 길거리에서 보며 응원할 수 있는 것도 발명의 혜택이다. 이런 상황을 가능케 해주는 텔레비전, 방송국, 인공위성 등은 모두 발명가들의 피땀어린 노력의 산물이다. 그러나 발명은 그렇게 거창한 것만 있는 것이 아니며 또 과학자나 천재들만 할 수 있는 것도 아니다. 생활에서 불편을 느끼는 부분들을 좀 더 편리하게 바꾸어는 것 역시 발명이 될 수 있다. 따라서 발명은 불편을 살피고 해결하려는 평소의 생활습관에 의하여 이루어진다. 발명에 필요한 기본자세를 몇 가지 소개한다.

1) 문제의식을 품어라.

이 세상에 나타난 대부분의 발명품은 문제의식에서 출발한다. 일단 생활주변에서 문제점이 발견되면 그 다음에는 해결방안만 찾으면 된다. 예를 들어 아기들에게 양말을 신겨 놓으면 잘 미끄러진다는 문제점을 발견한 어느 사람은 양말 밑바닥에 고무를 붙인 아기 양말을 발명했다.

2) 주변을 세밀히 관찰하라.

발명은 생활 주변에 널려 있는 작은 아이디어를 발견하는 것에서부터 시작된다. 자신의 주변을 세밀히 관찰하는 습관을 들이면 문제점을 발견하게 되고, 문제점을 해결하는 발명 아이디어를 얻을 수도 있다. 드 메스트랄이 벨크로 테이프를 발명하게 된 것도 옷에 들러붙었던 산우엉가시를 세밀히 관찰한 결과였다.

3) 고정관념을 버려라.

고정관념이란 많은 사람들이 당연하게 여기는 것을 말한다. 세상에 존재하는 사물이나 현상을 당연하게 생각하는 사람은 새로운 것을 발명하기 어렵다. 발명을 원한다면 우선 고정관념을 버려야 한다. 발명가들은 다른 사람들이 모두 당연하게 여기는 것을 당연하게 여기지 않는 특성이 있다. 사과가 나무에서 떨어지는 것은 수많은 사람들이 보아온 당연한 현상이었다. 하지만 뉴턴은 그 고정관념을 깨뜨림으로 만유인력의 법칙을 발견했다.

4) 즉시 기록하라

유명한 발명가들은 하나같이 기록하는 습관을 가지고 있다. 에디슨도 발명노트를 갖고 다니면서 떠오르는 아이디어를 즉시 기록하여 4,500여권이나 되는 발명 노트를 남겼다고 한다. 기록은 발명의 과정에서 매우 중요하다. 아이디어가 떠올라도 기록하지 않으면 잊어지기 쉽다. 또한 아이디어를 잘 기록해 두면 그것을 바탕으로 새로운 아이디어들이 꼬리를 물고 떠오를 수 있다.

4) 자신감을 가지고 적극적으로 추진하라.

자신감은 발명에 있어서 꼭 필요한 마음가짐이다. 자신감이 있는 사람은 매사에 긍정적으로 사고하고 적극적으로 일을 추진해 나간다. 때로 일이 잘 안 풀려도 포기하지 않고 다양한 해결방안을 시도한다. 자신감이 없는 사람은 소극적으로 일을 진행해 나간다. 잘 안될 것을 예상하기 때문에 약간의 어려움에도 낙심하며 쉽게 손을 놓아버린다. 발명가에게 자신감은 끊임없는 아이디어를 제공한다. 그는 아이디어를 구체화시키는 방안을 늘 생각하며 더 좋은 길을 찾으려고 끊임없이 노력한다.

4.2 발명의 기법

문제점을 발견하고 해결하는 방법을 찾는 것이 발명의 원리다. 하지만 이러한 원리만으로 새로운 것을 발명한다는 것은 매우 막연한 일이다. 어디에서 문제점을 찾아내고 어떤 방법으로 문제를 해결할 것인가? 구체적으로 도움을 얻을 수 있는 발명의 기법 21가지를 소개한다.

- 합해 본다.
- 제거한다.
- 남의 아이디어를 차용한다.
- 다른 용도로 사용한다.
- 다른 기능을 추가한다.
- 재료를 바꾸어 본다.
- 크기를 변화시켜 본다.
- 모양을 바꾸어 본다.
- 고정된 것을 움직이게 한다.
- 색깔을 활용한다.
- 투명하게 한다.

- 재미있게 한다.
- 불편을 개선한다.
- 위험을 제거한다.
- 고정관념에서 탈피한다.
- 반대로 생각해 본다.
- 식품도 발명이다.
- 자연을 모방한다.
- 자원절약을 시도한다.
- 폐기물을 재활용한다.
- 불가능한 발명은 피한다.

[기법 1] 합해 본다.

발명의 기법 중에서 가장 쉬운 것이 더하기 발명이다. 이는 주위에서 흔히 볼 수 있는 물품들을 더하는 기법으로 발명을 처음 해보는 사람들에게 특히 유용하다. 더하기 발명은 지우개 달린 연필, 필터 달린 담배 등 주위에서 얼마든지 찾아볼 수 있다. 초기의 전화기는 수화기와 송화기가 분리되어 있었다. 그래서 통화할 때는 두 손을 동시에 사용해야 했다. 그러나 지금은 하나로 합쳐져 있어 편리해졌다. 한국 발명학회 신석균 회장은 머리핀과 라디오를 합친 머리핀 라디오를 발명하여 국제발명전에서 준 대상을 차지하였다. 머리핀과 라디오 모두는 신 회장의 발명품이 아니다. 그는 단지 이 두 가지를 더했을 뿐이다.

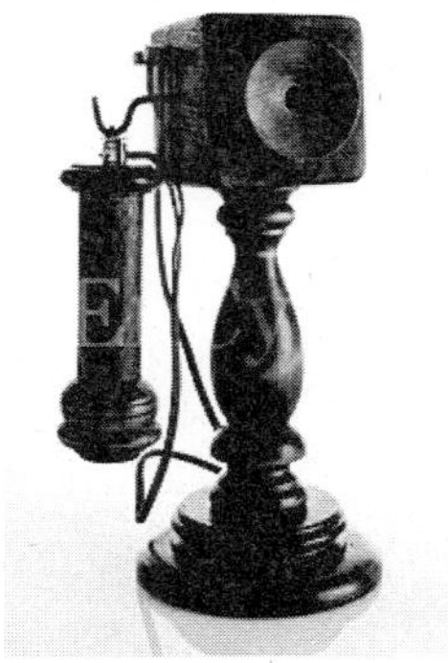

그 밖에도 시계 겸용 라디오, 목걸이 겸용 시계, MP3겸용 핸드폰, 냉동 겸용 냉장고, 보온 겸용 밥솥, 책장 겸용 책상은 모두 더하기 발명으로부터 나온 제품들이다.

여기서 주의할 점이 있다. 그것은 단순히 두 가지 물품이 합쳤다고 해서 무조건 특허가 될 수 있는 것이 아니라는 점이다. 특허는 두 가지를 합치는 것을 생각하기 어렵거나 아니면 두 가지를 합하는 과정에서 발생하는 기술적인 어려움을 해결했을 때에만 주어진다.

[기법 2] 제거한다.

무언가를 빼는 방법으로도 발명이 가능하다. 빼기 발명이라 불리는 이 방법은 이미 존재하는 물건에서 일부분을 제거하여 새로운 효과가 발생하도록 하는 것이다. 추를 없앤 시계, 연통 없는 난로, 무선전화기 등이 빼기 발명의 좋은 예다. 일본의 모 업체는 회전문의 4칸 회전도어를 한 칸 빼내 3칸 회전도어로 바꿨다. 그 결과 제작비를 줄일 수 있을 뿐만 아니라 공간이 넓어져 사용하기에도 편리해졌다.

더하기 발명과 마찬가지로 빼기 발명에서도 무조건 일부분을 떼어냈다고 다 발명이 되는 것은 아니다. 일부를 제거했을 때 다른 문제를 일으키지 않으면서도 가벼워지거나, 원료를 절감하거나, 모양이 아름다워지거나, 그 밖의 새로운 효과가 발생할 때에 비로소 쓸모 있는 발명이 되는 것이다. 시멘트블록에서 몇 개의 구멍을 만들어내어 재료도 절감하고 가볍게 만드는 것이나, 고혈압 환자들을 위해 설탕을 빼고 만든 무가당 주스, 그리고 펑크가 나지 않도록 공기 튜브를 없앤 자동차의 타이어, 씨 없는 수박 등이 빼기 발명에 해당된다.

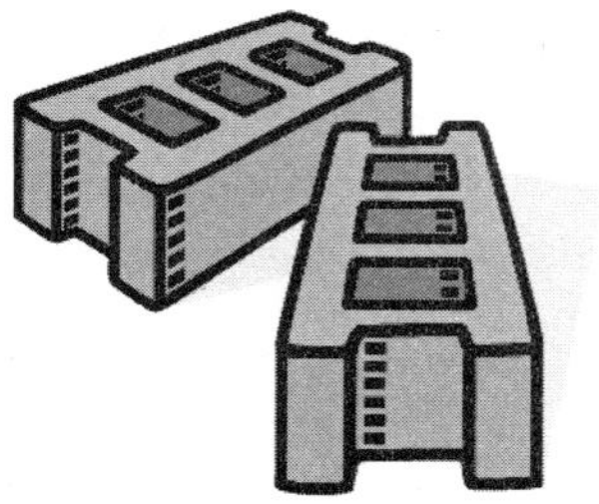

[기법 3] 남의 아이디어를 차용한다.

아이디어를 빌리는 것은 타인의 발명품을 관찰, 모방, 개선하는 것으로 발명을 하는데 많이 사용되는 기법이다. 이 기법은 어떤 물품에서 사용되는 원리나 부품을 다른 물품에 적용하는 것으로 의외로 훌륭한 발명 아이디어를 손쉽게 얻을 수 있다. 훌라후프는 아프리카 원주민의 놀이기구에서 힌트를 얻어 발명되었다. 일본의 무카이회사는 쥐덫의 아이디어를 이용하여 먹이를 먹으러 들어가면 나오지 못하는 바퀴벌레틀을 발명하였다. 또 어떤 사람은 파리가 들러붙어 죽는 끈끈이의 아이디어를 그대로 가져다가 바퀴벌레를 잡는 끈끈이를 만들어 많은 돈을 벌기도 하였다.

이처럼 남의 아이디어를 활용하여 새로운 발명을 만들어내는 경우는 수없이 많다. 하지만 남의 아이디어를 빌릴 때 주의할 점이 있다. 정도가 지나치면 단순한 모방에 그치게 되어 특허권을 침해하게 된다는 것이다. 따라서 아이디어를 빌리되 그대로 차용하지 말고 상황에 잘 부합되도록 변형하는 것이 바람직하다.

[기법 4] 다른 용도로 사용한다.

모든 제품에는 각기 나름대로의 용도가 있다. 하지만 어떤 제품은 알려진 용도 외에 또 다른 용도로 사용될 수 있다. 이처럼 제품을 원래의 용도가 아닌 다른 용도로 사용하는 것을 '용도발명'이라고 한다.

예를 들어 해열진통제인 아스피린을 심혈관 질환의 예방과 치료의 목적으로 사용하는 것이나 고혈압치료제인 미녹시딜을 발모촉진제로 사용하는 것이 용도발명에 해당한다. 전등의 용도는 오랫동안 조명의 역할만을 해왔으나, 파장을 조금 바꿈으로 살균램프가 되었다. 이 발명으로 제너럴 일렉트릭사는 세계적인 기업이 되었다. 미국에서 돼지를 기르는 어떤 양돈업자는 돼지가 해열제로 쓰이는 아스피린을 먹으면 성장이 빨라지는 것을 발견하고 아스피린을 돼지성장촉진제로 특허 출원하여 특허를 받았다.

천막에 사용되던 천에서 탄생한 블루진이나, 식품을 저장하는 일반 냉장고에서 용도 변경된 화장품 전용냉장고 또한 용도변경의 다른 예들이다. 이처럼 한 제품에 대하여 여러 다양한 용도를 생각해 내는 경우 얼마든지 특허를 얻을 수 있다.

[기법 5] 다른 기능을 추가한다.

일기예보 토스터기와 같이 기존의 제품에 색다른 기능을 추가하여 특허를 받은 아이디어 상품도 있다. <그림 7-6(a)>의 토스터기는 전화선과 연결되어 있으며 내부에 장착된 모뎀을 통해 일기예보 정보를 받아들인다. 그리고는 입수된 일기정보에 따라 <그림 7-6(b)>에서 보는 것과 같이 그날 날씨를 흐림, 맑음, 비의 그림으로 빵에 찍어 보여준다. 그밖에 다른 기능을 추가하여 만들어진 발명품으로는 인터넷이 되는 휴대폰, 변비 치료용 신발, 안마의자 등이 있다.

(a) 토스터기

(b) 날씨를 보여주는 빵

<그림 7-6> 일기예보 토스터기와 구운 빵

[기법 6] 재료를 바꾸어 본다.

물건을 만드는 재료를 바꾸는 것만으로도 좋은 발명이 될 수 있다. 배드민턴 공에 사용되던 새의 깃털을 플라스틱으로 바꾼 것이나 전분을 이용하여 만든 이쑤시개를 그 예로 들 수 있다. 나무젓가락, 플라스틱 그릇, 고무장갑 등은 재료를 바꾸어 성공한 세계적인 발명품들이다. 예전에는 치약의 몸통이 알루미늄 재질로 만들어져 있어 거의 다 쓰게 되면 잘 짜지지 않거나 자칫 터져서 새는 경우도 있었다. 하지만 요즈음에는 신소재인 라미네이트로 만들어져 있어 잘 안 짜지거나 터지는 일은 거의 없다.

재료만 바꾼다고 다 발명이 되는 것은 물론 아니다. 남들이 쉽게 생각하지 못하는 새로운 것이어야 한다. 엉뚱한 재료를 사용하여 성공한 예로는 종이컵을 들 수 있다. 종이는 물에 쉽게 젖으므로 종이컵을 생각하기는 쉽지 않았을 것이다. 그러나 종이표면에 방수코팅을 함으로 종이컵은 물론 종이가방, 종이지갑 등이 발명되어 사람들의 사랑을 받고 있다.

[기법 7] 크기를 변화시켜 본다.

기존의 물건을 작게 하거나 또는 크게 함으로 좋은 발명품이 나올 수도 있다. 물론 크기만 변화시켰다고 해서 특허가 되는 것은 아니다. 그 과정에 새로운 기술이 필요할 때 가능한 것이다. 생활 중의 불편을 덜기 위해 크기를 줄인 제품들을 주위에서 얼마든지 볼 수 있다. 핸드백 속으로 쏙 들어가도록 만든 3단 우산, 가방 속에 컴퓨터를 넣을 수 있게 한 노트북, 그리고 차량용 냉장고가 그런 예다.

자전거 타기는 건강에 좋은 운동이다. 하지만 집 주위에 자전거 탈 만한 장소가 없을 때 자전거를 그 곳까지 운반하기란 매우 번거롭다. 그래서 방법을 궁리하다가 자동차 트렁크에 들어갈 수 있는 접는 자전거가 발명되었다. 이와는 반대로 생활을 편리하게 하기 위해 크게 만든 제품도 있다. 나이가 들면 작은 글씨를 보기 어려워진다. 그래서 노인들을 위한 휴대폰은 버튼과 자판, 액정이 크게 설계되어 있다. TV의 화면은 계속해서 커지고 있으며, 영화처럼 화면을 넓게 한 와이드비전과 부피를 얇게 한 액정텔레비전도 개발되었다.

[기법 8] 모양을 바꾸어 본다.

모양을 아름답고 편리하게 바꾸는 것도 좋은 발명이다. 우리 속담에 "이왕이면 다홍치마"나 "보기 좋은 떡이 먹기도 좋다."는 말이 있다. 사람들이 아름다움을 중요시한 것은 비단 어제 오늘의 일이 아님을 알 수 있다. 모양은 의장에 해당한다. 따라서 아름다운 모양도 발명의 일종이다. 세계 각국의 수출시장은 성능 못지않게 외양도 중요시하고 있다.

슬러시는 처음에는 빨대로 빨아 먹다가 나중에 덜 녹은 얼음을 먹을 때는 숟가락을 사용해야 한다. 그래서 어느 발명가는 빨대의 한쪽 끝을 펴서 숟가락 모양으로 만들었다. 집에서 고무장갑을 끼고 접시를 닦은 후 옮기다 보면 미끄러져 깨지는 일이 자주 일어난다. 이를 방지하기 위하여 고무장갑의 앞면에 튀어나온 돌기를 추가하였다. 그 후로 접시는 더 이상 미끄러지지 않았다.

그 밖에 바르기 편리하도록 끝을 구부러뜨린 물파스나 면을 올록볼록하게 만든 화장지도 모양을 바꾼 발명에 해당한다.

[기법 9] 고정된 것을 움직이게 한다.

고정된 제품을 움직이게 하여 사용하기 편리하게 만든 발명이 있다. 스케이트 밑창에 날 대신 바퀴를 달아 땅에서도 스케이트를 탈 수 있도록 한 롤러스케이트, 가방 밑바닥에 바퀴를 부착하여 끌고 다닐 수 있게 만든 바퀴달린 가방, 식탁에서 음식을 쉽게 가져다 먹을 수 있게 한 회전판 식탁이 그런 예들이다.

또한 제품의 크기나 높낮이를 조절하여 특허를 얻은 제품도 있다. 어른들은 물론 아이들까지도 쉽게 사용할 수 있도록 설계된 높낮이 조절 세면대, 자신의 몸에 맞게 상하, 좌우로 각도를 조절할 수 있도록 만든 자전거 핸들, 원하는 크기나 높이를 가질 수 있는 조립식 책꽂이들은 모두 사용자의 특성을 배려하여 크기를 조절할 수 있게 한 제품들이다.

[기법10] 색깔을 활용한다.

사람은 색깔에 대한 감각이 매우 발달해 있다. 특히 두 가지 색깔이 같은지 여부를 구분하는 능력은 매우 뛰어나서 750만 가지의 색을 구분할 수 있다고 한다. 그렇다면 이러한 색 분별을 이용한 발명을 생각해보는 것은 어떨까? 물론 제품의 색깔만 바꾼다고 발명이 되는 것은 아니다. 색깔에 기능이 더해져서 그 색깔이 가지는 고유한 의미가 살아나야 한다.

요즘 판매되는 칫솔 중에는 오래 사용하면 칫솔모의 색깔이 사라지게 하여 마모상태를 쉽게 알 수 있도록 한 제품도 있다. 화성산업은 페인트를 콘크리트에 배합하여 건물을 짓고 페인트칠을 하지 않아도 되는 컬러 콘크리트로 특허등록을 받았다. 미국에 있는 어느 한국인 기업가는 한번 사용하면 색깔이 변하여 다시 쓰지 못하는 일회용 주사기를 발명하여 특허를 획득하였다. 간염과 에이즈가 성행하는 요즘 시대에 절대적으로 필요한 발명품이다.

그 밖에도 색깔을 이용하여 기능을 부여하거나 특성을 차별화한 제품으로는 키보드 자판에 색을 입혀 기능을 구분한 칼라 키보드, 용도에 따라 색상이 구분된 색상 열쇠고리, 빨강, 노랑, 초록 등의 색깔을 입힌 컬러 쌀 등이 있다.

[기법11] 투명하게 한다.

투명하면 신뢰감이 간다. 자신감이 없으면 자신을 투명하게 드러낼 수 없기 때문이다. 이는 제품에도 그대로 적용된다. 과일이나 야채를 담는데 사용되는 투명봉투는 봉투 안의 상품을 훤히 들여다볼 수 있게 하여 소비자들에게 신뢰감을 준다. 투명한 것으로 널리 알려진 발명품으로는 주소 쓰는 부분을 비닐 창으로 만든 편지봉투가 있다. 이는 봉투 겉면에 주소를 일일이 써야할 필요가 없으므로 일손을 줄여주는 효과가 있다.

그 밖에 투명 유리냄비, 투명 크리스탈 볼펜, 투명 냉장고, 투명 믹서기 등도 내부가 보이도록 만들어져 있어 사용자들이 편리하게 사용할 수 있게 만들어진 제품들이다. 당연한 말이겠지만 단순히 투명하다고만 해서 특허가 될 수 있는 것은 아니다. 생각하기가 쉽지 않고 사용자에게 유용한 효과가 있어야 한다.

[기법12] 재미있게 한다.

사람들은 재미있고 신기한 것을 좋아한다. 똑같은 제품이라도 재미있는 기능을 추가하면 사람들은 좋아하여 찾게 된다. 재미있는 아이디어로 유럽과 미국의 시장에서 호평을 받은 제품이 있다. 넥타이에 LED램프를 부착하여 야간에 다양한 빛을 발하게 한 램프 넥타이가 바로 그것이다. 작은 해골 문양이 그려진 원단에 소형 램프를 달아 크리스마스, 할로윈 데이, 발렌타인 데이 등 특별한 날에 자신의 개성을 뽐내게 한 아이디어 제품이다.

<그림 7-7>에서 보여주는 포춘쿠키(fortune cooky)는 미국에 있는 중국 음식점에서 식사를 거의 마칠 즈음에 손님 수만큼 가져다주는 작고 바삭한 과자다. 과자의 중간을 반으로 쪼개면 포춘슬립(fortune slip)이라고 하는 작고 가느다란 종이가 나오는데 여기에 운세와 격언이 적혀 있다. 포춘쿠키는 홍콩에서 미국 로스앤젤레스로 이주한 중국계 미국인이 만들었다고 전해지며 후식이라기보다 가벼운 재미를 목적으로 한다.

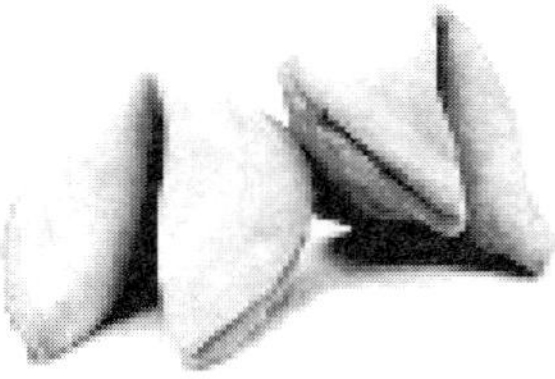

(a) 포춘쿠키

(b) 포춘슬립

<그림 7-7> 포춘쿠키와 포춘슬립

미국의 한 예일대학생이 캠퍼스 근처 프리스비 베이커리에서 버려진 파이접시를 주워 친구에게 날려 보냈다. 접시가 안정적으로 멀리 날아가는 것을 보고 그는 이것이 재미있다는 사실을 알아차렸다. 얼마 지나지 않아 이 원반은 프리스비라는 이름으로 상품화되었고, 지금까지도 매년 수십만

개가 전 세계에서 팔리고 있다.

그 밖에 그림, 만화, 유머, 속담 등을 인쇄한 화장지, 동전을 넣을 때마다 멜로디가 흘러나오는 멜로디저금통도 재미있게 만들어진 제품들이다.

[기법13] 불편을 개선한다.

생활 주변의 불편을 개선하는 과정에서 발명이 이루어지는 일은 매우 흔하다. 캄캄한 곳에서 글을 쓸 수 있도록 고안된 반디펜이나 바람에 날아가지 않도록 탄력밴드를 붙여 만든 모자는 생활의 불편을 관심있게 관찰했던 사람들이 만들어낸 히트 발명품이다. 야외에서 농사일을 하거나 낚시를 할 때 햇볕에 오래 노출되는 것을 방지하기 위하여 양산과 모자의 특성을 살린 햇빛가리개가 발명되기도 하였다. 무뎌진 날의 끝부분을 잘라버리는 커터칼은 종이 자르는 일을 자주 하던 어느 일본인 직원의 발명품이다. 그 밖에도 내용물이 빨리 나오도록 한 거꾸로 세운 화장품 용기나, 사람의 키에 따라 줄의 길이를 조절할 수 있게 만들어진 조절줄넘기는 생활 중의 불편을 개선하면서 발명된 제품들이다.

[기법14] 위험을 제거한다.

안전사고는 현대사회를 살아가는 사람들에게 큰 불행을 가져다준다. 사고에까지 이르지 않더라도 위험요소가 주변에 있으면 사람들은 불안감에 사로잡히게 된다. 따라서 안전을 위한 발명에 관심을 가져 우리 주위의 위험요소들을 제거해야 한다.

1906년 프랑스의 과학자 베네딕투스(E. Benedictus)는 깨져도 파편이 생기지 않는 안전유리를 발명하였다. 안전유리는 자동차의 충돌사고가 발생했을 때 유리 파편으로 인한 위험을 크게 제거해 주었다. 얼마 전 태국의 한 대학교수는 헬멧을 쓰지 않으면 오토바이의 시동이 걸리지 않는 장치를 개발하여 특허를 출원하였다. 이는 운전자의 안전은 물론 도난방지 효과도 함께 얻을 수 있는 좋은 발명이다.

그 밖에도 헌트가 발명했던 안전핀, 안전면도기, 음주 운전 방지 장치, 졸음 경보 장치, 자동화재경보기, 디지털 열쇠 등은 모두 위험과 불안요소를 제거하기 위한 목적으로 발명된 제품들이다.

[기법15] 고정관념에서 탈피한다.

당연한 이야기이지만 고정관념에서 벗어나지 않으면 발명이 불가능하다. 고정관념에서 벗어날 때 남들과 다른 생각을 하게 되고 거기에서 아이디어가 생겨난다. 일본인 기타무라 겐지는 좌우가 바뀌지 않는 거울을 발명하였다. 두 개의 거울을 직각으로 세우고 앞면에는 일반 유리를 붙인 삼각기둥에 물을 채워 넣은 것이다. 이는 거울에 두 번 반사하면 원래의 모습이 되는 원리를 이용한 것이다.

몇 년 전 공중에서 도는 팽이가 발명되어 사람들의 관심을 끈 적이 있었다. 팽이는 이제껏 땅바닥 위에서만 돌릴 수 있었다. 하지만 새로 발명된 이 팽이는 자기부양의 원리를 이용한 반발력으로 공중에 떠서 돌아가는 것이다. 그 밖에도 활주로 없이 이착륙이 가능한 비행기인 헬리콥터나 레일 위에 떠서 달리는 자기부상열차 역시 고정관념을 벗어난 발명품들이다.

<그림 7-8> 공중에서 도는 팽이

[기법16] 반대로 생각해 본다.

사람들의 생각과 반대로 생각하는 역발상으로부터 훌륭한 발명품이 나오는 일은 자주 있다. 모양이나 크기, 방향 등 어떤 특성이든지 반대로 생각하다 보면 사람들이 생각하지 못했던 아이디어를 얻을 수 있다. 예를 들어 거꾸로 감긴 나사를 회전하는 물체에 사용하면 회전에 따른 나사의 풀림을 방지할 수 있다. 실제로 선풍기나 자동차 바퀴에는 반대로 회전하는 볼트와 너트가 끼워져 있다. 재봉틀은 1846년 미국의 호우(E. Howe)라는 사람이 만들었다. 호우는 삯바느질하는 부인의 일손을 돕기 위하여 재봉틀을 구상하였는데 문제는 바늘귀였다. 바늘의 위쪽에 있는 바늘귀에 실이 꿰어지지 않는 것이었다. 그는 고민하면서 잠이 들었는데 꿈속에 가슴을 향해 날아오는 창을 바라보니 창의 끄트머리에 구멍이 뚫려 있었다. 여기서 그는 힌트를 얻어 바늘의 반대쪽에 귀를 만들어 재봉틀을 발명하였다.

[기법17] 식품도 발명이다.

식품은 소비재로서 수요가 많은 상품이다. 특히 간편하면서도 맛있는 식품을 개발하여 상품화하는 것이 식품의 발명으로 그 대상은 무궁무진하다. 인스턴트 식품 중에서 단연 으뜸으로 꼽히는 제품은 라면이다. 식품업계의 혁명이라고 극찬을 받았던 라면은 일본의 사업가 안도 시로후쿠에 의하여 발명되었다. 그는 오뎅을 기름에 튀기는 것을 보고 아이디어를 얻어 라면을 만들었다. 또한 간단하고 빨리 식사를 하기 위해 샌드위치와 햄버거가 발명되었다. 그 밖에도 일회용 컵에서 아이디어를 얻은 일회용 단팥죽, 포장밥, 삼각김밥, 쌀로 만든 음료 등은 식품에서 발명이 이루어진 경우들이다.

[기법18] 자연을 모방한다.

자연은 지금까지 우리 인류가 살아온 이 세상을 완벽하게 운영해 온 실험실이자 무궁무진한 아이디어의 보고다. 혁신적인 아이디어는 자연 속에 많이 숨어있다. 오늘날 위대한 발명 중에는 자연을 모방한 것이 많다. 그래서 자연을 모방하기 위하여 생물모방학이라는 학문분야까지 생겨났다.

전복껍데기는 분필과 같은 탄화칼슘으로 이루어져 있어 쉽게 부서질 것처럼 보이지만 100킬로그램이 넘는 사람이 밟아도 부서지지 않는다. 이 사실을 이용하여 전복껍데기의 분자배열을 연구하여 철갑탱크를 만들었다. 인간은 새의 날개 모양을 본 떠 비행기의 원리를 얻었으며, 물고기 모양을 모방하여 유선형의 배와 잠수함을 건조해냈다. 그 외에도 동식물을 모방하여 만들어진 제품들은 다음과 같다.

- 사람의 팔에서 관절의 원리를 응용한 책상용 전등
- 고양이의 눈에서 힌트를 얻은 도로의 야간반사장치
- 대나무를 본 뜬 속이 빈 강철 기둥
- 가시돋힌 장미 넝쿨에서 아이디어를 얻은 철조망
- 개구리의 뒷다리 물갈퀴를 모방한 잠수부의 오리발

• 박쥐의 초음파를 응용한 레이더

[기법19] 자원절약을 시도한다.

자원의 문제는 인류가 해결해야 할 미래의 관심거리다. 특히 자원이 부족한 우리나라에서는 에너지와 자원을 절약할 수 있는 아이디어가 중대한 과제가 되고 있다. 냉장고, 에어컨, 자동차, 조명기기 등에 에너지효율등급 표시를 의무적으로 표시하게 한 것도 동력자원인 석유나 전기의 소비를 최소화하기 위한 방책 중에 하나다.

영국의 우어(A. Ure)는 원하는 온도에서 전원이 자동으로 차단되거나 가동되도록 하는 바이메탈을 발명하여 에너지를 절감하고 쾌적한 실내 온도를 유지할 수 있게 하였다. 그 밖에 자원을 절약하기 위한 발명품으로는 완전연소를 위한 거꾸로 타는 보일러, 연료 절약형 무단 변속기, 물을 절약하기 위한 물조절 샤워기, 사용하지 않으면 저절로 꺼지는 컴퓨터의 화면 보호기, 뒷면을 메모지로 사용하는 명함 등이 있다.

[기법 20] 폐기물을 재활용한다.

지구의 자원은 무한한 것이 아니다. 후손들에게 좋은 환경을 물려주려면 자원을 가능한 아끼고 폐기물을 재활용해야 한다. 폐기물을 이용한 발명은 발명의 영역은 넓지 않지만 일단 발명이 이루어지면 다른 발명보다 2배 이상의 효과가 있다. 폐기물로 매립되거나 소각해야할 것을 다시 원료로 사용하기 때문이다.

일본에서는 패전 이후 버려진 가죽으로 장갑이나 지갑을 만들었고, 석탄 폐기물인 타르에서 아닐린이란 물질을 추출하여 염료와 합성수지를 만드는 등 폐기물을 이용한 발명이 많이 나와 경제부흥에 크게 기여하였다. 우리나라에서도 최근 폐기물을 재활용하는 발명이 많이 나오고 있다. 폐타이어를 이용하여 가로용 화분이나 인공어초를 만들고 있으며, 연탄재나 제철소의 고로슬래그를 이용하여 벽돌을 생산하고 있다.

[기법21] 불가능한 발명은 피한다.

발명이란 허황된 꿈이나 이상이 아니다. 반드시 실용적이어야 한다. 비현실적인 발명을 하겠다고 나서는 것은 절대 금물이다. 지금까지 발명이 불가능한 것으로 알려진 3가지 분야가 있다 외부에서 에너지를 공급하지 않아도 저절로 움직이는 영구기관, 영원히 늙거나 죽지 않는 불로장생약, 쇳덩어리로 금덩어리를 만들겠다는 연금술이 바로 그들이다. 세계 발명계에서는 이들을 '발명의 3대 불가능 분야'라고 부르고 있다. 하지만 여전히 많은 사람들은 이처럼 자연법칙에 어긋나는 발명을 시도하느라고 시간과 노력을 낭비하고 있다. 이러한 발명은 아예 시도조차 하지 않는 것이 현명하다. 원시시대에서 문명시대에 접어든 오늘날까지 이 3대 불가능 분야에 도전했던 사람들은 모두 패가망신하였다는 사실을 기억해야 한다.

20세기 10대 히트상품

다음은 AP통신이 선정한 20세기에 발명되었던 10대 히트상품이다.

- 종이클립 : 노르웨이의 요한 바알러는 구부러진 철사를 이용해 종이를 묶어 흩어지지 않게 하는 방법을 고안해 냈다.
- 아이스크림 콘 : 세인트루이스 세계박람회에 식품업자인 아놀드 포나초와 어니스트 함위는 아이스크림과 달콤한 식용과자를 함께 출품하였다.
- 네온 : 프랑스의 물리학자 조지 클로드는 오렌지 빛 유리튜브에 가스를 모으는데 성공하였다.
- 셀로판 : 테이블보에 와인과 커피의 얼룩이 생기는 것을 방지하려고 했던 프랑스의 자크 브란덴버거가 발명했다.
- 지퍼 : 지든 선드백이 특허를 받았으며 이후 굿리치사가 고무 덧신을 죄는데 이를 사용하면서 지퍼라는 이름을 붙였다.
- 일회용 반창고 : 얼 딕슨은 아내가 작은 상처를 입었을 때 작은 붕대조각을 만들어 붙여주었던 것이 시초였다.
- 사진복사기 : 체스터 칼슨은 가루잉크를 사용하는 정전식 복사기를 개발하였다.
- 볼펜 : 2차대전 중 헝가리 발명가 라즐로 비로가 발명했다.
- 프리스비 : 미국의 빌 로브스와 프레데릭 모리슨이 '우주 비행접시'와 '프루토 접시'란 이름으로 각각 상품화했다.
- 접착 메모지 : 3M사 직원 스펜서 실버가 발명했고 아서 프라이가 발전시켰다.

부록-1: 브레인스타일 진단

밀러(M. Miller)는 1965년에 '브레인스타일'이라는 계몽서를 발간하였다. 그 책에서는 사람의 뇌를 K-타입, C-타입, CO-타입, D-타입의 4가지로 분류하였다(오오무라 마사오, 2002).

1. 브레인스타일의 유형

1) K-타입

K는 Knower의 첫 글자를 딴 것이다. 이는 좌뇌우위형으로 지식인 타입이라고 할 수 있다. 이런 사람들은 주위 사람들로부터 머리가 좋다는 평을 받는다. 하지만 자연스런 인간관계를 잘 갖지 못하므로 다른 사람들로부터 이해와 동정을 얻지 못하는 경우가 많다.

2) C-타입

C는 Concilator의 첫 글자를 딴 것이다. 우뇌우위형의 사람으로 조정자 타입이라고 할 수 있다. 어디서나 어떤 사람하고도 잘 지내며 조화를 구하는 사람이다. 인간관계가 좋고 다른 사람들의 마음을 읽고 공감하는 능력이 뛰어나다. 무엇보다도 이들은 직관적인 파워가 대단하다.

3) CO-타입

CO는 COnceptor의 처음 두 글자를 딴 것이다. 이 타입의 사람들은 좌뇌와 우뇌를 동시에 이용할 수 있는 사람들로 좌뇌가 가진 지적판단력과 우뇌가 가진 직관적 파워를 두루 가지고 있다. 소위 '포괄형'이라고 할 수 있다. 이들은 새로운 일, 특히 막연하고 애매한 문제를 해결해 나가는 것을 좋아하는데 일단 프로젝트가 끝나게 되면 의욕이 급격히 떨어진다. 영감이 뛰어난 개척자라고 할 수 있지만 주변사람들과의 의사소통이 원활하지 않은 결점이 있다.

4) D-타입

D는 Deliberator의 첫 글자를 딴 것이다. 이 타입은 좌뇌와 우뇌를 교대로 활용할 수 있는 사람이다. 이들은 논리적 사려가 깊은 것이 특징이며 깊이 생각하여 실행하는 사람이라고 할 수 있다. 또한 어떤 일을 결정하고 수행하기 전에 이미 알고 있는 데이터들을 검색하는 습관이 있다. 이 타입의 사람들은 일반적으로 우수한 비평가이다. 비록 일을 처리하는 속도가 상대적으로 느리지만 접근하여 도전하고 정확하게 문제를 파고든다. 이는 엉킨 실을 오랜 시간에 걸쳐서 푸는 것과 같다. 그런 태도를 보면서 주위에서는 소극적이라고 비난하기도 한다.

2. 브레인스타일의 유형에 대한 자기 진단표

마렌 밀러의 브레인 스타일을 참조하여 일본인 오오무라는 브레인스타일을 진단하기 위한 아래와 같은 설문지를 작성했다. 테스트의 결과 10점 이상의 특별히 높은 점수가 없다고 해도 상대적으로 높은 점수가 있다면 그 브레인 타입을 더 훈련시키는 것이 바람직하다.

주어진 질문이 자신에게 해당한다고 생각하면 ○표, 그렇지 않다고 생각하면 ×표, 분명치 않은 경우에는 △표를 응답란에 기입하시오.		
번호	질 문	응답
1	윗사람과 거리낌 없이 의논하는 편이다.	
2	사람들과 다투는 것을 매우 싫어한다.	
3	실패해도 후회하지 않는다.	
4	실행하기 전에 잘 생각하는 편이다.	
5	실행하는 것보다는 계획 세우는 것을 더 좋아한다.	
6	팔방미인은 결코 경멸할 것이 아니다.	
7	힘이 되는 것은 결국 자신의 실력밖에 없다고 생각한다.	
8	지나치게 신중해서 기회를 잃는 경우가 많다.	
9	일에는 의리나 인정이 필요 없다고 생각한다.	
10	타인에게 한턱내는 일을 잘하고, 즐긴다.	
11	혼자서 여행하는 것을 좋아한다. 단체여행은 싫다.	
12	조심성이 많다.	
13	어려운 문제를 생각하는 것을 좋아한다.	
14	세상은 될대로 된다고 생각한다.	
15	주변에서 뭐라고 해도 상관하지 않는다.	
16	사물을 깊이 생각하는 것을 즐긴다.	
17	처음 만난 사람과 이야기를 나눌 때 긴장한다.	
18	지나치게 야심을 가지면 일이 제대로 되지 않는다고 생각한다.	
19	'나의 길을 간다'는 인생관을 가지고 생활한다.	
20	일은 남보다 늦지만 정확하다.	
21	이론적으로 맞지 않으면 납득하지 못한다.	
22	잘 운다.	
23	느낌이 잘 맞는다.	
24	위험한 일에는 손대지 않는다. 모험을 하지 않는다.	
25	친한 친구에게도 돈만은 빌려주지 않는다.	
26	부탁을 받지 않아도 남을 위해서 일을 한다.	
27	사람은 무엇을 위해서 일하는지 불가사의하게 생각한다.	

28	돌다리도 두드려 보고, 그래도 건너지 못한다.	
29	UFO나 귀신 등은 믿지 않는다.	
30	번화한 곳을 좋아한다.	
31	회식같은 것은 싫다.	
32	참고 기다릴 수 있는 사람이 가장 훌륭하다고 생각한다.	
33	일은 일, 가정은 가정, 구분하여 생각한다.	
34	사정이 된다면 자원봉사활동을 해보고 싶다.	
35	타인으로부터 충고를 받으면 불쾌하다.	
36	매일 일기를 쓴다.	
37	별점이나 혈액형점 등은 우습다고 생각한다.	
38	가족이라 할 수 있는 친구가 많다.	
39	노래방은 아무래도 좋아지지 않는다.	
40	학교 공부를 많이 좋아했다.	

타입	응답																				합계
K	1		5		9		13		17		21		25		29		33		37		
C	2		6		10		14		18		22		26		30		34		38		
CO	3		7		11		15		19		23		27		31		35		39		
D	4		8		12		16		20		24		28		32		36		40		

○표는 2점, △표는 1점, ×표는 0점으로 계산하여 각 타입마다 점수를 합계하시오.

부록-2: TRIZ 모순행렬표

모순표(1-U/4)		악화파라미터									
		1	2	3	4	5	6	7	8	9	10
개선파라미터	1. 움직이는 물체의 무게	-		15,8 29,34		29,17		29,2 40,28		2,8 15,38	8,10 18,37
	2. 고정된 물체의 무게		-		10,1 29,35		35,30 13,2		5,35 14,2		8,10 19,35
	3. 움직이는 물체의 길이	8,15 29,34		-		15,7 4		7,17 4,35		13,4 8	17,10 4
	4. 고정된 물체의 길이		35,28 40,29		-		17,7 10,40		35,8 2,14		28,10
	5. 움직이는 물체의 면적	2,17 29,4		14,15 18,4		-		7,14 17,4		29,30 4,34	19,30 5,2
	6. 고정된 물체의 면적		30,2 14,18		26,7 9,39		-				1,18 35,36
	7. 움직이는 물체의 부피	2,26 29,40		1,7 4,35		1,7 4,17		-		29,4 38,34	15,35 36,37
	8. 고정된 물체의 부피		35,10 19,14	19,14	35,8 2,14				-		2,18 37
	9. 속도	2,28 13,38		13,14 8		29,30 34		7,29 34		-	13,28 15,19
	10. 힘	8,1 37,18	18,13 1,28	17,19 9,36	28,10	19,10 15	1,18 36,37	15,9 12,37	2,36 18,37	13,28 15,12	-
	11. 압력	10,36 37,40	13,29 10,18	35,10 36	35,1 14,16	10,15 36,28	10,15 36,37	6,35 10	35,24	6,35 36	36,35 21
	12. 모양	8,10 29,40	15,10 26,3	29,34 5,4	13,14 10,7	5,34 4,10		14,4 15,22	7,2 35	35,15 34,18	35,10 37,40
	13. 물체의 안정성	21,35 2,39	26,39 1,40	13,15 1,28	37	2,11 13	39	28,10 19,39	34,28 35,40	33,15 28,18	10,35 21,16
	14. 강도	1,8 40,15	40,26 27,1	1,15 8,35	15,14 28,26	3,34 40,29	9,40 28	10,15 14,7	9,14 17,15	8,13 26,14	10,18 3,14
	15. 움직이는 물체의 내구력	5,19 34,31		2,19 9		3,17 19		10,2 19,30		3,35 5	19,2 16
	16. 고정된 물체의 내구력		6,27 19,16		1,40 35				35,34 38		
	17. 온도	36,22 6,38	22,35 32	15,19 9	15,19 9	3,35 39,18	35,38	34,39 40,18	35,6 4	2,28 36,30	35,10 3,21
	18. 밝기	19,1 32	2,35 32	19,32 16		19,32 26		2,13 10		10,13 19	26,19 6
	19. 움직이는 물체의 소모 에너지	12,18 28,31		12,28		15,19 25		35,13 18		8,35	16,26 21,2
	20. 고정된 물체의 소모 에너지		19,9 6,27								36,37

	모순표(1-D/4)	악화파라미터									
		1	2	3	4	5	6	7	8	9	10
개선파라미터	21. 동력	8,36 38,31	19,26 17,27	1,10 35,37		19,38	17,32 13,38	35,6 38	30,6 25	15,35 2	26,2 36,35
	22. 에너지 낭비	15,6 19,28	19,6 18,9	7,2 6,13	6,38 7	15,26 17,30	17,7 30,18	7,18 23	7	16,35 38	36,38
	23. 물질의 낭비	35,6 23,40	35,6 22,32	14,29 10,39	10,28 24	35,2 10,31	10,18 39,31	1,29 30,36	3,39 18,31	10,13 28,38	14,15 18,40
	24. 정보의 손실	10,24 35	10,35 5	1,26	26	30,26	30,16		2,22	26,32	
	25. 시간의 낭비	10,20 37,35	10,20 26,5	15,2 29	30,24 14,5	26,4 5,16	10,35 17,4	2,5 34,10	35,16 32,18		10,37 36,5
	26. 물질의 양	35,6 18,31	27,26 18,35	29,14 35,18		15,14 29	2,18 40,4	15,20 29		35,29 34,28	35,14 3
	27. 신뢰성	3,8 10,40	3,10 8,28	15,9 14,4	15,29 28,11	17,10 14,16	32,35 40,4	3,10 14,24	2,35 24	21,35 11,28	8,28 10,3
	28. 측정의 정확성	32,35 26,28	28,35 25,26	28,26 5,16	32,28 3,16	26,28 32,3	26,28 32,3	32,13 6		28,13 32,24	32,2
	29. 제조의 정확성	28,32 13,18	28,35 27,9	10,28 29,37	2,32 10	28,33 29,32	2,29 18,36	32,23 2	25,10 35	10,28 32	28,19 34,36
	30. 물체에 작용하는 유해 요인	22,21 27,39	2,22 13,24	17,1 39,4	1,18	22,1 33,28	27,2 39,35	22,23 37,35	34,39 19,27	21,22 35,28	13,35 39,18
	31. 유해한 부작용	19,22 5,39	35,22 1,39	17,15 16,22		17,2 18,39	22,1 40	17,2 40	30,18 35,4	5,28 3,23	35,28 1,40
	32. 제조용이성	28,29 15,16	1,27 36,13	1,29 13,17	15,17 27	13,1 26,12	16,40	13,29 1,40	35	35,13 8,1	35,12
	33. 사용편의성	25,2 13,15	6,13 1,25	1,17 13,12		1,17 13,16	18,16 15,39	1,16 35,15	4,18 39,31	18,13 34	27,13 35
	34. 수리가능성	2,27 35,11	2,27 35,11	1,28 10,25	3,18 31	15,13 32	16,25	25,2 35,11	1	34,9	1,11 10
	35. 적응성	1,6 15,8	19,15 29,16	35,1 29,2	1,35 16	35,30 29,7	15,16	15,35 29		35,10 14	15,17 20
	36. 장치의 복잡성	26,30 34,36	2,26 35,39	1,19 26,24	26	14,1 13,16	6,36	34,26 6	1,16	34,10 28	26,16
	37. 조절(control)의 복잡성	27,26 28,13	6,13 28,1	16,17 26,24	26	2,13 18,17	2,39 30,16	29,1 4,16	2,18 26,31	3,4 16,35	30,28 40,19
	38. 자동화의 정도	28,26 18,35	28,26 35,10	14,13 17,28	23	17,14 13		35,13 16		28,10	2,35
	39. 생산성	35,26 24,37	28,27 15,3	18,4 28,38	30,7 14,26	10,26 34,31	10,35 17,7	2,6 34,10	35,37 10,2		28,15 10,36

모순표(2-U/4)		악화파라미터									
		11	12	13	14	15	16	17	18	19	20
개선파라미터	1. 움직이는 물체의 무게	10,36 37,40	10,14 35,40	1,35 19,39	28,27 18,40	5,34 31,35		3,29 4,38	19,1 32	35,12 34,31	
	2. 고정된 물체의 무게	13,29 10,18	13,10 29,14	26,39 1,40	28,2 10,27		2,27 19,6	28,19 32,22	19,32 35		18,19 28,1
	3. 움직이는 물체의 길이	1,8 35	1,8 10,29	1,8 15,34	8,35 29,34	19		10,15 19	32	8,35 24	
	4. 고정된 물체의 길이	1,14 35	13,14 15,7	39,37 35	15,14 28,26		1,40 35	3,35 38,18	3,25		
	5. 움직이는 물체의 면적	10,15 36,28	5,34 29,4	11,2 13,39	3,15 40,14	6,3		2,15 16	15,32 19,13	19,32	
	6. 고정된 물체의 면적	10,15 36,37		2,38	40		2,10 19,30	35,39 38			
	7. 움직이는 물체의 부피	6,35 36,37	1,15 29,4	28,10 1,39	9,14 15,7	6,35 4		34,39 10,18	2,13 10	35	
	8. 고정된 물체의 부피	24,35	7,2 35	34,28 35,40	9,14 17,15		35,34 38	35,6 4			
	9. 속도	6,18 38,40	35,15 18,34	28,33 1,18	8,3 26,14	3,19 35,5		28,30 36,2	10,13 19	8,15 35,38	
	10. 힘	18,21 11	10,35 40,34	35,10 21	35,10 14,27	19,2		35,10 21		19,18 10	1,16 36,37
	11. 압력	-	35,4 15,10	35,33 2,40	9,18 3,40	19,3 27		35,39 19,2		14,24 10,37	
	12. 모양	34,15 10,14	-	33,1 18,4	30,14 10,40	14,26 9,25		22,14 19,32	13,15 32	2,6 34,14	
	13. 물체의 안정성	2,35 40	22,1 18,4	-	17,9 15	13,27 10,35	39,3 35,23	35,1 32	32,3 27,15	13,19	27,4 29,18
	14. 강도	10,3 18,40	10,30 35,40	13,17 35	-	27,3 26		30,10 40	35,19	19,35 10	35
	15. 움직이는 물체의 내구력	19,3 27	14,26 28,25	13,3 35	27,3 10	-		19,35 39	2,19 4,35	28,6 35,18	
	16. 고정된 물체의 내구력			39,3 35,23			-	19,18 36,40			
	17. 온도	35,39 19,2	14,22 19,32	1,35 32	10,30 22,40	19,13 39	19,18 36,40	-	32,30 21,16	19,15 3,17	
	18. 밝기		32,30	32,3 27	35,19	2,19 6		21,35 19	-	32,1 19	32,35 1,15
	19. 움직이는 물체의 소모 에너지	23,14 25	12,2 29	19,13 17,24	5,18 9,15	28,35 6,18		19,24 3,14	2,15 19	-	
	20. 고정된 물체의 소모 에너지			27,4 29,18	35				19,2 35,32		-

모순표(2-D/4)		악화파라미터									
		11	12	13	14	15	16	17	18	19	20
개선파라미터	21. 동력	22,10 35	29,14 2,40	35,32 15,31	26,10 28	19,35 10,38	16	2,14 17,25	16,6 19	16,6 19,37	
	22. 에너지 낭비			14,2 39,6	26			19,38 7	1,13 32,15		
	23. 물질의 낭비	3,36 37,10	29,35 3,5	2,14 30,40	35,28 31,40	28,27 3,18	27,16 18,38	21,36 39,31	1,6 13	35,18 24,5	28,27 12,31
	24. 정보의 손실					10	10		19		
	25. 시간의 낭비	37,36 4	4,10 34,17	35,3 22,5	29,3 28,18	20,10 28,18	28,20 10,16	35,29 21,18	1,19 26,17	35,38 19,18	1
	26. 물질의 양	10,36 14,3	35,14	15,2 17,40	14,35 34,10	3,35 10,40	3,35 31	3,17 39		34,29 16,18	3,35 31
	27. 신뢰성	10,24 35,19	35,1 16,11		11,28	2,35 3,25	34,27 6,40	3,35 10	11,32 13	21,11 27,19	36,23
	28. 측정의 정확성	6,28 32	6,28 32	32,35 13	28,6 32	28,6 32	10,26 24	6,19 28,24	6,1 32	3,6 32	
	29. 제조의 정확성	3,35	32,30 40	30,18	3,27	3,27 40		19,26	3,32	32,2	
	30. 물체에 작용하는 유해 요인	22,2 37	22,1 3,35	35,24 30,18	18,35 37,1	22,15 33,28	17,1 40,33	22,33 35,2	1,19 32,13	1,24 6,27	10,2 22,37
	31. 유해한 부작용	2,33 27,18	35,1	35,40 27,39	15,35 22,2	15,22 33,31	21,39 16,22	22,35 2,24	19,24 39,32	2,35 6	19,22 18
	32. 제조용이성	35,19 1,37	1,28 13,27	11,13 1	1,3 10,32	27,1 4	35,16	27,26 18	28,24 27,1	28,26 27,1	1,4
	33. 사용편의성	2,32 12	15,34 29,28	32,35 30	32,40 3,28	29,3 8,25	1,16 25	26,27 13	13,17 1,24	1,13 24	
	34. 수리가능성	13	1,13 2,4	2,35	11,1 2,9	11,29 28,27	1	4,10	15,1 13	15,1 28,16	
	35. 적응성	35,16	15,37 1,8	35,30 14	35,3 32,6	13,1 35	2,16	27,2 3,35	6,22 26,1	19,35 29,13	
	36. 장치의 복잡성	19,1 35	29,13 28,15	2,22 17,19	2,13 28	10,4 28,15		2,17 13	24,17 13	27,2 29,28	
	37. 조절(control)의 복잡성	35,36 37,32	27,13 1,39	11,22 39,30	27,3 15,28	19,29 39,25	25,34 6,35	3,27 35,16	2,24 26	35,38	19,35 16
	38. 자동화의 정도	13,35	15,32 1,13	18,1	25,13	6,9		26,2 19	8,32 19	2,32 13	
	39. 생산성	10,37 14	14,10 34,40	35,3 22,39	29,28 10,18	35,10 2,18	20,10 16,38	35,21 28,10	26,17 19,1	35,10 38,19	1

모순표(3-U/4)		악화파라미터									
		21	22	23	24	25	26	27	28	29	30
개선파라미터	1. 움직이는 물체의 무게	12,36 18,31	6,2 34,19	5,35 3,31	10,24 35	10,35 20,28	3,26 18,31	3,11 1,27	28,27 35,26	28,35 26,18	22,21 18,27
	2. 고정된 물체의 무게	15,19 18,22	18,19 28,15	5,8 13,30	10,15 35	10,20 35,26	19,6 18,26	10,28 8,3	18,26 28	10,1 35,17	2,19 22,37
	3. 움직이는 물체의 길이	1,35	7,2 35,39	4,29 23,10	1,27	15,2 29	29,35	10,14 29,40	28,32 4	10,28 29,37	1,15 17,24
	4. 고정된 물체의 길이	12,8	6,28	10,28 24,35	24,26	30,29		15,29 28	32,28	2,32 10	1,18
	5. 움직이는 물체의 면적	19,10 32,18	15,17 30,26	10,35 2,39	30,26	26,4	29,30 6,13	29,9	26,28 32,3	2,32	22,33 28,1
	6. 고정된 물체의 면적	17,32	17,7 30	10,14 18,39	30,16	10,35 4,18	2,18 40,1	32,35 40,4	26,28 32,3	2,29 18,36	27,2 39,35
	7. 움직이는 물체의 부피	35,6 13,18	7,15 13,16	36,39 34,10	2,22	2,6 34,10	29,30 7	14,1 40,11	26,28	25,28 2,16	22,21 27,35
	8. 고정된 물체의 부피	30,6		10,39 35,34		35,16 32,18	35,3	2,35 16		35,10 25	34,39 19,27
	9. 속도	19,35 38,2	14,20 19,35	10,13 28,38	13,26		18,19 29,38	11,35 27,28	28,32 1,24	10,28 32,25	1,28 35,23
	10. 힘	19,35 18,37	14,15	8,35 40,5		10,37 36	14,29 18,36	3,35 13,21	35,10 23,24	28,29 37,36	1,3 40,18
	11. 압력	10,35 14	2,36 25	10,36 3,37		37,36 4	10,14 36	10,13 19,35	6,28 25	3,35	22,2 37
	12. 모양	4,6 2	14	35,29 3,5		14,10 34,17	36,22	10,40 16	28,32 1	32,30 40	22,1 2,35
	13. 물체의 안정성	32,35 27,31	14,2 39,6	2,14 30,40		35,27	15,32 35		13	18	35,24 30,18
	14. 강도	10,26 35,28	35	35,28 31,40		29,3 28,10	29,10 27	11,3	3,27 16	3,27	18,35 37,1
	15. 움직이는 물체의 내구력	19,10 35,38		28,27 3,18	10	20,10 28,18	3,35 10,40	11,2 13	3	3,27 16,40	22,15 33,28
	16. 고정된 물체의 내구력	16		27,16 18,38	10	28,20 10,16	3,35 31	34,27 6,40	10,26 24		17,1 40,33
	17. 온도	2,14 17,25	21,17 35,38	21,36 29,31		35,28 21,18	3,17 30,39	19,35 3,10	32,19 24	24	22,33 35,2
	18. 밝기	32	13,16 1,6	13,1	1,6	19,1 26,17	1,19		11,15 32	3,32	15,19
	19. 움직이는 물체의 소모 에너지	6,19 37,18	12,22 15,24	35,24 18,5		35,38 19,18	34,23 16,18	19,21 11,27	3,1 32		1,35 6,27
	20. 고정된 물체의 소모 에너지			28,27 18,31			3,35 31	10,36 23			10,2 22,37

모순표(3-D/4)		악화파라미터									
		21	22	23	24	25	26	27	28	29	30
개선파라미터	21. 동력	-	10,35 38	28,27 18,38	10,19	35,20 10,6	4,34 19	19,24 26,31	32,15 2	32,2	19,22 31,2
	22. 에너지 낭비	3,38	-	35,27 1,37	19,10	10,18 32,7	7,18 25	11,10 35	32		21,22 35,2
	23. 물질의 낭비	28,27 18,38	35,27 2,31	-		15,18 35,10	6,3 10,24	10,29 39,35	16,34 31,28	35,10 24,31	33,22 30,40
	24. 정보의 손실	10,19	19,10		-	24,26 28,32	24,28 35	10,28 23			22,10 1
	25. 시간의 낭비	35,20 10,6	10,5 18,32	35,18 10,39	24,26 28,32	-	35,38 18,16	13,30 4	24,34 28,32	24,26 28,18	35,18 34
	26. 물질의 양	35	7,18 25	6,3 10,24	24,28 35	35,38 18,16	-	18,3 28,40	13,2 28	33,30	35,33 27,31
	27. 신뢰성	21,11 26,31	10,11 35	10,35 29,39	10,28	10,30 4	21,28 40,3	-	32,3 11,23	11,32 1	27,35 2,40
	28. 측정의 정확성	3,6 32	26,32 27	10,16 31,28		24,34 28,32	2,6 32	5,11 1,23	-		28,24 22,26
	29. 제조의 정확성	32,2	13,32 2	35,31 10,24		32,26 28,18	32,30	11,32 1		-	26,28 10,36
	30. 물체에 작용하는 유해 요인	19,22 31,2	21,22 35,2	33,22 19,40	22,10 2	35,18 34	35,33 29,31	27,24 2,40	28,33 23,26	26,28 10,18	-
	31. 유해한 부작용	2,35 18	21,35 2,22	10,1 34	10,21 29	1,22	3,24 39,4	24,2 40,39	3,33 26	4,17 34,26	
	32. 제조용이성	18,10 12,24	19,35	15,34 33	32,24 18,16	35,28 34,4	35,23 1,24		1,35 12,18		24,2
	33. 사용편의성	35,34 2,10	2,19 13	28,32 2,24	4,10 27,22	4,28 10,34	12,35	17,27 8,40	25,13 2,34	1,32 35,23	2,25 28,39
	34. 수리가능성	15,10 32,2	15,1 32,19	2,35 34,27		32,1 10,25	2,28 10,25	11,10 1,16	10,2 13	25,10	35,10 2,16
	35. 적응성	19,1 29	18,15 1	15,10 2,13		35,28	3,35 15	35,13 8,24	35,5 1,10		35,11 32,31
	36. 장치의 복잡성	20,19 30,34	10,35 13,2	35,10 28,29		6,29	13,3 27,10	13,35 1	2,26 10,34	26,24 32	22,19 29,40
	37. 조절(control)의 복잡성	19,1 16,10	35,3 15,19	1,18 10,24	35,33 27,22	18,28 32,9	3,27 29,18	27,40 28,8	26,24 32,28		22,19 29,28
	38. 자동화의 정도	28,2 27	23,28	35,10 18,5	35,33	24,28 35,30	35,13	11,27 32	28,26 10,34	28,26 18,23	2,33
	39. 생산성	35,20 10	28,10 29,35	28,10 35,23	13,15 23		35,38	1,35 10,38	1,10 34,28	18,10 32,1	22,35 13,24

모순표(4-U/4)		악화파라미터									
		31	32	33	34	35	36	37	38	39	
개선파라미터	1. 움직이는 물체의 무게	22,35 31,39	27,28 1,36	35,3 2,24	2,27 28,11	29,5 15,8	26,30 36,34	28,29 26,32	26,35 18,19	35,3 24,27	
	2. 고정된 물체의 무게	35,22 1,39	28,1 9	6,13 1,32	2,27 28,11	19,15 29	1,10 26,39	25,28 17,15	2,26 35	1,28 15,35	
	3. 움직이는 물체의 길이	17,15	1,29 17	15,29 33,4,7	1,28 10	14,15 1,16	1,19 26,24	35,1 26,24	17,24 26,16	14,4 28,29	
	4. 고정된 물체의 길이		15,17 27	2,25	3	1,35	1,26	26		30,14 7,26	
	5. 움직이는 물체의 면적	17,2 18,39	13,1 26,24	15,17 13,16	15,13 10,1	15,30	14,1 13	2,36 26,18	14,30 28,23	10,26 34,2	
	6. 고정된 물체의 면적	22,1 40	40,16	16,4	16	15,16	1,18 36	2,35 30,18	23	10,15 17,7	
	7. 움직이는 물체의 부피	17,2 18,39	29,1 40	15,13 30,12	10	15,29	26,1	29,26 4	35,34 16,24	10,6 2,34	
	8. 고정된 물체의 부피	30,18 35,4	35		1		1,31	2,17 26		35,37 10,2	
	9. 속도	2,24 35,21	35,13 8,1	32,28 13,12	34,2 28,27	15,10 26	10,28 4,34	3,34 27,16	10,18		
	10. 힘	13,3 36,24	15,37 18,1	1,28 3,25	15,1 11	15,17 18,20	26,35 10,18	36,37 10,19	2,35	3,28 35,37	
	11. 압력	2,33 27,18	1,35 16	11	2	35	19,1 35	2,36 37	35,24	10,14 35,37	
	12. 모양	35,1	1,32 17,28	32,15 26	2,13 1	1,15 29	16,29 1,28	15,13 39	15,1 32	17,26 34,10	
	13. 물체의 안정성	35,40 27,39	35,19	32,35 30	2,35 10,16	35,30 34,2	2,35 22,26	35,22 39,23	1,8 35	23,35 40,3	
	14. 강도	15,35 22,2	11,3 10,32	32,40 25,2	27,11 3	15,3 32	2,13 25,28	27,3 15,40	15	29,35 10,14	
	15. 움직이는 물체의 내구력	21,39 16,2	27,1 4	12,27	29,10 27	1,35 13	10,4 29,15	19,29 39,35	6,10	35,17 14,19	
	16. 고정된 물체의 내구력	22	35,10	1	1	2		25,34 6,35	1	20,10 16,38	
	17. 온도	22,35 2,24	26,27	26,27	4,10 16	2,18 27	2,17 16	3,27 35,31	26,2 19,16	15,28 35	
	18. 밝기	35,19 32,39	19,35 28,26	28,26 19	15,17 13,16	15,1 19	6,32 13	32,15	2,26 10	2,25 16	
	19. 움직이는 물체의 소모 에너지	2,35 6	28,26 30	19,35	1,15 17,28	15,17 13,16	2,29 27,28	35,38	32,2	12,28 35	
	20. 고정된 물체의 소모 에너지	19,22 18	1,4					19,35 16,25		1,6	

모순표(4-D/4)		악화파라미터									
		31	32	33	34	35	36	37	38	39	
개선파라미터	21. 동력	2,35 18	26,10 34	26,35 10	35,2 10,34	19,17 35	20,19 30,34	19,35 16	28,2 17	28,35 34	
	22. 에너지 낭비	21,35 2,22		35,32 1	2,19		7,23	35,3 15,23	2	28,35 34	
	23. 물질의 낭비	10,1 34,29	15,34 33	32,28 2,24	2,35 34,27	15,10 2	35,10 28,24	35,18 10,13	35,10 18	28,35 10,23	
	24. 정보의 손실	10,21 22	32	27,22				35,33	35	13,23 15	
	25. 시간의 낭비	35,22 18,39	35,28 34,4	4,28 10,34	32,1 10	35,28	6,29	18,28 32,10	24,28 35,30		
	26. 물질의 양	3,35 40,39	29,1 35,27	35,29 25,10	2,32 10,25	15,3 29	3,13 27,40	3,27 29,18	8,35	13,29 3,27	
	27. 신뢰성	35,2 40,26		27,17 40	1,11	13,35 8,24	13,35 1	27,40 28	11,13 27	1,35 29,38	
	28. 측정의 정확성	3,33 39,10	6,35 25,18	1,13 17,34	1,32 13,11	13,35 2	27,35 10,34	26,24 32,28	28,2 10,34	10,34 28,32	
	29. 제조의 정확성	4,17 34,26		1,32 35,23	25,10		26,2 18		26,28 18,23	10,18 32,39	
	30. 물체에 작용하는 유해 요인		24,35 2	2,25 28,39	35,10 2	35,11 22,31	22,19 29,40	22,19 29,40	33,3 34	22,35 13,24	
	31. 유해한 부작용	-					19,1 31	2,21 27,1	2	22,35 18,39	
	32. 제조용이성		-	2,5 13,16	35,1,25 11,9	2,13 15	27,26 1	6,28 11,1	8,28 1	35,1 10,28	
	33. 사용편의성		2,5 12	-	12,26 1,32	15,34 1,16	32,26 12,17		1,34 12,3	15,1 28	
	34. 수리가능성		1,35 11,10	1,12 26,15	-	7,4 16	35,1,2 5 13,11		34,35 7,13	1,32 10	
	35. 적응성		1,13 31	15,34 1,16,7	1,16 7,4	-	15,29 37,28	1	27,34 35	35,28 6,37	
	36. 장치의 복잡성	19,1	27,26 1,13	27,9 26,24	1,13	29,15 28,37	-	15,10 37,28	15,7 24	12,17 28	
	37. 조절(control)의 복잡성	2,21	5,28 11,29	2,5	12,26	1,15	15,10 37,28	-	34,21	35,18	
	38. 자동화의 정도	2	1,26 13	1,12 34,3	1,35 13	27,4 1,35	15,27 10	34,27 25	-	5,12 35,26	
	39. 생산성	35,22 18,39	35,28 2,24	1,28 7,10	1,32 10,25	1,35 28,37	12,17 28,24	35,18 27,2	5,12 35,26	-	

부록-3: 40가지 TRIZ 발명원리

1. 분리/분할(Segmentation)
   a. 물체를 독립적인 부분으로 나눈다.
   b. 물체를 조립식으로 만든다.
   c. 물체의 분할정도를 증가시킨다.
   [예1] 조립형 가구, 접이식 의자
   [예2] 에어컨의 소음 발생부를 외부에 설치

2. 추출(Extraction)
   a. 방해가 되는 부분이나 특성을 물체로부터 추출하여 제거하거나 분리시킨다.
   b. 꼭 필요한 부분이나 특성만을 추출한다.
   [예1] 비행장에서 새들만 놀라는 주파수소리를 분리 녹음하여 새들을 쫓아낸다.
   [예2] X-레이 촬영할 때 필요한 부분만 방사선에 노출시키기 위해 납 차폐판을 이용한다.

3. 국소품질(Local Quality)
   a. 물체나 외부환경/행위의 동질적인 구조를 이질적인 구조로 변환한다.
   b. 물체를 구성하는 각 부분들이 서로 다른 기능을 수행하도록 한다.
   c. 물체를 구성하는 각 부분들이 가장 유리한 상황에서 동작하도록 한다.
   [예1] 석탄 광산의 먼지 제거하기 위하여 착암기와 적재기 부근에는 아주 작은 물방울을, 그 외의 주위에는 좀더 큰 물방울을 뿌린다.

[예2] 분진여과기는 1차 여과를 위해 구멍이 큰 외부필터와 작은 입자를 거르기 위한 미세한 내부필터로 이루어져 있다.

4. 비대칭(Asymmetry)

a. 물체의 대칭구조를 비대칭구조로 바꾼다.

b. 물체가 이미 비대칭 형태라면 비대칭 정도를 증가시킨다.

[예1] 도로의 턱을 지날 때 충격을 견딜 수 있도록 타이어의 한쪽을 더 강하게 한다.

[예2] 전기로는 전극봉을 비대칭으로 배치하여 광석의 투입과 쇳물의 배출이 연속적으로 이루어지게 한다.

5. 결합(Combining)

a. 동질적인 물체나 연속으로 작동하는 물체를 공간적으로 결합한다.

b. 동질적이거나 연속적인 동작을 시간적으로 결합한다.

[예1] 굴착기의 회전식 삽에 설치된 노즐을 통해 뜨거운 증기를 분사하면 언 땅이 녹아 굴착이 쉽다.

[예2] 판유리를 운송할 때 별도로 포장하여 상자에 넣어 운송하는 것보다 여러 장을 합쳐서 블록으로 운송할 때 파손이 적었다.

6. 범용성(Universality)

a. 한 물체가 다수의 기능을 수행하도록 해서 다른 물체의 필요성을 제거한다.

[예1] 침대로 바꿀 수 있는 소파, 앉거나 자거나 짐을 실을 수 있는 밴의 좌석

[예2] 돛단배에 배터리를 설치하여 바람의 힘으로 항해할 때는 배터리를 충전하고 바람이 없을 때는 배터리로 프로펠러를 돌린다.

7. 포개기(Nesting)

a. 물체를 차례로 다른 물체의 내부에 넣는다.

b. 하나의 물체가 다른 물체의 구멍을 통과한다.

[예1] 안테나, 포개어 쌓을 수 있는 의자

8. 평형추(Counterweight)

a. 물체의 무게를 양력을 가진 다른 물체와 연결하여 상쇄한다.

b. 물체의 무게를 공기나 물에 의한 주위환경과 상호작용하게 한다.

[예1] 수중 날개를 갖는 보트

[예2] 광고 문구를 단 헬륨풍선

9. 사전 예방조치(Prior Counter-Action)

a. 어떠한 작용을 할 경우 사전에 예방조치를 하라.

b. 만약 물체가 장력을 받아야 한다면 사전에 반-장력을 제공하라.

[예1] 레일을 잇기 전에 미리 온도에 대한 스트레스를 준 장대레일

10. 사전 준비조치(Prior Action)

a. 필요한 동작의 전부나 일부를 미리 수행하라.

b. 물체가 편리한 위치에서 적절한 방식으로 동작하도록 배열하라.

[예1] 피부 손상 없이 기브스를 제거하도록 한다.

[예2] 나무를 베기 전에 나무 스스로 물감을 빨아들이도록 하면 목재 내부에 필요한 색상을 입힐 수 있다.

11. 사전 대응조치(Cushion in Advance)

a. 사전에 대응 조치를 취해서 물체의 상대적으로 낮은 신뢰성을 보완하라.

[예1] 가게에서 상품 도난을 방지하기 위하여 상품에 자성을 띠도록 한다.

[예2] 급커브 도로의 바깥에 사고방지용 폐타이어를 설치한다.

12. 높이 맞추기(Equipotentiality)

a. 사물을 들어올리거나 내릴 필요가 없도록 작업환경을 바꾼다.

[예1] 엔진 오일을 교환할 때 비싼 승강장비를 사용하는 대신에 움푹 패인 곳을 만들어 그 곳에서 작업한다.

[예2] 파이프 운반

13. 반대로 하기(Inversion)

a. 문제의 사양에 적시된 동작 대신에 반대 동작을 취한다.

b. 물체나 외부 환경의 움직이는 부분을 움직이지 않도록 하거나 움직이지 않는 부분을 움직이도록 한다.

c. 물체를 거꾸로 세운다.

[예1] 러닝머신, 수영연습장, 에버랜드 사파리

14. 구형화(Spheroidality)

a. 선형이거나 평평한 표면은 곡선형으로, 입방체는 구형체로 대체한다.

b. 롤러나 볼, 나선형 물체를 이용한다.

c. 선형운동을 회전운동으로 바꾸고 원심력을 이용한다.

[예1] 컴퓨터 마우스

15. 역동성(Dynamicity)

a. 동작 단계마다 물체나 그 환경이 자동으로 조정되어 최적의 성능을 발휘하도록 한다.

b. 물체를 여러 부분으로 나누어 서로 위치를 상대적으로 변경할 수 있도록 한다.

c. 움직일 수 없는 물체를 움직이게 만들거나 교체할 수 있도록 한다.

[예1] 거친 땅을 다니기 위한 유연한 차량

16. 부분적이거나 과도한 동작(Partial or Overdone Action)

a. 원하는 효과를 100% 얻기 힘들면 그 보다 적게 혹은 많게 달성한다.

[예1] 세라믹 판에서 원하는 부위만 자성체를 만들기 어려운 경우 전체부위에 강자성물질을 도포한 후 불필요한 부분은 깎아낸다.

17. 새로운 차원으로 이동(Moving to a New Dimension)

a. 평면을 따라 이동시킴으로써 직선적으로 움직이는 물체가 갖는 문제를 제거한다.

b. 단일층 대신에 다수의 층으로 이루어진 물체의 조합을 사용한다.

c. 물체를 기울이거나 한쪽 면을 이용한다.

[예1] 햇빛반사판을 설치하여 일조량을 증가시킨다.

18. 기계적 진동(Mechanical Vibration)

a. 물체를 진동시킨다.

b. 진동이 존재하면 초음파수준까지 진동주파수를 증가시킨다.

c. 공명주파수를 이용한다.

d. 기계적인 진동 대신에 피에조 진동기를 사용한다.

e. 전자기장과 함께 초음파 진동을 이용한다.

[예1] 주조물을 주형틀에 붓는 동안 형틀을 진동시켜 주형물의 구조적 특성을 개선한다.

[예2] 부품을 초음파진동이 있는 용액 속에서 세척한다.

19. 주기적 동작(Periodic Action)

a. 연속적인 동작을 주기적 동작으로 대체한다.

b. 주기적인 동작에 대해서는 그 주파수를 변경한다.

c. 부가적인 동작을 제공하기 위해 임펄스 사이에 펄스를 채용한다.

[예1] 경고 표시등은 지속적으로 켜있는 것보다 깜빡이는 것이 더 효과적이다.

[예2] 녹슨 나사를 돌리려 할 때 지속적으로 힘을 가하는 것보다 순간적으로 힘을 가하는 것이 더 효과적이다.

20. 유용한 동작의 지속(Continuity of a Useful Action)

a. 물체의 모든 부분이 최대 용량으로 동작하도록 멈춤 없이 연속적으로 동작을 실행한다.

b. 놀거나 중간에 동작하는 움직임을 제거한다.

[예1] 잉크젯 프린터의 카트리지가 양방향으로 움직이면서 인쇄

[예2] 롤러 형태의 납땜장치

21. 고속 실행(Rushing through)

a. 유해하거나 위험한 동작을 고속으로 실행

[예1] 얇은 플라스틱튜브를 절단할 때는 변형을 막기 위해 고속으로 절단함

[예2] 감자의 박테리아 제거

22. 해를 이점으로 변경(Convert Harm into Benefit)

a. 해로운 요인이나 환경영향을 이용하여 긍정적인 효과를 거둔다.

b. 해로운 요인을 또 다른 유해요인과 결합해서 유해성을 제거한다.

c. 해롭지 않게 될 때까지 해로운 동작의 양을 증대한다.

[예1] 모래와 자갈을 추운 날씨에 운송하면 단단하게 얼어붙는다.

[예2] 시끄러운 소음을 다른 소음으로 중화시킨다.

23. 피드백(Feedback)

a. 피드백을 도입한다.

b. 피드백이 이미 사용 중이면 그것을 역전시킨다.

[예1] 엔진기화기의 연료수위 조절

24. 중재(Mediator)

a. 동작을 전달하거나 실행하기 위해 중간물체를 사용한다.

b. 일시적으로 물체를 제거하기 쉬운 다른 물체에 연결한다.

[예1] 뜨거운 물체를 옮길 때 사용되는 물건

[예2] 복잡한 물체의 내부표면에 보호물질 도포

25. 셀프 - 서비스(Self Service)

a. 물체가 부차적인 수리동작을 스스로 하도록 만든다.

b. 버려진 물질과 에너지를 이용한다.

[예1] 저압에서 물을 운반하는 파이프는 작은 구멍이 생길 수 있다. 그러나 물속에 포함된 이물질로 자기복구되는 일이 있다.

[예2] 자동차의 폐열을 이용한 난방

26. 복제(Copying)

a. 작동시키는데 복잡하거나 비싸거나 깨지기 쉽거나 불편한 물체 대신에 단순하고 값싼 대용품을 활용한다.

b. 물체를 광학 이미지로 대체하여 이미지를 확대하거나 축소해서 그 크기를 조정한다.

c. 가시적인 광학 복사를 사용하고 있다면 그것을 적외선이나 자외선 복제로 바꾼다.

[예1] 큰 물체의 높이는 그 그림자를 측정하여 계산할 수 있다.

[예2] 사진을 찍어 인화된 사진으로부터 크기를 측정한다.

27. 싸고 수명이 짧은 것을 사용(Cheap short-life object)

a. 하나의 값비싼 제품을 다수의 값싼 제품으로 대신한다.

[예1] 일회용 컵, 일회용주사기

28. 기계적인 시스템의 교체(Replacement of a Mechanical System)

a. 기계적인 시스템을 광학, 음향 또는 후각시스템으로 교체한다.

b. 물체와 상호작용을 위해 전기, 자기 또는 전자기장을 사용한다.

c. 장(field)을 교체한다.

- 정적인 장을 동적인 장으로 교체
- 고정된 장을 시간에 따라 가변적인 장으로 교체
- 랜덤한 장을 구조화된 장으로 교체

d. 강자성 입자와 관계된 장을 사용한다.

[예1] 굴착기의 날이 부러진 것을 알아내기 위하여 후각적 방법 사용

29. 압축공기나 수력의 형성(Pneumatic or Hydraulic Construction)

a. 물체의 단단한 부위를 가스나 용액에 의해 제거. 이런 부위에는 팽창을 위해 공기나 물을 사용하거나 공기나 유체의 정역학적인 완충작용을 이용할 수 있다.

[예1] 신발밑창에 공기를 넣어 완충작용을 하게 함

[예2] 스낵과자에 공기를 채움

30. 유연한 막 또는 얇은 필름(Flexible Membranes or Thin Film)

a. 기존의 것을 유연한 막이나 얇은 필름으로 만든 것으로 대체한다.

b. 유연한 막 또는 얇은 필름을 이용하여 물체를 환경으로부터 분리한다.

[예1] 책상이나 바닥면에 왁스를 칠하면 면을 보호할 수 있다.

31. 다공질 소재의 사용(Use of Porous Material)

a. 물체를 구멍이 많게 만들거나 구멍이 많은 요소를 사용한다.

b. 물체가 이미 많은 구멍을 갖고 있는 경우 미리 그 구멍을 다른 재료로 채운다.

[예1] 구조물의 무게를 줄이기 위하여 구멍을 낸다.

[예2] 기계에 냉각수를 공급하는 대신 기계 부품에 구멍을 내고 냉각수를 흡수한 재료로 채운다. 기계가 작동할 때 상당시간 균일한 냉각작용을 수행한다.

32. 색깔 변경(Changing of Color)

a. 물체나 그 주변의 색깔을 변경한다.

b. 물체나 보기 어려운 프로세스의 반투명 정도를 변경한다.

c. 물체나 보기 어려운 프로세스를 관측하기 위해 색이 있는 첨가물을 사용한다.

d. 그 같은 첨가물을 이미 사용하고 있는 경우에는 발광 자국이나 추적물질을 사용한다.

[예1] 환자의 붕대를 제거하지 않고 검사를 받도록 하는 투명붕대

[예2] 제련공장에서 과열로 발생하는 유해광선으로부터 작업자를 보호하기 위하여 색깔이 있는 물커튼을 설치

[예3] 독일극지 탐험대의 증기선이 얼음에 갇혔을 때 배의 석탄을 얼음에 뿌려 얼음을 녹임

33. 동질성(Homogeneity)

a. 동일한 재료나 매우 유사한 재료로 만들어진 주요 물체와 상호작

용하는 물체들을 동작시킨다.

[예1] 고순도의 동을 일반 컨테이너에 보관하는 경우 컨테이너에 의해 오염된다. 따라서 내부를 고순도의 동으로 코팅한 컨테이너를 사용하거나 고순도의 동으로 만들어진 컨테이너에 고순도의 동을 보관한다.

34. 부품의 폐기 및 재생(Rejecting and Regenerating Parts)

a. 부품이 그 기능을 다했거나 쓸모가 없어졌을 때 그것을 폐기 또는 수정한다.

b. 고갈되었거나 소모된 부품은 그 즉시 복구한다.

[예1] 탄피는 발사 후 바로 제거된다. 로켓 추진체는 기능을 다하면 분리된다.

35. 물체의 물리적, 화학적 상태를 변형(Transformation of Property)

a. 물체의 상태, 밀도분포, 유연성과 온도를 변경한다.

[예1] 산소는 액체상태로 만들면 부피를 줄일 수 있다.

36. 상태변형(Phase Transformation)

a. 물질의 상태가 변하는 동안 발생하는 효과를 이용한다. 예를 들어

- 체적이 변할 때 열이 흡수되거나 방출된다.
- 물이 얼 때 부피가 증가한다.

[예1] 우주선의 보호층 일부를 증발시켜 우주선 본체의 과열을 막는다.

[예2] 물을 채운 금속관을 얼려 팽창시킴으로 금속관의 형상을 변화시킨다.

37. 열팽창(Thermal Expansion)

a. 열로 팽창시키거나 수축시킬 수 있는 재료를 사용한다.

b. 열팽창계수가 서로 다른 물질들을 사용한다.

[예1] 바이메탈을 이용하여 온실천장유리를 여닫는다.

38. 산화 가속(Accelerated Oxidation)

a. 한 수준 더 높은 산화로 바꾼다.

- 통상적인 공기를 산소가 풍부한 공기로 대체
- 산소가 풍부한 공기를 산소만으로 대체
- 산소는 이온화 산소로 대체
- 이온화 산소는 오존화 산소로 대체
- 오존화 산소는 오존으로 대체

[예1] 폐수처리장에서 파이프를 통해 공기를 공급

39. 불활성 환경(Inert Environment)

a. 통상적인 환경을 불활성 환경으로 대체한다.

b. 진공에서 처리한다.

[예1] 풍선의 폭발을 막기 위하여 헬륨을 채운다.

[예2] 아크용접에서 봉합선이 산화되는 것을 막기 위하여 아르곤가스를 공급한다.

40. 복합소재(Composite Materials)

a. 동종의 소재 대신에 복합소재를 사용한다.

[예1] 납땜의 강도를 증가시키기 위하여 융점이 높은 금속을 섞는다.

참고문헌

강인구, 창의와 발명여행, 세창, 2001.
경노훈, 아이디어를 디자인으로 바꾸는 50가지 법칙, 이손, 2004.
고희경, 브레인 서바이벌, 삼성출판사, 2003.
김경천 외 공역, 창의적 공학설계, 시그마프레스, 2004.
김수경, 단순한 생각이 만들어 낸 과학발명 100가지, 게림, 2004.
김종성, 춤추는 뇌, 사이언스북스, 2005.
김준식 역, 누구나 창의적인 사람이 될 수 있다, 이즈미디어, 2003.
김효준, 생각의 창의성 TRIZ, 지혜, 2004.
대한총명학회, 두뇌혁명, 조선일보사, 2003.
도영태, 창의적 역발상, 요럴땐 요렇게, 영진미디어, 2006.
명지대학교 창의공학연구회역, 창의적 문제해결과 공학설계, 2000
모명숙 역, 왼손잡이의 뛰어난 우뇌능력을 벤치마킹하라, 화니북스, 2004
박영태, 창의성의 별, 학지사, 2002.
박수규 역, 필요할 때 꺼내쓰는 결정적 아이디어 101, 비즈니스북스, 2003.
박종안 역, 아하, 21세기북스, 1997.
박종안 역, 창의적 자유인, 푸른솔, 2003.
박종안, 이구연 역, 아무도 생각하지 못한 것 생각하기, 푸른솔, 2001.
박종하, 생각이 나를 바꾼다, 한국경제신문, 2003.
박종하 역, 왜 나는 눈앞의 고릴라를 못 보았을까?, 세종서적, 2005.
윤민봉, 창조력 증진의 이론과 전략, 학문사, 2003.
서영성 외 공역, 창의적공학설계, 피어슨 에듀케이션 코리아, 1998.
서유헌, 나는 두뇌짱이 되고 싶다, 랜덤하우스중앙, 2005.
서유헌, 두뇌장수학, 민음사, 1996
서유헌, 잠자는 뇌를 깨워라, 평단문화사, 2000.

성영신 외 2인, 마음을 움직이는 뇌, 뇌를 움직이는 마음, 해나무, 2005.
손영숙 역, 신경심리학 입문, 시그마프레스, 2003
안진훈, 아이머리 바꿔야 성적이 오른다, 예담, 2006
야마다 아쿠오, TRIZ로 배우는 창의적 설계, 인터비전, 2004.
야마모토 다이스케, 3일만에 읽는 뇌의 신비, 서울문화사, 2002.
양영철, 이양희 역, 뇌 맵핑마인드, 말글빛냄, 2007
오오무라 마사오, 3일만에 읽는 심리학, 서울문화사, 2002.
왕연중, 순간의 아이디어에서 탄생한 세계적 특허발명 이야기, 세창출판사, 1996.
윤민봉, 창조력 증진의 이론과 전략, 학문사, 2003.
이구연, 신기호 역, 드 보노의 창의력 사전, 21세기북스, 2004.
이민규, 발상을 바꾸면 인생이 달라진다, 교육과학사, 2001.
이병길, 여희주, 실례로 배우는 발명과 특허의 차이, 이치, 2004.
이은정 역, 드 보노의 수평적 사고, 한언, 2005.
이정화, 정소영, 앗 발명속에 이런 과학원리가, 대교출판, 2000.
이종철, 창의적 경영, 글로벌, 2003.
이태훈, 당신의 능력을 보여주세요, 가리온, 2002.
이화자, 광고 그리고 창의성, 커뮤니케이션북스, 2002.
정여주, 만다라와 미술치료, 학지사, 2001.
정영교, 창의적 사고의 기술, 크레듀, 2006.
정주연 역, Creative Thinking, 에코리브르, 2002.
유은영 역, 창의력으로 자신을 차별화하라, 한국능률협회, 1998.
정성묵 역, 달팽이는 어떻게 고정관념의 틀을 깻을까?, 홍익출판사, 2001.
진행규, 창의력개발방법, CS경영연구소, 2002.
차희장, 이기운, 발명과 특허를 알면 돈이 보인다, 경향미디어, 2002.
최승언, 전미란 공역, 역시 창의력이다, 아트나우, 2002.
하주현, 눈이 번쩍 띄는 창의력, 시그마프레스, 2006.
한국심리학회, 심리학개론, 한국심리상담교육원, 2002.
한현숙 역, 뇌속의 놀라운 비밀, 승산, 2000.
황희수, 아이디어 발상 A To Z, 내하출판사, 2003.
윤기섭 외 공역, 40가지 원리, 아이디어브레인, 2002.
ideapia.co.kr, 부자가 되는 아이디어 발상법, 미래M&B, 2000.

Chaplin, C., Creativity in Engineering Design: the Educational Function, The Royal Academy of Engineering, 1989.

Perkins, D., Archimedes bathtub, Sanford J. Greenburger Associates Inc., 2000.

Gardner, H., Creating Minds, New York, Basic Books, 1993.

Herrmann, N., The Creative Brain, Brain Books, 1990.

Lumsdaine, E. & M. Lumsdaine, Creative Problem Solving: Thinking Skills for a 62. Changing World, McGraw-Hill, 1995.

Luria, A., The Working Brain: An Introduction to Neuropsychology, Penguin Books, 1973.

Mayer, R., Thinking, Problem Solving, Cognition, Freeman and Company, 1983.

Orstein, R. & Thompson, F., The Amazing Brain, The Hogarth Press, 1985.

Osborn, A., Applied Imagination. Principles and Procedures of Creative Problem Solving, Scribner and Sons, 1953.

Roger von Oech, Expect the Unexpected, The Free Press, 2001.

Springer, S. & Deutsch G., Left Brain-Right Brain, New York, Freeman and Co., 1993.

Temple, C., The Brain, Harmondsworth, Penguin Books, 1993.

Torrance, E., Guiding Creative Talent, Prentice Hall, 1962.

Weisberg, R., Creativity: Beyond the Myth of Genius, Freeman and Company, 1993.

찾아보기

1. 용어색인

2. 인명색인